拥 军 解 法

卢拥军 著

南开大学法学院博士生导师 万国华教授 审订点评

南开大学出版社

天 津

图书在版编目（ＣＩＰ）数据

拥军解法 / 卢拥军著 . - 天津：南开大学出版社，
2011. 12
ISBN 978-7-310-03823-7

Ⅰ. ①拥…　Ⅱ. ①卢…　Ⅲ. ①法律 – 基本知识 – 中国
Ⅳ. ①D92

中国版本图书馆 CIP 数据核字（2012）第 003218 号

南开大学出版社出版发行
出版人：孙克强
地址：天津市南开区卫津路 94 号　　邮政编码：300071
营销部电话：(022)23508339　23500755
营销部传真：(022)23508542　　邮购部电话：(022)23502200

*

天津市蓟县宏图印务有限公司印刷
全国各地新华书店经销

*

2011 年 12 月第 1 版　　2011 年 12 月第 1 次印刷
787×960 毫米　16 开本　17.25 印张　1 插页　227 千字
定价：35. 00 元
如遇图书印装质量问题，请与本社营销部联系调换，电话：(022)23507125

序 言

上个世纪之初，改变中国命运的新文化运动提出了科学、民主的口号；本世纪之初，同样改变中国命运的改革开放向纵深发展，科学执政、民主执政、依法执政被提上了议事日程。总结了无数的经验和教训，法制建设从来没有像今天这样受到重视。

非常荣幸的是，我正是在中国法制建设突飞猛进的年代见证了法制进程。我带着一名记者应有的社会责任感忠实地记录一个个案例、一个个法制事件，捕捉千变万化的时代信息，展示法制建设的进展过程，试图通过记录历史透视未来。

新闻记者是时代的记录者。记者的职责就是记述事实，传播真理。凡是与百姓生活息息相关的法律、法规、条例等的颁布与实施以及它们将会给我们生活带来的变化与影响，我都给予了准确而详尽的报道。从某种意义上讲，法制的进步需要一个个案件依法处理、一项项制度依法确立来推动。法制的完善是一个渐进且长期的过程。而对"完美"，法律追求的最终目的还是要尽可能地让这种"完美"高保真地释放和还原到社会现实中来，我有幸作为这些法治实践的观察者和调查者，亲历了全过程。除了有效地发挥舆论的引导和监督作用外，我希望让更多的人认识与了解中国法制建设的进程，尽一个新闻记者的绵薄之力。

多年来，我的足迹踏遍了政法各部门和行政执法部门，从公检法司到工商税务，从质量监督到劳动安全……《收容遣送条例》的废除，让城市里的"外来人口"从此不再战战兢兢地苟且偷生，可以从容不迫地走在城市的每条街道和公共场所，与城市人一样享受着现代文明；新的《婚姻登记条例》的实施，让人们结婚和离婚再也不用事先取得单位领导的批准；"忽如一夜春风来"的《行政许可法》，大大缩减了行政审批的内容，将本应属于老百姓自己决定的事情"还政于民"。人们惊喜地发现，原来生活可以这样地自由自在。

"身修而后家齐，家齐而后国治，国治而后天下平"。本书分为"修身篇"、"乐业篇"、"齐家篇"、"治国篇"四个部分，并有幸请到了南开大学法学院博士生导师万国华教授为我们"说"法，万教授针对每篇的系列法制事件给予权威点评，并附上温馨提示与法条链接，使得本书既有真实生动的情节描述，又有实事求是的理性分析。唯愿这本书能起到让新闻报道发挥普法教育和法律服务的功能。中国的法治之途依然漫长而艰难，它需要社会各界坚持不懈的努力，我将以更加执着的精神为之上下求索。

在本书出版之际，我要特别感谢南开大学商学院副院长、博士生导师薛有志教授及南开大学出版社编审胡晓清老师给予的真诚指导与帮助；感谢南开大学法学院刘晓逾、王玲、郑丹萌、董建凯及齐东等硕士生在资料收集和文字整理方面所做的工作；感谢政法系统各级领导及同志们，他们都曾给予了我许多支持与鼓励。书中的许多不足之处还望各界朋友给予批评指正。

卢拥军

2011 年 9 月 9 日

目　　录

【修身篇】 ………………………………………………………… 1

1. 医疗调价话双赢 ……………………………………… 2
2. 四舍五入闹公堂 ……………………………………… 6
3. 啤酒消费防"自爆" …………………………………… 10
4. 警民换位感慨多 ……………………………………… 14
5. "非典"防治有法依 …………………………………… 17
6. 沾染毒品悔莫及 ……………………………………… 21
7. 一刻放纵终生憾 ……………………………………… 26
8. 空中飞行需防贼 ……………………………………… 31
9. 旅游安全莫大意 ……………………………………… 37
10. 手机偷拍引关注 ……………………………………… 40
11. 安全生产大如天 ……………………………………… 44
12. 爱车起火巧应对 ……………………………………… 48
13. "起诉犹豫"众家谈 …………………………………… 55
14. 一"槌"定音彰法威 …………………………………… 59
15. 高层防火莫大意 ……………………………………… 63
16. 盗割电缆入监牢 ……………………………………… 68
17. 国防法规入生活 ……………………………………… 73

【修身篇*教授点评】 ……………………………………… 79

【乐业篇】 ………………………………………………………… 83

1. 统一司考严把关 ……………………………………… 84

2. "黑""假"保安生祸患 ················· 88

3. 解读土地承包法 ····················· 90

4. 单位贿赂追刑责 ····················· 97

5. "假日腐败"待规整 ················· 102

6. 行贿犯罪花样多 ···················· 107

7. 渎职侵权必严惩 ···················· 112

8. 超期羁押要杜绝 ···················· 115

9. "的哥"安全注意多 ················· 119

10. 劳动监察破难题 ··················· 123

11. 密码举报解担忧 ··················· 129

12. 测谎仪器显神通 ··················· 133

13. 乱贴广告"呼死你" ··············· 138

【乐业篇*教授点评】 ················· 141

【齐家篇】 ····························· 145

1. 《婚姻法》新解出台 ··············· 146

2. 遗嘱公证止纷争 ··················· 149

3. 规范售房保权益 ··················· 154

4. 物业管理有法依 ··················· 158

5. 购房立约学问多 ··················· 162

6. 血泪控诉防骗术 ··················· 167

7. 消防安全大于天 ··················· 170

8. 远离家暴话温存 ··················· 175

9. 期待关注"半边天" ··············· 182

10. 法院调解泯恩仇 ················· 187

11. 法律援助解民忧 ················· 190

【齐家篇*教授点评】 ················· 193

【治国篇】 ━━━━━━━━━━━━━━━━━━━━━━━━━━━━━━━━ **197**

1. 假币收缴有章循 ━━━━━━━━━━━━━━━━━━━━━━━ 198

2. 律师权利有保障 ━━━━━━━━━━━━━━━━━━━━━━━ 202

3. 价格听证引关注 ━━━━━━━━━━━━━━━━━━━━━━━ 206

4. 民事公诉引关注 ━━━━━━━━━━━━━━━━━━━━━━━ 210

5. 揭秘人民监督员 ━━━━━━━━━━━━━━━━━━━━━━━ 214

6. 注射死刑显文明 ━━━━━━━━━━━━━━━━━━━━━━━ 220

7. 检察告知维权利 ━━━━━━━━━━━━━━━━━━━━━━━ 223

8. 首办责任伸冤易 ━━━━━━━━━━━━━━━━━━━━━━━ 227

9. 近邻不如 110 ━━━━━━━━━━━━━━━━━━━━━━━━━ 231

10. 鹰城沙场秋点兵 ━━━━━━━━━━━━━━━━━━━━━━ 236

11. 网络犯罪之防范 ━━━━━━━━━━━━━━━━━━━━━━ 242

12. 不可抗力惹争议 ━━━━━━━━━━━━━━━━━━━━━━ 246

13. 私屠滥宰引祸端 ━━━━━━━━━━━━━━━━━━━━━━ 249

14. 严打"四包"保安全 ━━━━━━━━━━━━━━━━━━━━ 255

15. 督察严查"霸王车" ━━━━━━━━━━━━━━━━━━━━ 259

16. 打击盗版塑文明 ━━━━━━━━━━━━━━━━━━━━━━ 263

【治国篇*教授点评】 ━━━━━━━━━━━━━━━━━━━━━━ 267

【修身篇】

1. 医疗调价话双赢

为改变以药养医的局面，维护消费者的利益，从 2001 年 9 月 1 日起，河南省各级各类医疗机构将执行新的《河南省医疗服务价格》。此次，河南省医疗服务价格调整，是按照国家计委、卫生部《关于改革医疗服务价格管理的意见的通知》（计价格[2000]962 号）有关规定，并在成本调查、服务项目归并、实施价格听证的基础上，报请河南省政府研究同意，而对全省医疗服务价格进行的规范与调整。

这次医疗服务价格调整的指导思想是：总量控制，结构调整，有升有降，调整与规范相结合。通过增设诊查费，适当提高住院费、手术费、护理费、治疗费等技术劳务性服务价格，降低 CT、核磁、ECT、伽玛刀、眼科准分子、彩超等 20 余种医用设备检查治疗费，平均降幅在 30%以上。如过去患者做一次 CT 检查，原标准为 170 元，调整后的标准为 120 元。

医疗服务价格之所以调整，源于"看病贵"、"药价虚高"的问题让患者很伤脑筋。长期以来，由于药价高，医疗服务收费低，导致医疗机构在利益驱动下，只能依赖药品销售获取差价收入。另外，检查费用高，也助长了一些地方盲目引进大型医用设备，造成医疗资源的浪费。这种机制也是造成"以药补医"的一个重要原因。

当然，作为患者，今后在享受药品降价和一些检查费用大幅降低的同时，也会感到另一种明显的变化，那就是许多医疗服务价格的调整。此次改革，充分考虑到了医生和护士的劳动，与之相应地增设了诊查费（包括门诊、急诊和住院三类）。诊查费按医院等级和医生技术职称分为 2 级 5 等。住院费、护理费、检验费、部分治疗费提高了，住院费上调幅度近 40%，护理费调幅在 1 倍左右。手术费调整幅度最大，根据不同的手术，患者将付出与医生技术等级相当的手术费用。

为了切实保护消费者利益，此次调整和规范，对医疗机构的价格行为提出了比较明确的要求：

一、凡未列入《河南省医疗服务价格（试行）》的项目和未按规定报批的医疗服务项目，一律不得擅自设立、收费。

二、县及县以上医疗机构必须实行"住院费用一日清单制"。对住院病人当天发生的费用按明细项目（包括医疗服务、药品和材料）逐笔登记，做到一日一清。凡不执行"住院患者费用一日清单制"或未达到"住院患者费用一日清单制"规定要求的医疗机构，所有医疗服务价格一律下浮20%。

三、严格医疗服务项目的划价与收费管理。各医疗机构全面推行医疗服务价格计算机管理。分清划价权，杜绝乱划价、乱收费现象。设立费用查询系统，实行明码标价，提高医疗服务价格透明度。

四、各医疗机构要加强医德医风教育，规范医务人员服务行为，真正做到因病施治，合理用药，杜绝滥用贵重药品等不良现象。

关于"住院费用一日清单制"，河南省平顶山市第二人民医院在这方面带了一个好头。2000年，该院投资100余万元，更新了计算机管理系统，为各病区配备了计算机，实现了全院计算机网络管理，对住院患者医疗费用实行一日清单制。他们将所有药品、检查、治疗等项目的名称、类别、单价、数量、金额等按照物价部门的规定录入微机，在程序中设置了按照核算项目归集的住院病人费用一日清单和按照具体项目显示的住院病人费用明细单，其内容不仅包含住院病人当日所发生的各类费用的项目名称、类别、单位、单价、数量、金额、时间等，而且还包含所在科室病人当日的费用合计、费用累计、病人预缴费用余额。每日结束，由各病区护士将住院患者日费用清单打印后于次日上午送到病人手中。如病人对自己的计费有疑问，可随时到护士那里详细查询。

为了使这项制度落到实处，该院还每月组织一次收费、一日清单检查、一次病人满意度调查，并将检查结果通报全院，奖惩兑现。其次是在完善内部监督约束机制的同时，加强外部监督约束机制，设立举报箱，公布举报电话，发放征求意见卡，院领导深入有关单位征求意见，医院各部门随时接待来信来访。另外，加大查处力度，奖惩严明。2000 年就查处一人私自卖药、私自收费，对其作出开除党籍、留用一年的处分。

平顶山市第二人民医院院长马金生说，实行住院病人一日清单后，平顶山市第二人民医院不仅规范了医护人员的行为，杜绝了"搭车药"和"搭车检查"。同时由于理顺了价格体系，严格执行物价政策，杜绝了过去在收费方面的随意性，遏制了乱收费现象的发生，较好地维护了病人的合法权益和经济利益，病人有关物价收费问题的投诉明显减少，医院的知名度和患者对医院的信任度明显提高。院门诊量、病床使用率都显著提高。

关于药价如何降下来，平顶山市医学界有关人士提出建议：一要推行医疗机构药品集中招标采购，通过集中公开招标，降低药品价格，以此减轻患者不合理的医药费用负担。二要严格执行国家药品价格政策。对于国家制定有零售价的药品，严格控制在国家最高限价以内销售。对于招标采购的药品，要按照国家和省的药品作价办法，把招标降价的好处大头让利给群众，降低药品虚高价格。三是全面推行医药分开核算、分别管理，实行药品收支两条线管理，切断医院与药品营销之间的直接经济利益联系，控制药品费用过快增长，降低药品费用占医药费用的比重，促使医疗机构的医疗人员合理用药。据统计，自 2000 年以来，中央和地方不断加大对药品价格的管理，整顿药品虚高定价，多次降低药品价格，全国药品降价总金额已达 74 亿元。仅河南省 2000 年就分三批降低了 500 余种药品价格。2001 年河南省又两次降低药品价格，降价金额约 1.68 亿元，平均降价幅度均在 20%以上。

【温馨提示】

医疗、教育、就业等是最为棘手的民生问题，这关系到人们如何生活得更好，更有保障。河南省此次实行新的医疗服务价格，有利于医疗问题的解决。此举降低了高端医疗仪器的检查费用，提高了医务人员的诊察费用，从而使医务人员的所得与自身的技术水平成正比，进而促使医务人员提高自己的职业素养，更好地为患者服务。医疗服务费用的调整也杜绝了医院的乱开药、乱收费的现象，使得"以药补医"的尴尬局面成为历史。此外，实行的"收费项目一日清单制"，也是践行《中华人民共和国消费者权益保护法》的需要，切实地保障了消费者的知情权。

【法条链接】

《中华人民共和国消费者权益保护法》

第八条 消费者享有知悉其购买、使用的商品或者接受的服务的真实情况的权利。

消费者有权根据商品或者服务的不同情况，要求经营者提供商品的价格、产地、生产者、用途、性能、规格、等级、主要成分、生产日期、有效期限、检验合格证明、使用方法说明书、售后服务，或者服务的内容、规格、费用等有关情况。

第十三条 消费者享有获得有关消费和消费者权益保护方面的知识的权利。消费者应当努力掌握所需商品或者服务的知识和使用技能，正确使用商品，提高自我保护意识。

第二十一条 经营者提供商品或者服务，应当按照国家有关规定或者商业惯例向消费者出具购货凭证或者服务单据；消费者索要购货凭证或者服务单据的，经营者必须出具。

2. 四舍五入闹公堂

36 岁的高某是河南省平顶山市的一位大学教师。2005 年 2 月 15 日，他在市区某量贩超市购买了一袋开口笑杏核（标价为 18.80 元）、一袋花宇美味葡萄（标价 2.95 元）和一包畅盛山药片（标价为 0.90 元）。到收银台交款时，小票打印的总计数为 22.65 元，收银员却收取了 22.70 元。

高某发现后，到超市服务台反映情况，却被告知，超市实行零钱"四舍五入"收费，超过五分不足一角按一角收取。

3 月 8 日，高某再次来到该超市，购买了 0.420 千克圣女果（3.00 元／千克），本应收费 1.26 元，而电子秤打出的标签显示应交费 1.30 元。随后，高某又购买了 0.558 千克绿笋瓜（3.00 元／千克），本应交费 1.67 元，电子秤打出的标签显示应交费 1.70 元。

交完钱后，高某拿到了总票据，发现由电子秤打出的圣女果重 0.420 千克，经收银台却变成了 0.443 千克；0.558 千克的绿笋瓜也"增重"到 0.566 千克。按总票据来算，超市没多收高某一分钱。高某认为，这是超市为避免消费者发现其收费对零钞"四舍五入"的侵权行为，而有意在收银台的收费程序上做了手脚。高某认为，超市的这一行为，反而说明他买了 0.420 千克的圣女果，却被超市按 0.433 千克收了费。

高某认为，超市此举侵犯了自己的合法权益，决定利用法律武器维护自己的权益。2005 年 3 月 9 日下午，高某来到平顶山市卫东区人民法院，将这家超市推上了被告席。

高某在起诉书中称，被告在原告未知的情况下，多收了原告实际买商品数量、重量所应支付的价款，这严重侵犯了原告依据《中华人民共和国消费者权益保护法》（以下简称《消费者权益保护法》）规定应当享有的知情权，并使原告的财产受到了实际损害。故此，原告根据《中华人民共和国民法通则》（以下简称《民法通则》）的相关规定，请求人民法院判令被告：1. 赔偿原告的损失 0.12 元；2.向原告赔礼道歉；3.重新设置其计重及收款系统；4.承担本案的一切诉讼费用。

对于诉讼标的仅一角二分钱，高某解释说，这是实际损失，之所以打官司，是想通过诉讼使超市做到诚信待客，也使老百姓今后能到量贩超市明明白白消费。

3 月 31 日，卫东区法院审理了此案。

被告量贩超市虽认同高某的起诉所述事实，但答辩称：超市在散装食品经营中，计价核定到分，给超市和顾客带来许多不便，因此超市的计费系统均采用"四舍五入"保留到角的结算办法，从这一结算办法的效果看，经统计超市两个月的情况，两者相差不多，大体上平衡。而高先生所说的电子秤称重和收款机打印单据有出入的情况，属于软件系统问题。得知高先生起诉后，超市已经联系了厂家对计费系统进行了调整测试，将来准备据实收费，将收费保留至分。在这项工作完成之前，超市已在明显的位置打出了告示，告知消费者目前超市采用的是"四舍五入"至角的收费方式。

由于双方都同意调解，超市向高某当庭道了歉，支付高某 0.12 元，并承担了诉讼费用。

针对此案，河南国俊律师事务所律师张国俊表示：在生活中，我们已经很少能看到分币了。现在使用分币的场合几乎找不到了，而且使用分币很麻烦。但是，从法律角度上讲，不能因为存在诸多问题，超市就可以采用"四舍五入"至角的收款方式。根据《中华人民共和国中国人民银行法》（以下简称《中国人民银行法》）规定，中华人民共和国的法定货币是人民币。以人民币支付中华人民共和国境内的一切公共的和私人的债务，任何单位和个人不得拒收。人民币单位为元，人民币辅币单位为角、分。因此，分币也是我国正在流通的法定货币，超市采用"四舍五入"的结算方式，事实上就表明，超市已经不用分币结算了，虽然消费者可能会接受这种结算方式，但是这显然是一种限制人民币流通的违法行为。

对于超市来说，计算得精确，成本和收益的分配公平，对于商家和顾客都是有好处的。本案中的超市在调解后，打出了告示，告知消费者目前采用的是"四舍五入"至角的收费方式，虽然体现了对消费者知情权的尊重，但从人民币流通角度来看，仍不合法。

至于现在分币很少见、兑换也难的问题，银行应该多提供一些条件，方便流通。而对于消费者来说，若能带零钱逛超市，商家和银行的压力都会小不少。

对于"四舍五入"至角的结算方式来说，如果消费者在意这种方式的话，他就可以多选择"四舍"的商品，这样不是赚了吗？张国俊认为：这种看法似乎合情合理，但在实际生活中，这并不可行。

根据《消费者权益保护法》的规定，超市作为服务场所就要向消费者提供高质量的服务，即服务者要按质、按量热情周到地向消费者提供服务，其中当然包括向消费者找零钱。尽管麻烦，超市也不能为了图省事，采用"四舍五入"至角的结算方式，这显然违反了法律规定的义务。

从表面上看，超市"四舍"的和"五入"的扯平了，但这实际上侵犯了大部分消费者的合法权益。因为从概率上讲，这种"四舍五入"结算舍的概率是44%，小于入的概率56%，超市盈多亏少。本案也是如此，超市自己公布的"四舍"和"五入"的账目虽然大体平衡，但整体上还是消费者吃亏。

从另一个角度看，消费者到超市消费，只是一种个体行为，"四舍五入"的结算方式，实质就是让一部分消费者为超市在一部分消费者身上的损失进行了弥补，而消费者之间并没有这种义务。

【温馨提示】

元、角、分是我国法定的货币单位，可如今，在市面上分币很少出现了。原因在于很多消费者觉得使用不方便，就连商家都认为麻烦。于是，许多商家采用了"四舍五入"保留到角的结算方法，很多消费者也习以为常，并不认为商贩"四舍五入"的结算办法违反了《消费者权益保护法》、《中国人民银行法》等相关法律的规定；但偏偏有爱较真的人，为了"四舍五入"多出来的一角二分钱与商贩对簿公堂，用法律手段捍卫自己的合法权益，这种捍卫消费者自身权利的精神确实值得鼓励！

【法条链接】

《中华人民共和国消费者权益保护法》

第十条 消费者享有公平交易的权利。消费者在购买商品或接受服务时，有权获得质量保证、价格合理、计量正确等公平交易条件，有权拒绝经营者的强制交易行为。

第十九条 经营者应当向消费者提供有关商品或服务的真实信息，不得作引人误解的虚假宣传。

经营者对消费者就其提供的商品或服务的质量和使用方法等问题提出的询问，应当作出真实、明确的答复。

商店提供商品应当明码标价。

《中华人民共和国中国人民银行法》

第十六条 中华人民共和国的法定货币是人民币。以人民币支付中华人民共和国境内的一切公共的和私人的债务，任何单位和个人不得拒收。

第十七条 人民币的单位为元，人民币辅币单位为角、分。

3. 啤酒消费防"自爆"

啤酒是一种长盛不衰的国际饮品，世界100多个国家和地区都有它的踪影。中国作为酒文化的大国，啤酒自然十分普遍。尤其是到了炎热的夏季，啤酒的销售更是火爆。然而，啤酒也并非时刻扮演着消暑清凉的角色，在河南省平顶山市，由于某些啤酒生产厂家不按规定生产，消费者不按要求开启等原因，啤酒时不时地碰撞出不和谐的杂音。

平顶山市工商局"12315"举报投诉中心负责人告诉记者，自进入夏季以来，该中心陆续收到消费者关于啤酒类申诉、咨询达32起，其中啤酒瓶爆炸伤人类案件24起，消费者投诉啤酒变质或含有杂质类案件8起。可以说，每年夏季消费者关于啤酒方面的投诉都是消费纠纷的一大热点。

瓶装啤酒的非标准"B"瓶包装，成了啤酒爆炸的定时炸弹。国家早已明文规定：瓶装啤酒自1999年6月1日开始一律使用"B"瓶，禁止捆扎。尽管文件早已下发到各个啤酒生产厂家，但仍有个别生产厂家并未完全执行"B"瓶灌装啤酒的有关规定，并为减少成本依旧选择捆扎包装，令人痛心的啤酒瓶"爆炸"声依旧此起彼伏。

2001年6月14日，消费者吴某来到市"12315"举报投诉中心投诉：他和同事于2001年5月27日一起吃饭，开启某品牌啤酒时，啤酒瓶突然爆炸，致使两人面、手、腿等部位多处受伤，鲜血直流，并为此先后花去医疗费近700元。

吴某两人喝啤酒被炸伤，而12岁的小女孩儿廖诗诗竟是因开冰箱门而被炸伤。2001年的6月30日，当小女孩儿打开冰箱储藏室门准备取吃的东西时，冰箱中储放的一瓶啤酒突然发生爆炸，致使她左臂受伤。经医生诊断，伤口深1厘米，长2厘米。为此，她的家人为其先后花去医疗费400余元。

和小女孩有同样遭遇的还有家庭主妇任某。她在厨房做饭时，放在灶台旁的一瓶啤酒突然"自爆"，炸伤了她的左手及左腿。

据验证，上述这些"自爆"伤人的啤酒瓶不是使用非"B"瓶就是捆扎包装。频频发生的爆炸声，向啤酒生产厂家、有关职能部门敲响了警钟：不能再让这些"定时炸弹"进入老百姓的日常生活。

威胁啤酒消费者安全的除了非标准瓶包装外还有啤酒本身的质量问题。2001年7月6日，姚电公司附近一小卖部的经营者手持一瓶啤酒前来"12315"进行投诉，他说这瓶啤酒内有异物，害他丢了不少客户。经过工作人员的仔细验证，发现这瓶未开启的啤酒中明显悬浮着一张糖纸。投诉者说，这是顾客在购买时发现的，结果一传十，十传百，使他近两天没有卖掉一瓶啤酒。

与上面的经营者相比，消费者王某的经历更令人后怕。8月17日，王某在一小百货店购买了一瓶啤酒，由于口渴得很，饮用时没有细看就急不可待地喝了下去，感到口味不对时已经喝了大半瓶。这瓶啤酒不仅没有麦芽的醇香，反而又苦又涩，且颜色浑浊不清，伴有悬浮杂质。王某呕吐不止，随即感到头晕肚痛，后经医生诊断为食用不洁食品所致，他前后为此共花去医疗费近百元。

这两起案件中被投诉的啤酒经验证已经超过了存放期限，本应扔弃，商家却堂而皇之地卖给了消费者。可见，啤酒销售市场的监管工作还有待加强完善。

啤酒消费者受伤害的程度与他们求偿的难易并不成正比。上述第一位消费者吴某前去"12315"投诉时，考虑得较为周到，同时带来了被炸裂的啤酒瓶碎片和三张现场所拍照片。根据他所提供的证据，"12315"举报投诉中心的工作人员得以很快进行调查了解，并及时发现该啤酒的酒瓶并不是国家规定使用的"B"瓶，后经中心工作人员的调解，啤酒厂最终赔付了消费者所花的医疗费。

然而，小女孩儿廖诗诗的投诉之路相比吴某则曲折了许多。因为她虽是被啤酒炸伤的，但伤人的啤酒瓶却是符合国家标准的"B"型啤酒瓶，所以虽然小女孩儿的家长认为厂家啤酒瓶存在质量问题，应当承担赔偿责任。但厂家坚称自己按照国家规定使用了"B"型啤酒瓶，是因消费者存储不当，因外力才造成啤酒瓶爆炸的，所以与此事故无直接关系。由于小女孩的家长拿不出证明啤酒瓶质量不合格的权威机构的检测结果，因此厂家拒绝了消费者的索赔要求。后在"12315"举报投诉中心工作人员的极力调解下，厂方才答应支付所谓的"人道主义赔偿金"150元。

从被炸伤的消费者投诉案件的调查结果看，能够得到"赔偿"或"补偿"的寥寥无几，且数额低得令人不可思议，全部都在100~700元之间。可笑的是，有的厂家竟拿出两件啤酒作为对消费者的补偿。当然也有消费者因证据不足，根本得不到厂家的赔偿。越来越多的消费者呼吁：质检部门要尽快出台一套详细、完整、易懂的啤酒瓶质量标准，不要让消费者的消费信心在一声声炸裂声中被摧毁！

作为消费者，我们应提高安全消费意识。造成啤酒瓶爆炸的原因主要有四个方面：一是啤酒生产厂家仍使用非"B"型啤酒瓶，非"B"型啤酒瓶自身存在诸多质量问题，如有的是多次回收使用，所以难以保证消费者安全。二是有些厂家虽然使用了"B"型啤酒瓶，但其中有部分瓶子耐压力、抗冲击力不达标，垂直轴偏差，质量不合格。三是啤酒生产厂家在销售当中不使用包装箱，而是捆扎啤酒瓶进行销售，啤酒瓶在运输、搬运过程中，瓶体间摇晃碰撞致使酒瓶爆炸。四是消费者在存储、开启时方法不对，例如将啤酒放置在阳光下暴晒，用牙咬、用桌角撬等方式开启啤酒瓶，这些均可能使酒瓶发生爆炸。

而啤酒变质的原因则主要是厂家在生产环节上把关不严，致使啤酒质量不过关；也有的是啤酒瓶封闭不严密，导致瓶盖漏气；或放置时间超过保质期而发生质变。所以消费者在购买时一定要注意啤酒的色泽、清澈度及生产日期。

【温馨提示】

随着炎热的夏季的到来，啤酒的销售日益火爆。然而，啤酒也并非时刻扮演着消暑清凉的角色，由于啤酒生产厂家不按规定生产和消费者不按要求开启等原因，啤酒时不时地会"制造"些小事故，啤酒消费者在受到伤害后往往很难获得认定，即使认定啤酒制造者和销售者侵权，也面临着求偿难的尴尬境地，所以应制定一套完整的啤酒质量认定标准以及侵权后的赔偿标准，来保护消费者的合法权益，不要使消费者在一次次的爆炸声中丧失消费信心。

【法条链接】

《中华人民共和国消费者权益保护法》

第七条 消费者在购买、使用商品和接受服务时享有人身、财产安全不受损害的权利。

第十条 消费者因购买、使用商品或者接受服务受到人身、财产损害的，享有依法获得赔偿的权利。

第十八条 经营者应当保证其提供的商品或者服务符合保障人身、财产安全的要求。对可能危及人身、财产安全的商品和服务，应当向消费者作出真实的说明和明确的警示，并说明和标明正确使用商品或接受服务的方法以及防止危害发生的方法。

第二十二条 经营者应当保证在正常使用商品或者接受服务的情况下，其提供的商品或者服务应当具有的质量、性能、用途和有效期限；但消费者在购买该商品或者接受该服务前已经知道其存在瑕疵的除外。

4. 警民换位感慨多

2005 年 2 月 26 日，对于李某等 20 位出租车司机而言，是个特殊的日子，因为他们要过把交警瘾，体验一下当交警的感觉。同时，20 名交警要换上便服当一次出租车司机，在市区载客服务。这是河南省平顶山市公安机关警营开放周中的一项活动。

据平顶山市公安交警支队支队长钱惠卿介绍，为了确保这次活动的效果，平顶山市公安交警支队抽调了 20 名交警，并对他们进行了培训，同时对营运值等也作了详尽的规定。26 日上午 10 时，"警民换位体验活动"拉开了序幕。20 名交警将反光背心穿在出租车司机身上，把安全帽戴在出租车司机头上，出租车司机则把出租车钥匙交到了穿便装的交警手中。

经常被交警训斥的"的哥"，通过这次换位，十足过了把指挥瘾，但其亲身感受的交警工作并没有之前他们看到的那样风光、轻松。

李某是一名出租车司机，他的执勤地点在中兴路与和平路口。上午 11 时，他在执勤交警的指导下，开始了执勤。天气晴朗，上街的人特别多，而在市中心的这个路口，人更多。李某不停地提醒着过往的行人，大多数人都能按照信号灯的指示行进，但少数人在机动车流中冒险穿行，李某就对他们进行劝阻，并将他们拉回来。到中午 12 时，李某的嗓子都喊哑了。

"太冷了，实在是受不了了！"穿着棉袄的出租车司机张某已在寒风中站了一个小时，冻得浑身发抖。在平声岗执勤的张某快人快语地说，自己才站了近两个小时就腰酸腿痛，别说一站就四五个小时的交警了。

出租车司机王某听说要帮助交警执勤，早就攒了一股劲等着这一天。在平声岗执勤时，刚开始他还有点儿不好意思。经过一个多小时的执勤，他竟累得吃不下饭。他希望市民多理解、尊重交警，减轻交警的工作负担。

在市区建设路中段执勤的出租车司机刘某站了近两个小时，感到口干舌燥，腰酸腿痛。但看着站在路中央以标准的姿势、有力的动作指挥交通的交警，他浑身又充满了劲儿。他想在此劝劝同行，请遵章守纪，别再给交警增添劳动量。

警民换位体验，对于脱下反光背心，拿过车钥匙瞬间成了"的哥"的交警来说也感慨颇多。

"开车累，而揽客更难。"刘斌（市公安交警支队二大队民警）感慨地说道。他上午10点驾驶一辆富康轿车出发，一天下来，他感受到出租车司机的辛苦超乎想象，在兼顾行车安全的同时还要寻人拉客，同时还不能违章。中午饭是在车上吃的一块方便面，其余时间都在路上忙着找"生计"，一天下来，腰酸腿痛。他说："当一回'的哥'后，我体会到了他们违章'抢客'的那种复杂心情。"

卫亚滨（市公安交警支队一大队民警）也驾驶着富康车在市区忙开了。他从矿工路转到光明路，后来又开到建设路，一直没有生意。直到下午1点，他才在市委门口拉到一位去平顶山商场的客人，一趟下来，挣了5元钱。

赵志凯（市公安交警支队二大队民警）当了一天的出租车司机后，感受最深的是出租车之间的竞争很激烈。下午2时许，他在建设路上看到一名顾客招手拦车，他正准备把车停到路边时，另一辆在对面路上行驶的出租车猛然掉头，把车斜停在他的车前，惊得赵志凯急忙刹车，差点撞上去。

张勇（市公安交警支队一大队民警）上午时还感觉良好，可到下午2点时，就感到特别累，真想休息一会儿，可是有人坐车，还要强打精神开车。他在此劝出租车司机不要疲劳驾车。

据平顶山市公安局政治部主任孙宗杰介绍，这次警民换位是平顶山市公安局在保持共产党员先进性活动中推出的一项举措，通过这次活动，达到警民思维互动、警务认同，使民警在警民关系中找准自己的位置和角色，自觉为群众办好事、办实事。

【温馨提示】

理解和宽容是人与人之间沟通的最好的桥梁，平顶山市公安机关此次警营开放周的"警民换位体验活动"，就是利用了这一桥梁。此次活动使警民双方感受到了彼此的工作环境和工作状态，从而达到了警民将心比心，进而互相理解和支持对方的工作，最终换来一个良好的公共交通环境的目的。这值得全国各地区借鉴。在理解和支持的平台上，交警和司机都应该在法律框架内有所为和有所不为，发挥法律在构建和谐社会中的保障作用。

【法条链接】

《中华人民共和国治安管理处罚法》

第二十三条 有下列行为之一的，处警告或者二百元以下罚款；情节较重的，处五日以上十日以下拘留，可以并处五百元以下罚款：

（一）扰乱机关、团体、企业、事业单位秩序，致使工作、生产、营业、医疗、教学、科研不能正常进行，尚未造成严重损失的；

（二）扰乱车站、港口、码头、机场、商场、公园、展览馆或者其他公共场所秩序的；

（三）扰乱公共汽车、电车、火车、船舶、航空器或者其他公共交通工具上的秩序的；

（四）非法拦截或者强登、扒乘机动车、船舶、航空器以及其他交通工具，影响交通工具正常行驶的；

（五）破坏依法进行的选举秩序的。

聚众实施前款行为的，对首要分子处十日以上十五日以下拘留，可以并处一千元以下罚款。

《中华人民共和国道路交通管理条例》

第十五条 车辆、行人必须遵守交通标志和交通标线的规定。

第十六条 车辆和行人遇有灯光信号、交通标志或交通标线与交通警察的指挥不一致时，服从交通警察的指挥。

5. "非典"防治有法依

2003 年 4 月 27 日上午，家住河南省平顶山市区南苑小区 19 号楼的王新鹏和徐桥夫妇向有关部门报告，他们接到儿子从北京打来的电话，说他已乘上返回平顶山的列车，当晚到家。王新鹏夫妇知道此时已无法劝阻儿子，于是连忙将实情报告有关部门，并主动承诺一定搞好儿子的自行隔离，让周围居民们放心。

为了做好儿子的隔离工作，王新鹏夫妇在自家放杂物的地下室里准备了炊具、食品，而且支起了一张床，老两口就住在那里，楼上的房子让儿子隔离时居住。当晚 11 时许，有关部门经体检，同意其子自行隔离。王新鹏夫妇在约 10 米远的地方看着儿子上楼回家之后，通过电子对讲门铃同儿子说话，请儿子谅解。夫妇俩住在自家的地下室里，每天都把蔬菜、水果、馍、面条等食物放在自家房门口，让儿子拿进屋，自己做饭吃。想与儿子说话，夫妇俩就站在对讲门铃前，问问儿子的生活情况等⋯⋯

"非典"疫情考验的不仅仅是政府，而且也考验着每一位公民的文明素质和道德水准。对"非典"病人、疑似病人或从外地回归者采取强制性措施，是防止"非典"蔓延的需要。及时向有关部门上报情况，不仅是对他人负责，也是对自己负责。

对于"非典"的防治工作，公民有何法律义务和责任呢？平顶山市中级人民法院院长吴晓东对公民对"非典"的报告义务和知情不报的法律责任进行了解读。

首先，"非典"疫情报告有法可依，有法有据。2003年4月8日，经国务院批准，卫生部下发了《卫生部关于将非典型性肺炎（严重急性呼吸道综合征）列入法定管理传染病的通知》，将"非典"列入法定传染病进行管理，使对"非典"的报告有了法律的依据和途径。

《中华人民共和国传染病防治法》（以下简称《传染病防治法》）相关条文规定："任何人发现传染病病人或者疑似传染病病人时，都应当及时向附近的医疗保健机构或者卫生防疫机构报告。执行职务的医疗保健人员、卫生防疫人员发现甲类、乙类或监测区域内的丙类传染病病人、病原携带者或者疑似传染病病人，必须按照国务院卫生行政部门规定的时限向当地卫生防疫机构报告疫情。卫生防疫机构发现传染病流行或者接到甲类传染病和乙类传染病中的艾滋病、炭疽中的肺炭疽的疫情报告后，应当立即报告当地卫生行政部门，由当地卫生行政部门立即报告当地政府，同时报告上级卫生行政部门和国务院卫生行政部门。"

对"非典"等传染病的报告是任何发现传染病病人或者疑似传染病病人者的法定义务。大家心里也必须有这样一个概念："报告'非典'，人人有责。"

其次，"非典"病例的谎报、瞒报责任重大。在日常生活中，人们发现违法犯罪活动会向公安机关报告，发现假冒伪劣商品会向工商、质检部门报告，发现公共设施不安全会向城建部门报告。有些虽然可能事不关己，但在大家心目中已经形成了一个维护公共秩序的意识。但对于"非典"，有些人却还没有形成这种报告意识。

当然，积极报告"非典"应建立在科学认识的基础上，不能发现别人咳几声就认为是"非典"而向有关部门报告。一般公民应该报告的是根据自己知道的，那些疑似"非典"病人以及与"非典"病人及疑似"非典"病人有过接触的人，如防治"非典"指挥部的公告中查找的某次列车或汽车上的人员或从疫区偷跑回来的人等。

报告必须是依据《传染病防治法》的有关规定，而不是不负责任地针对那些还没有被确诊的病人在社会上大肆散播谣言，造成人心恐慌。根据《中华人民共和国治安管理处罚法》第二十五条规定："有下列行为之一的，处五日以上十日以下拘留，可以并处五百元以下罚款；情节较轻的，处五日以下拘留或者五百元以下罚款：（一）散布谣言，谎报险情、疫情警情或者以其他方法故意扰乱公共秩序的……"

《传染病防治法实施办法》第七十一条规定："执行职务的医疗保健人员、卫生防疫人员和责任单位，不报、漏报、迟报传染病疫情的，由县级以上政府卫生行政部门责令限期改正，对主管人员和直接责任人员由其所在单位或者上级机关根据情节，可以给予行政处分。个体行医人员在执行职务时，不报、漏报、迟报传染病疫情的，由县级以上政府卫生行政部门责令限期改正，限期内不改的，可以处100元以上500元以下罚款；对造成传染病传播流行的，可以处200元以上2000元以下罚款。"构成犯罪的，依照新《刑法》玩忽职守罪的有关规定，对责任人可处三年以下有期徒刑或者拘役，情节严重的，处三年以上七年以下有期徒刑。如还有徇私舞弊这一加重情节，则最高可判处十年有期徒刑。

如果极个别"非典"患者明知自己患有这种严重传染病，却不主动报告，乃至引起不特定多数人生命财产重大损失的，还可能涉嫌构成《刑法》第一百一十五条规定的"以危险方法危害公共安全罪"，将被判处十年以上有期徒刑、无期徒刑甚至死刑。

最后，政府通报疫情必须真实。从报告层次来说，报告是向上报，是对分散疫情的集中，而通报则是向下报，是对疫情发展的公布。《传染病防治法》第二十三条规定："国务院卫生行政部门及时地如实通报和公布疫情，并可以授权省、自治区、直辖市政府卫生行政部门及时地如实通报和公布本行政区域的疫情。"对"非典"疫情的公布不仅是满足公众知情权的要求，更是有效防治"非典"的要求。政府及有关部门对"非典"等疫情的处理活动，并不是随机的、随意的，而是由法律法规予以规定的，是在法律框架内实施的行为，所以这种报告必须是真实的。

疫情通报关系到人民群众的知情权，是一个严肃的法律问题，同时也有利于提高人民群众预防传染病的警惕性，有效抵御"非典"入侵。如果有关部门在通告和公布疫情时隐瞒真相、玩忽职守造成"非典"传播或流行，情节严重的，责任人也会因涉嫌玩忽职守罪而受到惩处。

【温馨提示】

2003 年，突如其来的"非典"扰乱了人们安静祥和的生活，瞬时间，全国人民人心惶惶。"非典"疫情考验的不仅仅是政府，而且也考验着每一位公民的文明素质和道德水准。对"非典"病人、疑似病人或从外地回归者采取强制性措施，是防止"非典"蔓延的需要。及时向有关部门上报情况，不仅是对他人负责，也是对社会负责。非常时期，一个小小的感冒都可能被恐慌的人们放大，因此，我们更需要了解相关的法律，了解法律规定的公民对"非典"的报告义务和知情不报应负的法律责任，在法律的框架下做好"非典"的防治工作。

【法条链接】

《中华人民共和国传染病防治法》

第三十条 疾病预防控制机构、医疗机构和采供血机构及其执行职务的人员发现本法规定的传染病疫情或者发现其他传染病暴发、流行以及突发原因不明的传染病时，应当遵循疫情报告属地管理原则，按照国务院规定的或者国务院卫生行政部门规定的内容、程序、方式和时限报告。

第三十一条 任何单位和个人发现传染病病人或者疑似传染病病人时，应当及时向附近的疾病预防控制机构或者医疗机构报告。

第三十三条 疾病预防控制机构应当主动收集、分析、调查、核实传染病疫情信息。接到甲类、乙类传染病疫情报告或者发现传染病暴发、流行时，应当立即报告当地卫生行政部门，由当地卫生行政部门立即报告当地人民政府，同时报告上级卫生行政部门和国务院卫生行政部门。

第三十四条 县级以上地方人民政府卫生行政部门应当及时向本行政区域内的疾病预防控制机构和医疗机构通报传染病疫情以及监测、预警的相关信息。接到通报的疾病预防控制机构和医疗机构应当及时告知本单位的有关人员。

6. 沾染毒品悔莫及

每年的 6 月 26 日是国际禁毒日，2002 年禁毒日的主题是"毒品与艾滋病"。"毒品"这个词以前我们只有在国外的报道中才能看到，而近年来毒品却像瘟疫一样开始侵蚀我们的生活，损害人的生命。

人的生命，理应得到更多的珍视与关爱。殊不知，有人却心怀叵测地埋伏在生命必经的蒿草中，伺机狙击多灾多难的生命。他们便是那些以贩毒为生的人们。

一撮精白的粉末，一缕虚幻的烟，一双迷离的眼，一副空空的躯壳，这就是一个寻求刺激、追逐享乐的吸毒者生命内容的全部。大多数吸毒者染毒以前都不是对生命失去希望或自甘沉沦的。在形形色色的瘾君子中，好奇涉毒者有之，无知上当者有之，被拖下水者有之，身患急症而饮鸩止渴者有之。

堕入深渊的人几乎都是后悔莫及。下面让我们看几则"瘾君子"的案例。

李某，女，20 岁，家住河南省鲁山县，后来到平顶山市区的一家洗头城当坐台小姐，在一群姐妹的怂恿下染上了毒瘾，后只能靠卖淫和吸毒来打发自己的生活。因毒瘾过大，自己靠出卖肉体得来的钱已不能满足吸毒的费用，为了挣到更多的钱去吸毒，她来到广州市郊一歌舞厅。在反反复复的肉体交易中，她染上了艾滋病，于 1999 年死在广州郊县的一家医院内，死时身边没有一个亲人。

杨某，男，31 岁，原在平顶山市一家企业工作。1998 年开始吸食毒品，第一次吸食毒品后头晕脑胀，恶心呕吐。接着就有了第二次、第三次，不到半个月便毒瘾缠身。从此他面黄肌瘦，双目无光，嘴唇发紫，浑身无力，时不时产生无名的痛、痒，并且呕吐、肌肉抽筋，食欲下降，体重骤降。随着毒瘾的增大，他每天吸食的毒品数量也不断增加，人也已经瘦得皮包骨头。2001 年 7 月，毒魔终于夺去了他年轻的生命。

赵某，女，31 岁，在一次与朋友聚会中染上毒瘾，后因吸毒被所在单位开除。她也深知毒品的危害，但已经深陷其中不能自拔，2000 年 4 月，绝望中的她深夜从楼上跳下，用她的生命与毒瘾作了最后一次抗争。

毒品像一头猛兽，吞噬了一个个幸福的家庭，一个个美好的人生。

事实告诉我们，毒品猛于虎，毒品一日不绝，禁毒一日不止，为了斩除这颗社会的"毒瘤"，社会各界特别是公安机关已举起了正义之剑……

2001 年 8 月，平顶山市公安局接到群众举报，称一名携带毒品的四川籍男子路过平顶山市，市公安局局长宋景峰高度重视，市公安局刑侦支队支队长宋路喜、缉毒大队大队长王公凯等人迅速出击，在毒贩可能出现的地点严密布控。8 月 30 日，经过缜密侦查获知毒贩可能藏匿于鲁山某宾馆内，王公凯立即和丁伟、郭志强、张林等民警赶到鲁山县，在鲁山县刑侦大队民警的配合下，对毒贩可能藏匿的宾馆逐一排查。当排查至鲁山县汽车站附近一旅馆时，得知有一名叫刘凯的四川籍男子与毒贩特征极为接近，但此人刚刚离开宾馆，不知去向。王公凯立刻带领民警赶到汽车站，在候车室内，王公凯发现一名青年东张西望，并且穿着与时节极为不符的一件特厚的衣服，就立即上前，将其制伏。从他腿上查获用塑料包裹的毒品海洛因55粒，共390克。经讯问，此人正是四川籍毒贩刘凯。刘凯原来经人介绍去缅甸打工，后嫌挣钱少，在缅甸毒贩的引诱下，干起贩毒的勾当。这次，他采取吞服毒品的方法，将这390克毒品海洛因用塑料包装成55粒，吞服在体内，从缅甸偷越边境，经云南、四川等省，到河南省信阳市准备把毒品交给当地毒贩。因口音差别，听错地名，而来到鲁山县，而此时他身上的钱已花光，无法再去信阳。无奈之下，只得与境外毒枭联系，让省内的毒贩来鲁山取货。他已经等了两天，每天他都到汽车站去等候取货人的到来，体内携带的毒品排出后，他用胶布粘在身上，没想到被民警抓个正着。根据刘凯的交代，王公凯决定将计就计，在这里等候省内毒贩的到来。于是民警就让刘凯与境外毒枭联系，约省内毒贩来鲁山县一歌舞厅见面。当晚9时许，省内毒贩坐车赶到鲁山县，被等候多时的民警抓获。经审讯，此人叫张会宝，这次与境外毒枭联系，准备把这批毒品运到豫西卖给吸毒者，使他意想不到的是，等候他的却是缉毒民警。

此外，为了根除毒品的源头，平顶山市公安局还大力开展了禁种铲除工作。公安局民警发扬顽强奋战的精神，深入到田间地头、家庭院落、林场果园进行大面积、拉网式反复踏查。仅在2002年4月、5月两个月，就铲除罂粟果15000余株，刑事拘留1人，治安拘留15人，确保了禁绝毒品工作的开展，收到良好的社会效果。

与此同时，社会各界对吸毒者伸出热情的双手，帮助他们脱离毒品，走上自新的道路。李红，原来在平顶山市一家企业工作，因为精神空虚，在几个朋友的劝诱下，开始吸毒，很快便染上毒瘾。家中的财物很快都被其变卖，用来购买毒品，亲人的苦劝，都无法把她从毒品身边拉回来。在一次贩毒中，被民警抓获。因为贩毒数量小，认罪态度良好而从轻处理。李红也认识到毒品的危害，痛下决心戒掉毒瘾。平顶山市公安局缉毒大队大队长王公凯就与李红的家人一起帮助她戒毒。在李红戒毒期间，王公凯和其他民警经常来看望李红，并给她讲毒品的危害，帮她树立戒毒的信心，在民警和她家人的帮助下，李红经过一个多月的努力，彻底戒掉了毒瘾，现在又找到一份工作，过着正常的生活。

吸毒者当初也并非都是男盗女娼、打家劫舍或谋财害命之徒，他们当初也并非想要以身试毒、以身试法。但是，毒品的成瘾性太强了，他们或骗、或偷、或抢、或卖淫、或贩毒，甚至刀上舔血，草菅人命。面对毒品犯罪，我们任重而道远。

李某，38岁，原来在平顶山市一家事业单位工作，后来停薪留职，于1985年办起了一家建材厂，靠自己的勤劳和汗水拥有了上百万的资产，成为了许多人羡慕的富翁。但为了寻求刺激，他开始吸食毒品。此后，他无暇顾及自己的企业，厂子很快倒闭，上百万的资产化成了烟雾。为了吸毒，他不惜毒害别人，走上了贩毒的道路。2001年9月，他带着毒品在市区一歌舞厅内与买主接头，被埋伏在此的市公安局民警抓获，从此开始了牢狱生活。

张某，21岁，在18岁那年，他从学校毕业了，社会接纳了他。一次他与昔日的同学相聚时，有人递给他一只特制的香烟，在同学的怂恿下，他吸了第一口含有毒品的香烟，接着便到了不可收拾的地步。为了维持吸毒所需的毒资，他开始行骗，骗亲戚，骗同学，能够骗的人他都骗了，但是骗的次数多了，便无法再行骗了。为了能够继续吸毒，他铤而走险，走上了抢的道路，骑着摩托车专门抢人们的挎包和手机。一次次得手后，抢来的钱物很快就被换成毒品吸光了。他为了毒品，又一次次地作案，终于在一次作案时被巡逻的民警当场抓获。

某女，23岁，正当青春年华，却父母离异，家庭破裂，这给她带来了心灵的创伤，虽然在一家效益不错的国有企业工作，但工作之余，她感到十分寂寞。在一次偶遇中，她结识了她的男友。没想到她的男友竟是个瘾君子，不久，她也成了毒品的"奴隶"，过着醉生梦死的日子。后来，她不得不放弃了工作，终日靠毒品消磨时光，当所有积蓄被换成毒品吸掉后，她不得不为她和她的男友的毒品来源而不惜出卖自己的肉体。

付某，女，28岁。染上毒瘾后，她到处找钱买毒品，家中的东西被变卖干净后，她又将手伸向了自己的奶奶。1998年4月，她趁奶奶熟睡时溜到奶奶房间，准备将奶奶的存折和电视机、冰箱等物品偷走，但在搬运物品时，奶奶被惊醒，并对她进行劝阻。此时，被毒魔附身的她却拿起菜刀向奶奶砍去，她的奶奶做梦也不会想到，自己竟死在孙女的手下。付某最终也未能逃脱法律的严惩。

平顶山市公安局政委贾廷寅说，从目前的治安状况来看，影响平顶山市治安稳定的抢包、掂包、割包等盗窃、抢劫行为，相当一部分与吸毒有关。吸毒已成为诱发刑事犯罪的重要原因，毒害不消除，势必会影响社会的稳定。然而，摆在我们面前的却是禁毒人员少、经费缺，没有戒毒所，对一些吸毒成瘾、屡教不改的吸毒人员无法强制戒毒的现状。因此，迫切需要成立一个配备齐全的专门机构和戒毒所，以推动平顶山禁毒工作的发展。禁毒工作是一个责任重大、持续时间长的艰巨工作，还需要全社会都来关心支持这项工作。

【温馨提示】

毒品是困扰现今社会生活的最大祸患，毒品交易已成为仅次于军火而高于石油的世界第二大宗买卖。无数人为此失去了学习的机会、工作的能力，出卖了自己的良心，背弃了家人与朋友，甚至失去了活在世上的意义。更为严重的是有人因此而献上了年轻且无价的生命！毒品活动诱发了各种违法犯罪活动，扰乱了社会治安，给社会安定带来巨大威胁。我国《刑法》明确规定走私、贩卖、运输、制造、持有毒品是犯罪行为，公安机关也严厉打击贩毒、吸毒行为。让我们远离毒品、珍爱生命，健康快乐地生活吧！

【法条链接】

《中华人民共和国刑法》

第三百四十七条 走私、贩卖、运输、制造毒品，无论多少，都应当追究刑事责任，予以刑事处罚。

……

第三百五十一条 非法种植罂粟、大麻等毒品原植物的，一律强制铲除。

……

第三百五十二条 非法买卖、运输、携带、持有未经灭活的罂粟等毒品原植物种子或者幼苗，数量较大的，处三年以下有期徒刑、拘役或者管制，并处或者单处罚金。

第三百五十三条 引诱、教唆、欺骗他人吸食、注射毒品的，处三年以下有期徒刑、拘役或者管制，并处罚金；情节严重的，处三年以上七年以下有期徒刑，并处罚金。

强迫他人吸食、注射毒品的，处三年以上十年以下有期徒刑，并处罚金。

引诱、教唆、欺骗或者强迫未成年人吸食、注射毒品的，从重处罚。

7. 一刻放纵终生憾

每年的 12 月 21 日是世界艾滋病日，据联合国艾滋病规划署统计，从 1981 年美国发现首例艾滋病患者开始，到 2003 年，在短短 30 年的时间里，已有二百多个国家和地区发现艾滋病疫情。全世界死于艾滋病的人日益增多，全球每天有 16000 人感染艾滋病，这一数量以惊人的速度在蔓延。

自我国 1985 年发现首例艾滋病患者，目前我国现有艾滋病感染者估计已超过 80 万。

资料显示，河南省 1995 年发现首例艾滋病病毒感染者，至 2002 年 9 月累计发现并报告艾滋病病毒感染者 2065 例。以下将介绍一些因为性违法行为而感染艾滋病病毒的鲜为人知的故事。

故事一： 41 岁的张某，出生在某县一个交通闭塞、经济落后的小山村，家里几辈人过着面朝黄土背朝天的日子。因为家里穷，张某三十好几才娶了个媳妇成了家，第二年媳妇就给张某生了个胖小子。一家三口人守着几分薄地，虽说手头紧，但农村人只要屋里粮缸里有粮食，心里就比较踏实。前几年，村上几个年轻人走出山沟沟，呼吸到了山外的空气。他们看到城里人偏爱山沟沟里长的野菜、野山菇，就开始往城里送货。张某和媳妇一合计，媳妇拿出了压在箱底的靠卖鸡蛋换的几个钱，张某也做起收山货、卖山货的生意。生意越做越大，张某的钱袋也开始鼓了起来。经常在外面跑，接触的人也越来越多。张某在城里时间长了，听得多见得也多了，对生活就有了新的欲望。一天，张某咬咬牙从怀中掏出一张面额 50 元的人民币，进了一家洗头城。张某整天在生意场混，当然也知道洗头城里的奥秘。也就是那次，张某第一次与妻子之外的女人发生了媾和之事。有了第一次，也就有了第二次、第三次……突然有一天，张某感到身体不舒服，过了一段时间不见好转。医生给张某初步检查后，又给张某开了好几张不同类型的化验单，几天后化验结果出来了，医生告诉张某，他已经感染了艾滋病病毒。张某一听感到事态严重，急匆匆赶回家，非要妻子进城检查身体，不明真相的妻子跟随丈夫进了城，检查结果证实张某的妻子也已经感染了艾滋病病毒。张某懊悔不已。后来，他的身体状况越来越差，生意也干不成了，再后来，张某受不了病魔和精神的折磨服药自杀，一个原本好端端的家庭现在只落下一个病奄奄的女人带着一个不满 10 岁的孩子。

故事二：李某原来在某县一家很不错的工厂从事机械技术工作，对机械修理非常在行。2000 年 11 月，厂里进新设备，厂领导指派李某和另外一名职工到广东省某机械设备加工厂考察。李某和本厂那位同事住在一家宾馆，晚上床头的电话声响起。根本不用猜，李某和他的同事就知道是宾馆做那种生意的风尘女子打来的。李某拿起电话听筒，耳边立刻传来几声娇柔的声音："先生，您需要按摩吗？""怎样按摩？""我们有漂亮的小姐直接到您房间服务，您有什么要求可以直接给小姐谈。""安全吗？""这个请先生尽管放心。"李某和同事低语几声，表示先让小姐到房间看看。不一会，两个穿着非常时髦的女孩走进了李某的房间。一番讨价还价之后，李某和同事同那两个女孩做了原本不应该做的事。数月后，一天，李某突然觉得自己有些发烧，他一开始认为可能是感冒了，但过了好几天，病情仍不见好转。李某请假到医院检查，结果出来时，李某惊呆了：他感染了艾滋病病毒。这晴空霹雳几乎将李某击倒，他心里打鼓，自己病了会不会再传染给妻子？他没敢把真相告诉妻子，只是编了个谎言让妻子也到医院做了检查，侥幸的是妻子没有被传染。后来，迫于压力，担心传染给妻子，李某辞掉工作到浙江一家小工厂打工，至今一人流落他乡不敢回来。

故事三：她天生丽质，聪明活泼。几年前，她以优异的成绩考入了江苏省一所高校。大学三年级时，一次偶然的机会，她结识了当地一家公司的老板王某。王某花钱阔绰，很快，她精神上的防线和生理的防线就被王某的花言巧语和糖衣炮弹击溃。大学毕业后，她留在了那个城市，希望有一天能够取代王某妻子的位置。她当时很有自信心，认为女人的漂亮可以永远征服男人。但是她很快发现，她的这些想法并不正确。因为王某根本就没有打算和妻子离婚，而且她还发现，王某在与她交往的同时，还与好几个女子有染。更令她始料不及的是，王某的妻子发现她与王某的关系后，带着几个人气呼呼地找到她，一阵臭骂不说，还把她痛打一顿。感到非常委屈的她找到王某，希望王某这时候对他说些宽慰的话，谁知道王某表示不敢再与她交往了，塞给她一沓钱让她回老家，随后便匆匆离去。希望的泡沫破灭后，她只身来到了海南省的一个城市。由于一时没有找到合适的工作，经不住诱惑，她鬼使神差地走进了一家歌舞厅。从开始陪客人唱唱歌到陪客人喝酒，再到后来只要客人肯出钱，她跟谁都可以上床。就这样过了两年，后来一天早上起床时，她感到头晕头痛，以为是着凉了，便到医院检查，却被医生告知自己已经感染了艾滋病病毒。从受人羡慕、令家人感到荣耀的大学生沦落为风尘女子，直至成为一名艾滋病患者，她对生活完全失去了信心，把积攒的几万元钱寄给家乡的父母后就选择了死，最后在天涯海角处跳海溺水而亡。

故事四：男青年马某在南方某城市打工期间，拿着挣来的血汗钱在当地多次嫖娼，后来又染上了毒瘾。在当地公安机关组织的一次治安行动中，公安机关发现马某有吸毒史，当地政府强制对其进行了医学检查，继而发现马某已经感染上了艾滋病病毒。马某在政府对其实施强制戒毒、治疗期间，越墙离开医院。心灰意冷的马某片面认为自己感染艾滋病病毒全是因为女人，遂产生了报复女人的心理。于是他只要手中有钱，就去嫖娼，并且故意把安全套弄破。2001年，马某在当地参与一起重大抢劫犯罪后逃回平顶山市，被公安机关抓获后供述了他故意传播艾滋病病毒的犯罪事实，马某说他自己也说不清和多少个女人发生过性关系。

几个小故事，让我们看到，性违法、性犯罪行为时时都在发生，它扰乱了社会秩序，引发了社会问题。对此，执法机关应当加大执法力度予以打击、取缔。

《中华人民共和国治安管理处罚法》第六十六条规定：卖淫、嫖娼的，处十日以上十五日以下拘留，可以并处五千元以下罚款；情节较轻的，处五日以下拘留或者五百元以下罚款。在公共场所拉客招嫖的，处五日以下拘留或五百元以下罚款。第六十七条规定，引诱、容留、介绍他人卖淫的，处十日以上十五日以下拘留，可以并处五千元以下罚款；情节较轻的，处五日以下拘留或者五百元以下罚款。依据上述条款，尽管公安机关处罚惩治了不少卖淫嫖娼者，但上述两条规定在具体实施过程中，暴露了不少问题。首先，处罚方式选择过宽，执法者随意性过强。其次，条款设置不规范。卖淫嫖娼与介绍、容留卖淫嫖娼，是两种不同性质的行为，前者是一般性违法行为，后者则可达到犯罪行为；前者不触犯刑律，后者已构成刑事犯罪。把违法行为与犯罪行为并列在一起，缺乏规范性和科学性。

平顶山市公安局主抓治安工作的副局长李金发说，近年来，嫖娼卖淫活动屡禁不止，性方面的违法犯罪活动已经引发了很多社会问题，法学界也已经意识到嫖娼卖淫等性方面的违法犯罪活动对社会危害的严重性，但目前法律对嫖娼卖淫等性方面的违法犯罪活动的打击和处罚较多地采用了罚款的办法，以至于出现了"今天抓了人（卖淫者）罚了款，明天她变本加厉去干"的恶性循环。嫖娼卖淫等违法犯罪活动屡禁不止的另外一个原因是，这是个暴利的行当，巨额的利润对一些违法犯罪分子极具诱惑力，于是一些组织者和提供性服务者敢于冒险，乐于冒险。要想根治这一不良社会现象，必须加大对嫖娼卖淫等性方面违法犯罪活动的打击力度。目前，法律对性违法犯罪活动处罚的规定还显得过轻，且操作的随意性强，因此要想实现从重打击的目的，首先要通过立法在法律规定上对嫖娼卖淫等性违法犯罪活动的处罚做进一步明确。

【温馨提示】

为寻求一次的放纵，满足一时的欲望，终酿苦果，毁掉一生的幸福，抱憾终身。这句话是对高危性行为最精准的概括。高危性行为的背后隐藏了诸多法律问题和社会问题。性违法、性犯罪行为时时都在上演，这给和谐社会的构建平添了许多社会问题，严重扰乱了社会秩序，具有极大的社会危害性。性违法、性犯罪行为的屡禁不止，一方面与这个行当的高利润有着直接的关系，使得行为者和组织者甘愿下此赌注；另一方面与法制不健全有关。我国相关法律对此问题的规范不甚严密，从而使得执法者在执法过程中具有很强的随意性，不利于对此问题的打击和治理。

【法条链接】

《中华人民共和国治安管理处罚法》

第六十六条 卖淫、嫖娼的，处十日以上十五日以下拘留，可以并处五千元以下罚款；情节较轻的，处五日以下拘留或者五百元以下罚款。

在公共场所拉客招嫖的，处五日以下拘留或者五百元以下罚款。

第六十七条 引诱、容留、介绍他人卖淫的，处十日以上十五日以下拘留，可以并处五千元以下罚款；情节较轻的，处五日以下拘留或者五百元以下罚款。

《中华人民共和国刑法》

第三百零一条 聚众进行淫乱活动的，对首要分子或者多次参加的，处五年以下有期徒刑、拘役或者管制。

引诱未成年人参加聚众淫乱活动的，依照前款的规定从重处罚。

第三百六十条 明知自己患有梅毒、淋病等严重性病卖淫、嫖娼的，处五年以下有期徒刑、拘役或者管制，并处罚金。

嫖宿不满十四周岁的幼女的，处五年以上有期徒刑，并处罚金。

8. 空中飞行需防贼

大部分乘客在乘坐飞机时易放松警惕，认为将行李放进行李架后就是进了"保险箱"，从而疏忽了对自己随身行李物品的看管。殊不知，远离地面的高空也并非十足的安全，仍然有少数不法分子在飞机上对乘客的财物实施盗窃行为。笔者在此为广大旅客提个醒，高空也要防盗，乘客在乘机时一定要提高警惕，保管好自己的财物，莫让不法分子有机可乘。

"国庆小长假期间，随着乘机人数的增多，旅客所携带的贵重物品和现金也随之增多，一些不法分子正是盯上了这一点，所以才流窜到飞机上频频作案。"据某航空公司空中警察中队负责人介绍，近年来，一些不法盗窃分子利用短途航线的航班密集、商务旅客多、随身携带现金多、机票相对便宜等特点，在飞机上伺机作案，使机上盗窃案件呈上升势头。

乘客李先生就有过如此遭遇，好在航空公司的空中警务人员及时发现，为他挽回了损失。当日他乘坐的飞机起飞后，夜色正浓，客舱内的旅客们渐渐进入梦乡。机上安全员却在巡视客舱时注意到23排H座的旅客似乎有些异样，该旅客不断翻动着行李架，并频繁往返于座位和洗手间之间，且不急于休息。安全员立刻与值班乘务员进行沟通，嘱咐其要密切关注该名旅客附近区域，以防特殊情况发生。

果不其然，1个小时后，和该名旅客邻座的李先生醒来整理行李时发现自己的小挎包不翼而飞，包里有大量人民币和美元以及证件。李先生顿时慌了神，赶忙向乘务员求助。安全员与乘务员立刻做了分工，他们一边帮李先生确认丢失的行李，一边尝试在附近寻找，记录情况，同时也重点关注23排H座的嫌疑人，时不时地经过他身边，用眼神向其暗示，希望其主动交出所偷物品。终于，嫌疑人再度悄悄进入洗手间，在其离开后，乘务员封闭洗手间并进行仔细检查，最终在垃圾桶内发现了用纸巾包裹的大量现金，经李先生确认系其所有。"空中大盗"在飞机落地后被移交给了地面警方。

面对如此猖獗的"空中大盗"，旅客该如何分辨呢？据多年从事飞行工作的乘务员小王介绍，那些心有企图的偷盗者总会在短途旅行中露出蛛丝马迹。伺机偷盗者总是很精神，他们很少读书看报，常常前顾后看地观察乘务员在做什么，只要客舱服务工作一结束，他们就会起身打开行李架，像在查找东西又或是找件衣服，然后会从前到后走一圈，或去洗手间，或做出寻找后舱空座位的姿态。得手之后，他多半会远离原来的座位，找到最不起眼的角落坐下，然后闭眼装睡觉，但毕竟他们心里不安，急切盼望飞机落地后赶紧逃离，因此即使他闭着眼时，表情也是紧张的。

笔者从某航空公司了解到，近年来机上盗窃呈现出越来越频繁的趋势，且嫌疑人的作案手法多样，更为隐蔽。

从警方总结的"空中大盗"的作案规律中不难看出，事实上他们盗窃的手法并不"高明"。从时间上来看，飞机上的盗窃案有登机、平飞、下机三个案件高发阶段。首都机场公安分局刑侦支队队长李意合告诉记者，由于旅客登机后在放行李的过程中比较混乱，有先放与后放之分，不少嫌疑人就利用后放行李的机会，来窃取其他旅客的财物；在平飞过程中，大部分旅客的防范意识比较弱，对自己的行李疏于看管，嫌疑人就会利用人们的这种心理，站起身打开行李架进行盗窃；而在落地后取行李的过程中，也是比较混乱的，这时也容易为嫌疑人作案提供机会。

从作案手法上来看，一般飞机上的盗窃案主要有三种情况。

第一种就是顺手牵羊，这是飞机上盗窃案最常见的手法。由于机舱内空间相对狭小并且环境温馨，很容易使乘客的身心得到放松。有些乘客上机后习惯于将外套搭在座椅靠背上，或将手中的小件物品如手机等随意放在自己周围，然后睡觉或翻阅机上读物，使物品暂时脱离了自己的视线。某些原本并没有犯罪意图的人，见有机可乘便顺手牵羊将别人的物品盗走，在被抓捕时后悔不已。

第二种情况是利用飞机过站时将他人行李盗走或实施盗窃后又进行简单伪装继续行程，这种做法也是"空中大盗"的惯用伎俩。部分航班像汽车、火车一样中间有一个停靠站，飞机过站时，到达目的地的乘客下机离去，其余旅客要将行李放在飞机上到候机楼内休息一下后再继续行程。一般旅客返回飞机后不会再检查自己的行李物品。一些犯罪分子专门利用这一特点搭乘有过站的航班，在飞机刚到停靠站大家下机时，或是故意走在后面将他人的行李直接提走而后下机离去，或是假装整理行李伺机盗走他人的财物再加以伪装后离去，或是伪装后再继续行程，到达目的地后迅速逃离。

第三种主要的作案手法就是在飞机飞行中有预谋、有目的地实施盗窃。如今乘坐飞机的人越来越多，航班经常会出现满员的情况，由于长途航线上旅客的行李一般比较多，后登机的旅客附近的行李架往往已经没有空间放行李，因此在飞机上人在一处、行李又在另一处的情况较为普遍。实际上，飞机上有部分旅客已对自己的行李暂时失去了控制，飞行中有的犯罪嫌疑人假装整理行李，打开行李箱直接在行李箱内实施盗窃，有的犯罪嫌疑人发现旁边乘客的行李就在自己的头上时，就利用该旅客休息或向外观看风景时将该旅客的行李直接拿到后面实施盗窃，之后又将行李放回原处。

对于现如今频频发生的机上盗窃事件，警方提醒广大旅客要时刻提高警惕、加强安全防范。在此，笔者特意总结了乘飞机防盗全攻略，希望能对每个人的安全出行有所帮助。

攻略一：乘机时最好不要携带大量的现金，确需携带时，不要在公众场合显露，而应把现金妥善放在设有密码的行李箱内或者随身携带。

攻略二：登机过程中，要遵守登机秩序，避免拥挤。登机后，应对号入座，避免频繁换座和频繁开启行李架。

攻略三：登机后摆放行李时，最好将其放在自己视线前方45度角的行李架上，这样让行李清楚地展现在视线之中。

攻略四：如有贵重物品最好提前放在贴身口袋里。

攻略五：乘机安放行李有讲究。行李架有人开启时，留心看一眼。如遇与他人颜色或款式相似的箱、包，要尽量分开摆放，以免出现差错。

攻略六：坐定后对周围的旅客面孔稍加留意，下机前对随身携带的贵重物品做个确认，即使出现问题也便于第一时间找寻。

攻略七：乘机过程中，爱睡觉的乘客不妨系好安全带，将自己的贵重物品放在小包内紧紧坐在屁股下面或靠在背后。当然，醒来切记第一时间把包拿在手上，防止下机时遗忘。座椅下面的行李挡杆内也是一个较安全的存放地，再压上自己的腿脚就更保险了。

攻略八：飞机下降前对个人物品简单做出确认，若发现有物品丢失，要保持镇静并及时通知机组人员，避免引起客舱秩序混乱，给盗窃分子转移赃物、销毁证据创造可乘之机。

一旦发现自己被盗，旅客又将如何处理？航空公司相关人士称，当看到可疑人员从行李里翻出财物，塞进自己的兜里时，旅客先不要声张，可以在飞机落地前向机组人员报案。同时保护好现场，不要随便翻动涉案物品或是来回出入现场，为公安机关侦查和取证工作提供方便。

【温馨提示】

中国民航发展到今天，飞机、航线、旅客都是成倍地增加，国民越来越富裕，乘坐飞机像打的一样方便了。但是远离地面的高空也并非完全安全。从民航公安机关已侦破的案件可以看出，盗窃分子开始由散兵游勇向集团化、串联化发展，甚至成立了所谓的"飞包公司"。因此，高空飞行之时也切不可掉以轻心，乘客在保管好自身财务的同时，还应携起手来，提高警惕，让这些宵小蟊贼无"机"可乘。

【法条链接】

《中华人民共和国刑法》

第二百六十四条 盗窃公私财物，数额较大的，或者多次盗窃、入户盗窃、携带凶器盗窃、扒窃的，处三年以下有期徒刑、拘役或者

修身篇

管制，并处或者单处罚金；数额巨大或者有其他严重情节的，处三年以上十年以下有期徒刑，并处罚金；数额特别巨大或者有其他特别严重情节的，处十年以上有期徒刑或者无期徒刑，并处罚金或者没收财产。

《中华人民共和国民用航空法》

第一百二十五条　因发生在民用航空器上或者在旅客上、下民用航空器过程中的事件，造成旅客随身携带物品毁灭、遗失或者损坏的，承运人应当承担责任。因发生在航空运输期间的事件，造成旅客的托运行李毁灭、遗失或者损坏的，承运人应当承担责任。

旅客随身携带物品或者托运行李的毁灭、遗失或者损坏完全是由于行李本身的自然属性、质量或者缺陷造成的，承运人不承担责任。

本法所称行李，包括托运行李和旅客随身携带的物品。

因发生在航空运输期间的事件，造成货物毁灭、遗失或者损坏的，承运人应当承担责任；但是，承运人证明货物的毁灭、遗失或者损坏完全是由于下列原因之一造成的，不承担责任：

（一）货物本身的自然属性、质量或者缺陷；

（二）承运人或者其受雇人、代理人以外的人包装货物的，货物包装不良；

（三）战争或者武装冲突；

（四）政府有关部门实施的与货物入境、出境或者过境有关的行为。

本条所称航空运输期间，是指在机场内、民用航空器上或者机场外降落的任何地点，托运行李、货物处于承运人掌管之下的全部期间。

航空运输期间，不包括机场外的任何陆路运输、海上运输、内河运输过程；但是，此种陆路运输、海上运输、内河运输是为了履行航空运输合同而装载、交付或者转运，在没有相反证据的情况下，所发生的损失视为在航空运输期间发生的损失。

9. 旅游安全莫大意

2001年5月1日临近，又一个旅游高峰即将到来。然而，当你在山涧湖畔欣赏祖国大好风光的时候，是否会想到身边会有许多的骗局和陷阱；当你享受各种惊险、刺激的游乐活动时，是否会想到各种隐患和危险就隐藏其中？

1999年9月18日，国务院颁布的《全国年节及纪念日放假办法》，将"五一"、"十一"放假时间分别延长3天，与双休日结合形成了7天假期，为生活观念日益改变的人们外出旅游提供了较为充裕的时间，由此带来的节日旅游高潮，被旅游界人士称为"旅游黄金周"。然而，伴随着旅游业的兴起，有关旅游安全方面的问题也日益突出。

风景区坑害游客的事件时有发生。主要表现在以下几个方面：出租车管理混乱，出租车司机不打里程表、绕弯路，以此增加乘客的车费；小贩强行兜售，缺斤短两；一些旅馆特别是个体旅馆，雇用女服务员对刚下车的客人"围剿"纠缠，强行拉客，稍有不从，轻者被骂，重者被打、被敲诈，个别宾馆服务管理跟不上，使得客人财物被盗事件多有发生；个别导游与商店、餐馆联手坑骗游客；旅行社不履行承诺，日程安排随心所欲等。

河南省平顶山市天鹰集团一位姓李的工程师对记者讲述了他们在湖北武当山旅游时被宰的事情。2000年5月2日晚10时左右，一名当地导游带领他们在该风景区吃夜宵。当时他们要的饭菜很简单，菜单上显示的价格是201元。然而当他们就完餐结账时，店主竟开价743元！诸如此类的事情实在太多了。对此，平顶山市旅游局有关人士提醒将要外出的人们，遇到这类情况时一定要冷静处理，一是要大家联合起来，进行严正交涉；二是要收集相关证据，及时投诉或报警。

旅游过程中发生的游乐设施造成游人伤亡事故，也不能不让我们对旅游安全深感担忧。1998年8月30日，上海市闸北公园游乐区内的一架"空中飞椅"大型游艺机，载上 20 名游客后缓缓升空，转了没几圈就轰然坠落，造成 1 死 8 伤的惨剧。惊险刺激的游乐项目固然让人们感受到某种精神上的愉悦，但若不注意安全，最后惊险会变成危险，刺激成为恐怖，我们不应该忘记那一幕幕血淋淋的教训。

俗话说"是山三分险，是水三分恶"。所以，当人们在欣赏美景陶冶情操之时，一定要懂得生命的可贵，切不可为了一时快乐麻痹大意。2001 年 4 月上旬的一天，两名郑州的游客在平顶山市一风景区，想别出心裁，另辟蹊径，没想到被困在一处绝壁上，幸亏遇到一位正在此地拾柴的当地老汉，两人才化险为夷。市旅游局有关人士称：旅游不是野游，不能过分随意。由于一些地方地形复杂，不适宜对游客开放，特别是有些自然保护区，游客一旦踏破"禁区"，将会有许多意想不到的情况发生。因此，在森林公园和自然风景区里赏景，要遵守风景区的相关规定，量力而行。进入风景区要详细察看景区的路线图，并随时带在身上；游览观光时要注意看风景区内的指示牌和警示标志；在山野行走时，如与同伴失去联系或迷失方向，要及时赶回自己熟悉的地方，拿出路线图，找出目的地或呼喊求助。探险游和越野游危险系数较高，从事探险旅游必须经过周密策划，细心准备，由易而难，循序渐进，方可避免不必要的损失，保证自己的人身安全。

谈起旅游安全问题，不能不说到旅游"瓶颈"问题。旅游"瓶颈"问题最严重的就是交通、住宿、景点容量的限制。虽然很多地区为迎接游客，事先将一些办公用房辟为临时住所，但仍不能解决游客的住宿问题，临时拼凑的服务设施隐藏着事故、安全等问题。

从上述情况可以看出，目前，国内旅游市场存在的安全等问题的确不少。旅游界有关人士认为，这些问题主要有：一是有关旅游的法律法规不够健全规范，主要表现为立法滞后，缺乏一部专门的旅游法来管理制约旅游市场，国务院行政法规和一些地方性法规缺乏可操作性；二是游客法律意识和防范意识不强。旅游专家告诫游客，随团出游要把握好四点：要选择信誉好、服务质量高的旅行社；要签好合同，旅行社的合同大都是格式合同，游客在签约的时候应格外小心，防止格式合同中对游客的不利条款；要注意旅游经营者可能会设置许多陷阱和圈套，故意让旅游者上当受骗，最常见的陷阱主要是购物陷阱和所谓的自费项目；外出旅游应及时投保旅游保险，出行前一定要查看旅行社与保险公司签订的针对此次旅游的保险合同。

外出旅游要做好全方位的准备，愿外出旅游的人们能够愉快出门，平安归来，游出一番好心情，玩出一份新感觉！

【温馨提示】

如今，外出旅游、亲近自然成为面临巨大工作压力和生活压力的现代人缓解压力最为有效的方法之一。然而，当你在山涧湖畔欣赏祖国大好风光的时候，是否会想到身边会有许多的骗局和陷阱；当你享受各种惊险、刺激的游乐活动时，是否会想到各种隐患和危险就隐藏其中？为了追逐利益，旅游景点的组织者往往随意缩减安保成本；为了获取高额利润，旅途中一些商家不惜以身试法，利用旅客对陌生环境的害怕、恐惧随意勒索。这些都会成为旅游中的安全隐患。我们须在生活中多多关注法律，让法律为自己的出行保驾护航。

【法条链接】

《中华人民共和国侵权行为法》

第三十七条 宾馆、商场、银行、车站、娱乐场所等公共场所的管理人或者群众性活动的组织者，未尽到安全保障义务，造成他人损害的，应当承担侵权责任。

因第三人的行为造成他人损害的，由第三人承担侵权责任；管理人或者组织者未尽到安全保障义务的，承担相应的补充责任。

《中华人民共和国消费者权益保护法》

第九条　消费者享有自主选择商品或者服务的权利。

消费者有权自主选择提供商品或者服务的经营者，自主选择商品品种或者服务方式，自主决定购买或者不购买任何一种商品、接受或者不接受任何一项服务。

消费者自主选择商品或者服务时，有权进行比较、鉴别和挑选。

《中华人民共和国合同法》

第三十九条　采用格式条款订立合同的，提供格式条款的一方应当遵循公平原则确定当事人之间的权利和义务，并采取合理的方式提请对方注意免除或者限制其责任的条款，按照对方的要求，对该条款予以说明。

格式条款是当事人为了重复使用而事先拟定，并在订立合同时未与对方协商的条款。

10. 手机偷拍引关注

2004 年 1 月，由冯小刚执导的贺岁电影《手机》火爆上映，据说在已婚男女中引起"爆炸效应"。河南省平顶山市张国俊律师说，现在，每天带手机和穿衣服一样，成为生活中不可缺少的一部分。但是偷拍、窃听、骚扰短信……随之而来的问题却给我们带来莫名其妙的恐慌，由此引发的民事案件也在增加。

张律师遇到过这样一则民事离婚案例：一位经商的男子，在外面金屋藏娇，瞒了自己老婆数年。他老婆一直苦于找不到证据，后来彩信拍照手机问世，她就买了一部。一天，她在某大酒店发现了自己的老公与情人在包间里吃饭，就让服务生偷偷地拿着手机进去拍了几张。后来这个女人如愿离婚，但她取证的手段是否合法却引发了争论。

手机偷拍是否合法的问题，平顶山市的法学界人士认为，可拍照手机就像刀一样，它本身是无罪的，关键是看使用者的意图。比如诉讼证据可用现场照片及影像资料，手机的拍照功能现在已应用于离婚案中，效果看好。

单纯偷拍算是侵权，也属于"情节显著轻微"。如果被人偷拍了，还要看结果。如果拍照者用拍得的照片谋取了合法或非法商业利益，侵犯的是被拍者的肖像权；如果恶意散布、诋毁被拍照者名声，侵犯的则是对方的名誉权。

一些法学专家认为，任何人直接暴露在公共场合的部分都不算隐私。一个人在公共场合就不能不让人拍照。只有某人不愿意公开的部分，被人偷拍，才构成对隐私权、名誉权的侵害。比如，一个人不愿别人知道他脸部有缺陷，出门时戴上了口罩。别人趁他不注意时取下他的口罩偷拍下他脸部的缺陷，这就侵犯了他的隐私权。拍照者如故意将照片散发，就同时侵害了他的名誉权。如果脸部有缺陷的人，到公众场合时没有遮掩，别人拍照，也不能说侵害了他的隐私权。

只有当拍照者突破被拍照者受法律保护的部分，拍了别人不愿被拍的照片，才叫偷拍。但如果拍照者一是没将照片扩大范围使用，二是没以此谋取合法或非法的利益，也不算是违法行为。

平顶山市卫东公安分局主抓刑侦工作的副局长谢书军认为，偷拍事件大多是民事纠纷，不是刑事犯罪，不属警方侦查范围内。除非偷拍者把被拍人的照片用于伪造证件、招摇撞骗等，或是从事商业间谍活动，警方才可能介入调查。

具有拍照功能的手机一经问世，令时尚一族眼睛一亮，但是它的拍照功能随即引起了社会的担心。近年来，利用可拍照手机进行偷拍的事件屡有发生。据报载，在日本，报纸上几乎天天都有某男子因偷拍女性裙下风光而被捕之类的报道。

这种偷拍事件的屡屡发生，引起了一些行业的高度重视。如国外高级体育俱乐部均禁止会员携带可拍照手机入内。这些俱乐部的成员有很多是社会名流，如果这些名人在更衣室里被偷拍，那么这种偷拍的照片不知道什么时候就有可能被人拿来在互联网文件交易市场上进行交易。

带有拍照功能的新型彩信手机，其外形与普通手机没有任何差别，人们可以利用它在对方毫无察觉的情况下，迅速拍到对方的照片。由于手机拍照有很强的隐蔽性，即使你拍了对方，对方还以为你在打电话。而公司的重要图纸、样品等机密，很可能在几秒之内就被传输出去而不被发觉，这让越来越多的人产生了恐慌。

据了解，可拍照手机在英国等一些国家的公共场所遭到了"封禁"，而在我国，只在某些洗浴中心、游泳池等九类场所禁止使用。现在某些手机拍摄功能已进步到与普通照相机无异的水平，所以，我们目前能做的就是密切注意在身边使用可拍照手机的陌生人。

面对可拍照手机引发的慌乱，我们如何在法律的平台上进行应对，保护自身的合法权益呢？鉴于我国目前尚无针对可拍照手机及手机窃听器的法规条例，我们可以援引其他法律条文保护自己的合法权益。

《国家安全法》规定：任何个人或组织不得非法持有、使用窃听、窃照等专用间谍器材。《刑法》规定：非法生产、销售窃听、窃照等专用间谍器材的，处三年以下有期徒刑、拘役或管制。非法使用窃听、窃照等专用间谍器材，造成严重后果的，处二年以下有期徒刑、拘役或管制。

对于专业间谍器材生产的销售，国家法律对此是有明令规定的，只能在特殊的主体间进行流通，是不允许民用的。非法使用窃听器材盗窃其他单位或个人商业秘密的，依照《民法通则》、《反不正当竞争法》等法律规定，需赔偿受害人经济损失；非法使用窃听器材侵害他人隐私权、名誉权的，依照《民法通则》及最高人民法院有关司法解释，需承担精神损害赔偿责任。

此外，隐私权是一种人格权，它的基本含义是：公民的生活秘密与个人生活自由禁止他人干涉。隐私权在《民法通则》中有明确规定；

最高人民法院于 1988 年在《民法通则》的司法解释中规定揭露或宣扬他人隐私的行为属侵犯他人名誉权的行为。

【温馨提示】

当下，手机已经走进寻常百姓家，成为人们日常生活必不可少的一部分。使用手机接打电话、收发短信，已成为人际沟通必不可少的手段。然而，由手机引发的一系列问题也日渐暴露在人们眼前，窃听、偷拍等行为令人毛骨悚然，与此相关的问题也引发了越来越多的民事纠纷。偷拍在行为人行为时受害人难以发现，只有当损害结果发生时，受害人才知道自己被偷拍了。此外，偷拍拿到的证据也面临着是否属于合法证据的尴尬。当前中国的法律体系中并没有针对手机偷拍的规范的、专门的法律法规，但是面对手机偷拍的问题，我们可以援引《中华人民共和国民法通则》、《中华人民共和国侵权行为法》、《国家安全法》、《反不正当竞争法》等相关法律条文保护自己的合法权益。

【法条链接】

《中华人民共和国侵权行为法》

第二条 侵害民事权益，应当依法承担民事责任。

本法所称民事权益，包括生命权、健康权、姓名权、名誉权、肖像权、隐私权、婚姻自主权、监护权、所有权、用益物权、担保物权、著作权、专利权、商标专用权、发现权、股权、继承权等人身、财产权益。

《中华人民共和国民法通则》

第一百条 公民享有肖像权，未经本人同意，不得以营利为目的使用公民的肖像。

第一百零一条 公民、法人享有名誉权,公民的人格尊严受法律保护,禁止用侮辱、诽谤等方式损害公民、法人的名誉。

《最高人民法院关于贯彻执行〈民法通则〉若干问题的意见(执行)》

第一百三十九条 以营利为目的,未经公民同意利用其肖像做广告、商标、装饰橱窗等,应当认定为侵犯公民肖像权的行为。

第一百四十条 以书面、口头等形式宣扬他人的隐私,或者捏造事实公然丑化他人人格,以及用侮辱、诽谤等方式损害他人名誉,造成一定影响的,应当认定为侵害公民名誉权的行为。

……

11. 安全生产大如天

在全面建设小康社会的今天,安全生产是一个很严峻的课题。为此,从 2003 年 3 月上旬开始,由河南省平顶山团市委、市安监局、平顶山日报社等 5 家单位发起,旨在普及安全生产法律、法规,提高安全意识的全市青少年安全生产知识集中宣传教育活动,再一次为人们敲响了"安全生产"的警钟!

此次活动受到广泛关注。许多人深有感触地说:我们上有白发苍苍的父母需要我们去赡养,下有嗷嗷待哺的儿女需要我们去呵护,我们有什么理由不重视安全?为了国家的繁荣与昌盛,为了企业的兴旺与发达,为了家庭的和谐与幸福,让我们时时刻刻绷紧安全这根弦!愿我们的每一天,每一个工作日都是"高高兴兴上班来,平平安安回家去!"

平顶山团市委书记董汉生说,这次在全市青少年中开展的安全生产知识集中宣传教育活动,共有六大项内容,项项提醒人们重视安全,爱惜生命。如在全市中小学生中开展的"父母在岗安全生产,我在校园安全学习"演讲比赛和给父母讲一项安全生产常识等系列活动，就受到了广大师生和家长的欢迎。

据了解，在全市青少年中开展此项活动，在河南省尚属首次。

"坚决不搞'带血的项目'，坚决不要'带血的效益'，坚决吸取'带血的教训'。"2003年4月15日，平顶山市某化工企业的老总这样对记者说。安全生产应倍加重视，安全成本不可节约。作为企业，一定要按照《中华人民共和国安全生产法》去做事。过去企业发生过多起事故，与其在工作中的麻痹思想、侥幸心理、操作不当有很大的关系。现在一定要把安全立为企业灵魂，立为铁的制度。

众所周知，平顶山市是国家重要的能源化工基地，安全生产一直是全市经济发展面临的重要课题。因此，营造良好的安全生产环境，势在必行。

平顶山人至今也忘不了前几年发生在平顶山市的数起小煤矿矿难事件：一些没有受过任何技术与安全知识训练的民工在生存压力下，走进没有任何安全保障措施的私营矿井，结果一去不回。甚至事故发生后，矿主连矿井下面有多少人都不清楚……

上述矿难事件显示，在竞争压力和经营困难的形势下，安全往往最容易被不懂得安全生产法规的企业置于被忽视的地位。淡漠意识与侥幸心理使"安全成本"成为"节约"对象。然而安全也是生产力，只有安全生产，才能为企业创造效益，为社会增加财富，也只有安全生产，才能使职工不流血，亲人不流泪。

据了解，在目前平顶山市开展的新一轮安全生产大检查中，发现在共同的利益驱动下，一些地方政府、企业，甚至老百姓往往联合起来欺骗上面的检查，突出表现为安全事故的瞒报。究其原因，无非是利益使然，一方面是地方财政利益，与之相连的是一些地方官员的"乌纱帽"；另一方面是许多当事者为了一个"钱"字。

平顶山市安监局负责人对记者说，所有发生安全事故的地方和部门应该认真品味一下胡锦涛总书记"权为民所用，情为民所系，利为民所谋"的含义。即使作为一个普通劳动者，也应在金钱和生命之间做出理智的选择。

让我们回放一例悲惨的事故：李某是舞钢公司的一名轧钢班长。一天，他在没有确定轧机停止出钢的情况下，违章进入轧制线调整轧机。此时，一条温度高达1000℃的红钢直奔他身体而去，只听一声撕心裂肺的叫喊声，红钢从他的腰部右侧穿过，工作服燃起了火，皮肤被烧得嗞嗞作响。当他忍住剧痛把红钢从身体内横向拔出后，人也停止了呼吸……这悲惨的结局，罪魁祸首就是违章操作。

一桩桩触目惊心的事故，一幕幕惨不忍睹的现场，带给我们的是血与泪的教训，给企业、社会留下的更是无法弥补的损失、痛定思痛的震撼与反思……

其实，自我保护是我们每一个人特有的本能，谁也不希望自己出事，谁也不愿意伤害到自己，更不愿意伤害到别人。但是，一时的麻痹大意，一时的侥幸心理，就可能造成我们终生的悔恨：有的人为节省几秒钟的时间，而与火车抢道，结果命丧轮下；有的人为了不让秀发被遮掩而不戴安全帽，结果被机床永远夺去了美丽……

据统计，2002年全国共发生各类伤亡事故1073434起，死亡139393人，其中工矿企业发生伤亡事故13960起，死亡14924人。

面对生命的血色警告，我们还有什么理由把安全抛到脑后呢？团市委书记董汉生说，首先要从自己做起，从"我要安全、我懂安全"做起，其次要从管理抓起，遵章守纪，一丝不苟。

总之，我们不能再麻木了，不能让生命有无谓的牺牲，更不能用生命充当事故的试验品。

【温馨提示】

安全生产一直是国家也是劳动者最为关心的一个话题，劳动者的技术空白、用工单位为了利益致使安全保障措施的真空、国家监管机构的失职等都有可能成为安全事故的导火索。一起安全事故毁掉的是多个家庭的幸福。当"高高兴兴上班来,平平安安回家去"的宣传标语贴满大街小巷,国家号召、企业深抓安全监管工作的时候,劳动者自身也要树立"我要安全,我懂安全"的意识,让安全生产的理念走入人们的内心。法律是人类道德的最后一道屏障,在安全生产的预防和监管问题上,理应注入法律法规的血液,让鲜活的生命在法律的保障下更安全、更有尊严。

【法条链接】

《中华人民共和国刑法》

第一百三十七条 建设单位、设计单位、施工单位、工程监理单位违反国家规定,降低工程质量标准,造成重大安全事故的,对直接责任人员,处五年以下有期徒刑或者拘役,并处罚金;后果特别严重的,处五年以上十年以下有期徒刑,并处罚金。

第一百三十九条之一 在安全事故发生后,负有报告职责的人员不报或者谎报事故情况,贻误事故抢救,情节严重的,处三年以下有期徒刑或者拘役;情节特别严重的,处三年以上七年以下有期徒刑。

《中华人民共和国劳动法》

第五十六条 劳动者在劳动过程中必须严格遵守安全操作规程。

劳动者对用人单位管理人员违章指挥、强令冒险作业,有权拒绝执行;对危害生命安全和身体健康的行为,有权提出批评、检举和控告。

《中华人民共和国劳动合同法》

第三十八条 用人单位以暴力、威胁或者非法限制人身自由的手段强迫劳动者劳动的,或者用人单位违章指挥、强令冒险作业危及劳动者人身安全的，劳动者可以立即解除劳动合同，不需事先告知用人单位。

12. 爱车起火巧应对

2011 年夏季以来，河南省平顶山市机动车火灾时有发生。如何应对爱车起火，近日，记者走访了有关消防专家。

对于机动车火灾发生的原因及防范措施，平顶山市公安消防支队防火监督处处长周智辉表示：现在大部分车主对汽车防火的意识还是有的，但也有部分车主缺乏基本的防范意识和常识。由于汽车本身的结构多数是易燃品，如汽油、橡胶轮胎、织物座椅及随车可燃物等，它们分布均匀，一旦着起火来，燃烧速度快，不易扑救，往往造成严重的损失。汽车火灾，除少数外来火源，主要火源是汽车本身的电源、热源。

汽车火灾的原因是多方面的，从发生的状态来看，一种是行驶状态下发生火灾，如撞击起火、机械摩擦起火、电路故障起火、油路故障起火、用火不慎等；一种是静止状态下发生火灾，如车辆停放在车库、车场或公路时起火等，以及清洗车辆或零件时违反操作规程引发火灾、检修时违章用火、纵火等。就驾驶员而言，在当今时代，汽车驾驶已不再是热门，有驾照的人随处可见，有车开的没车开的，基本上口袋里都装着机动车辆驾驶证，也就是说车辆驾驶这门技术得到了很大的普及。但是，真正技术过硬的有多少？真正懂得车辆技术性能和基本常识的又有多少呢？大多数人只是会开不会修，车子有了故障束手无策，这也是汽车火灾的起因之一，不可忽视。曾有一起汽车火灾，当车上人员发现引擎盖下面冒黑烟时，就停车扑救。但驾驶人员不知道引擎盖怎么打开，在场帮忙的人也就跟着从发动机的侧面及下面浇水、用土扑救，结果无济于事，导致该车全部烧毁。

就汽车火灾的具体原因（我们所说的汽车火灾是除了因交通事故、雷击和纵火引发的火灾之外的纯粹的汽车火灾事故），极大部分是由于车辆燃油系统故障或电气线路设备故障或违章操作所引起，只有少部分是由于吸烟、使用明火不当引起。

第一，燃油系统故障引起的火灾。燃油系统的功能主要是将燃油与空气按一定比例混合供给发动机气缸，燃烧后产生动力。汽车燃油系统故障引起火灾的原因主要有以下两种：一是供油系统容器和管路破裂或管路松动引起漏油而造成火灾。供油系统主要由油泵与化油器（新型汽车将两者改进为电喷器）、油箱和油管等组成。在使用过程中，会因腐蚀、碰撞、振动、老化等原因而出现容器和管路破裂、管路接头松动、油开关关闭不严等现象，而使燃油漏出。燃油（特别是汽油）挥发积聚后与空气形成混合性易燃易爆气体，遇明火引起燃烧或爆炸。燃油系统只要一处发生故障且漏油不止，必将造成火灾事故。二是输送给发动机汽缸内的混合气体比例失调，使化油器回火引起火灾。供油系统中某个环节（部件）若出现故障，汽油供给量就会减少，进入化油器的油量不足，则化油器工作时，供给发动机汽缸的混合气体就会过稀，导致其燃烧速度非常缓慢，进而延续到进气门开启，这样火焰就可能窜入进气管道，点燃进气管道内和化油器喉管的混合气，而引起化油器回火。化油器回火有可能烧毁化油器、空气滤清器，同时将会造成功率下降和不易加速等症状。个别驾驶员在汽车燃油系统出现故障时，采用直接供油法给发动机供油，是极其危险的，化油器一旦回火即会发生火灾。此外，化油器发生故障使供给发动机汽缸内的混合气体过浓或汽缸窜油时，汽油在发动机汽缸内不能充分燃烧，排气管中排出浓烟和火星，并伴有响声，即"放炮"现象。若这时车辆下方路面上有油污或其他易燃可燃物体，就可能引起火灾。如夏收时节，汽车经过晒有稻草的公路时，会因汽车排气管冒出的火星引燃稻草造成火灾。

第二，电路系统故障引起的火灾。汽车的电路系统比较复杂，电气线路密布，其电气设备有蓄电池、发电机、点火线路、空调、照明等，它们主要担负发电、充电、启动发动机、点火、照明、空调以及声光信号等工作。根据各部分电路的功能可将汽车电路系统分为以下子系统：即电源系统、启动系统、点火系统、仪表系统、照明系统、音响系统及信号系统。汽车电路系统在正常情况下火灾危险性较小，但会因驾驶员违章操作或电路某处故障引发火灾。其主要原因：一是违章操作使蓄电池产生电弧引发火灾。汽车蓄电池电流容量很大，一般都在 180 安培/小时。平时驾驶人员对车辆进行保养作业时，贪图方便，仅洗洗外观或查看轮胎、水箱之类，很少对蓄电池接线、接点进行维修保护，平时很少察看接点是否松动，接线绝缘是否破损老化。一旦接点松动或接线绝缘破损老化，行驶中由于汽车颠簸很容易造成接线与接线、接线与车体发生短路打火，或接点跳动发生短路打火，也有可能引起火灾。二是汽车调节器中的逆流切断器故障引起火灾。逆流切断器的工作原理是：当发电机低速运转，电压未达到额定值时，逆流切断器触点断开，发动机不向外供电；当发电机转速增大电压上升达到逆流切断器触点闭合电压时，逆流切断器触点闭合，发电机向用电设备和蓄电池供电；当发电机转速降低电压低于蓄电池电压时，蓄电池向发电机反方向放电，逆流切断器的电磁开关触点断开，自动切断发电机与蓄电池之间的电路。其功能是防止蓄电池向发电机反向放电。逆流切断器的触点弹簧折断或脱落，或接触不良会使触点（白金触点）长期闭合，烧死粘接，失去切断逆向电流的作用，使蓄电池内的电流倒回发电机，进而引起发电机线圈发热产生高温起火。许多行驶后停放在库房内的汽车发生电气线路烧毁和汽车火灾都是由于逆流切断器故障引起的。火调时，可将调节器送有关检验部门检验调节器内的各种参数是否符合技术要求。三是电气线路系统引起火灾。汽车长期运营，车上电气线路（尤其是高压电气线路）和电气设备的绝缘老化快，极易引起漏电、短路，直至发生火灾；车辆行驶震动较大，电气线路与电气设备之间的接头很容易松动，造成接触不良，产生电火花，长时间的接触不良将发生火灾；车辆在维修时，维修人员马虎了事，操作不当，人为造成电气线路裸露和电气设备故障，而发生相线短路、过负荷，产生高温高热，引起电气线路或电气设备着火。四是车内空调系统引起火灾。空调系统的散热管由于安装不当，将散热管紧靠在可燃物上且散热不畅，也极易引起火灾。

第三，吸烟引起的火灾。吸烟者常在烟头或火柴未熄灭的情况下乱抛乱扔，若烟头接触易燃的坐椅坐垫，或烟头直接掉落在可燃物或可燃装饰材料上常会发生火灾事故。尤其当汽车行驶时，驾驶人员将烟蒂从窗口往外扔时由于风的作用会将烟蒂吹回到车内的后排或后货仓里，待车辆停放后，火灾悄然发生。

从以上分析可以看出，汽车火灾的原因是多种多样的，表现形式也各不相同。但归结起来，无非是人与物两个方面。因此要预防汽车火灾，不仅要从人的行为上去预防，还要从技术上去加以防范。

首先，了解汽车自燃前的征兆。一般情况下汽车自燃前肯定会有一些征兆：如仪表不亮、水温过高、开车时发现车身有异味、冒出烟雾等等。当遇到这些情况要马上找安全的地方停车检查。尤其是仪表灯不亮时更要注意，一般车主都会对发动机开锅、冒烟、异味关注得比较多一点，而仪表灯不亮则很多时候会被忽视，很多情况下仪表灯不亮都是由于线路短路而引起的，所以如果能及时发现这些问题，也能很好地把汽车自燃事故控制住。

其次，掌握防范汽车自燃的要点。针对夏季汽车易自燃的情况，需要掌握夏季防范车辆自燃的八大要点：一是夏天应对油路进行1～2次常规检测，发现有漏油问题一定要及时维修。而油路中的胶管两头是最容易老化裂开的，如使用时间过长应当听从维修服务站的意见及时更换。二是对电路进行改动一定要谨慎，并尽量避免。改动电路一定要去正规的汽车维修服务站点，在专业人员的操作下改动后的电路才有安全保障。三是停车后检查汽车底盘，确认车下无易燃物。不要将易燃物品如气体打火机、空气清新剂、香水、摩丝等放在车内容易被太阳光线照射的部位，如仪表盘上；更不要将汽油、柴油等危险油品放在车内。四是在行车的时候还应注意，发动机运转时，不往化油器口倒汽油；保养汽油滤清器时不用汽油烧滤油器芯子；不经常采用吊火方法；避免油路系统有滴漏；避免汽车停驶后长时间打开点火开关。五是不要在车内乱扔未熄灭的烟头，最好不要在汽车内吸烟，以防"引火自焚"。六是在夏季，汽车长时间行驶在高温下时，应该在中途多作休息，不要让车子长途暴晒。七是按规定在车上配备灭火器，并且记住要定期更换。不要让灭火器成为可有可无的摆设，要熟悉掌握灭火器的使用方法，以免发生意外时束手无策。八是车内装饰材料最好选择具备防火性能的，一旦发生火灾，火势不容易蔓延。

综上，汽车火灾发生的原因有多种，当汽车发动机发生火灾时，驾驶员应迅速停车，让乘坐人员打开车门自己下车，然后切断电源，取下随车灭火器，对准着火部位的火焰正面猛喷，扑灭火焰。

汽车车厢货物发生火灾时，驾驶员应将汽车驶离重点要害部位（或人员集中场所）停下，并迅速向消防队报警。同时驾驶员应及时取下随车灭火器扑救火灾，当火一时扑灭不了时，应劝围观群众远离现场，以免发生爆炸事故，造成无辜群众伤亡，使灾害扩大。

当汽车在加油过程中发生火灾时，驾驶员不要惊慌，要立即停止加油，迅速将车开出加油站（库），用随车灭火器或加油站的灭火器以及衣服等将油箱上的火焰扑灭，如果地面有流散的燃料，应用库区灭火器或沙土将地面火扑灭。

当汽车在修理中发生火灾时，修理人员应迅速上车或钻出地沟，迅速切断电源，用灭火器或其他灭火器材扑灭火焰。

当汽车被撞倒后发生火灾时，由于撞倒车辆零部件损坏，乘车人员伤亡比较严重，首要任务是设法救人。如果车门没有损坏，应打开车门让乘车人员逃出，以上两种方法也可同时进行。另外，驾驶员可利用扩张器、切割器、千斤顶、消防斧等工具配合消防队救人灭火。

当停车场发生火灾时，一般应视着火车辆位置，采取扑救措施和疏散措施。如果着火汽车在停车场中间，应在扑救火灾的同时，组织人员疏散周围停放的车辆。如果着火汽车在停车场的一边时，应在扑救火灾的同时，组织疏散与着火车辆相连的车辆。

当公共汽车发生火灾时，由于车上人多，要特别冷静果断。首先应考虑到救人和报警，视着火的具体部位而确定逃生和扑救方法。如着火的部位在公共汽车的发动机，驾驶员应开启所有车门，令乘客从车门下车，再组织扑救火灾。如果着火部位在汽车中间，驾驶员开启车门后，乘客应从两头车门下车，驾驶员和乘车人员再扑救火灾控制火势。如果车上线路被烧坏，车门开启不了，乘客可从就近的窗户下车。如果火焰封住了车门，车窗因人多不易下去，可用衣物蒙住头从车门处冲出去。当驾驶员和乘车人员衣服被火烧着时，如时间允许，可以迅速脱下衣服，用脚将衣服上的火踩灭；如果来不及，可就地打滚滚灭衣上的火焰。

需要注意的是，汽车着火后3分钟内火灭不了就跑。汽车发生火灾，是救还是逃，要视情况而定。一般来讲，私家轿车3分钟内的火灾可能自行扑灭，如果燃烧超过3分钟，危险太大，还是弃车逃生为妙。车主在行车过程中，一旦闻到焦臭味或者看到烟雾，应立即在安全地方停车，并关闭电源，这很重要，因为这可以切断汽车点火和喷油，减少着火几率或者降低损害。然后拉紧手刹，离开车辆，查明原因。发现火情后，根据情况采取下一步行动。

小火赶快灭。汽车火灾通常都是从一个部位开始着火然后蔓延的，如果发现得早，火灾还仅限于小部位的起火，而且只有轻微的烟雾，这时候一般用自己车上的灭火器就可化解危机。如果没有灭火器，可以向他人求助，并且用毛毯、沙子掩盖火源也可能扑灭。

如果发动机舱已经开始冒烟并且有火苗从缝隙中蹿出，那么火势已经发展到了比较严重的程度。不要打开引擎盖，以防空气对流加大火势。可拉开锁止环扳手，让引擎盖露一条缝，然后往里面喷灭火剂，没有烟雾时方可停止。这时再打开引擎盖，进行清理工作。

大火赶紧跑。车主千万别指望小小的车载灭火器能够扑灭熊熊大火，如果3分钟以上都没能有效灭火，那么此时汽车应该已经是周身起火。凭一己之力已经难挽局面，赶紧离开，及时疏散乘客和围观群众或者好心帮忙的非专业人士，避免造成伤害。

【温馨提示】

伴随着城市的飞速发展，市民的生活水平在不断地提高，更多的汽车（小轿车）走进了家庭，据公安部统计，截至2011年6月底，全国机动车总保有量达2.17亿辆。其中，汽车9846万辆，摩托车1.02亿辆。汽车已经成为市民的主要代步工具。但不可忽视的是，随之而来的是汽车火灾数的不断上升，特别是入夏以来，随着气温的升高，机动车火灾呈现"三多"趋势：小轿车火灾居多；私家车火灾居多；汽车行驶状态下发生火灾居多。其造成的损失和人员伤亡也令人震惊。所以汽车防火也成为当前消防工作不可忽视的一个重要话题。为了爱车和自己的生命安全，我们应熟知有关车辆火灾预防和扑救的基本常识，在遇到火灾时镇定自若，安全处理。

【法条链接】

《中华人民共和国消防法》

第四十四条 任何人发现火灾都应当立即报警。任何单位、个人都应当无偿为报警提供便利，不得阻拦报警。严禁谎报火警。

人员密集场所发生火灾，该场所的现场工作人员应当立即组织、引导在场人员疏散。

任何单位发生火灾，必须立即组织力量扑救。邻近单位应当给予支援。

消防队接到火警，必须立即赶赴火灾现场，救助遇险人员，排除险情，扑灭火灾。

第五十一条 公安机关消防机构有权根据需要封闭火灾现场，负责调查火灾原因，统计火灾损失。

火灾扑灭后，发生火灾的单位和相关人员应当按照公安机关消防机构的要求保护现场，接受事故调查，如实提供与火灾有关的情况。

公安机关消防机构根据火灾现场勘验、调查情况和有关的检验、鉴定意见，及时制作火灾事故认定书，作为处理火灾事故的证据。

《中华人民共和国道路交通安全法实施条例》

第十五条 机动车安全技术检验由机动车安全技术检验机构实施。机动车安全技术检验机构应当按照国家机动车安全技术检验标准对机动车进行检验，对检验结果承担法律责任。

……

13. "起诉犹豫"众家谈

2003 年 3 月 30 日，全国首家"在校大学生犯罪预防中心"在江苏省南京市浦口区成立。南京大学等 10 所高校成为该中心的首批会员。

作为该中心的牵头单位，南京市浦口检察院认为"许多违法的大学生无逮捕的必要"，为了挽救他们，可以对其暂缓不起诉，以便他们完成学业，成为社会有用之材。涉嫌盗窃的南京某高校在校大学生王某因被司法机关认定有挽救的可能，遂成为全国首位违法后被司法机关暂缓不起诉的在校大学生……

一石激起千层浪，此事在平顶山市引起很大反响。教育部门、检察机关、法院、家长和在校大学生对"暂缓不起诉"各有看法，众说纷纭。

教育部门认为，"暂缓不起诉"对目前各高校的学生管理规定冲击不大。浦口检察院提出"暂缓不起诉"，目的之一是将违法的在校学生学校进行帮教，避免"栋梁早夭"，减轻学生本人、其家庭和国家的损失。而《普通高校学生管理规定》第三十六条第五款规定，触犯国家法律、构成刑事犯罪的，学校可酌情给予违法学生勒令退学或开除学籍的处分。如果司法机关对违法的在校大学生"暂缓不起诉"，学校给予违法学生勒令退学或开除学籍处分的前提就不存在了，学生自然不会失去继续受教育的机会。

平顶山市检察院政研室副主任吴京伟说，目前我国法律文本上还没有关于"暂缓不起诉"的正式名称，但在国外，如韩国、日本都有，他们称之为"起诉犹豫"。她说，现在不少学校对待失足大学生往往采取比较简单的处罚方法，如罚款、开除学籍、移交司法机关处理等。那些被判过刑的学生，因受到学校、社会的歧视，往往破罐子破摔，滥交坏友，再次误入歧途。相对于初犯来说，"二进宫"的教育挽救工作难度更大。因此，检察院对那些犯罪情节较轻、社会危害和影响较小、能真诚悔罪改过的失足大学生"暂缓不起诉"，就是先不给违法的在校大学生戴上"有罪"的帽子，首先从舆论上减轻失足者的精神负担。

吴京伟认为，"暂缓不起诉"并不意味着不起诉，只是在某一个考察期内不起诉，也并非所有犯罪都暂不起诉。法律并不是冰冷无情的，处罚的目的是治病救人，让"浪子"回头。运用"暂缓不起诉"制度，将失足大学生"拉一把"，显然比"推一把"更合乎人情，也不违背司法精神，有推广价值。

平顶山市中级人民法院何向东法官说，在法律面前人人平等的宪法精神早已家喻户晓，并成为一种常识性的理念。《刑法》第四条、第十七条规定：对任何人犯罪，在适用法律上一律平等。不允许任何人有超越法律的特权。已满16周岁的人犯罪，应当负刑事责任。大学生已经是成年人，应当为自己的行为负责任，如果人人犯罪都说自己是一时失足，给人一种国家法律可以讨价还价的意识，尽管检察院的出发点是好的，但稍有不慎，反倒容易事与愿违，弄巧成拙。

另外，这种"暂缓不起诉"的人性化帮教容易诱发某些学生的"优越感"，产生一种侥幸心理，误认为凭他自己特殊的身份就可以逃脱惩罚，派生出一个"刑不上大学生"的怪胎。这只能使天之骄子们被"宠"得更厉害，一旦走出校门，难以经得起大风大浪的冲击。

孩子不听话，家长是最心焦的。现在孩子少，从某种程度上说，孩子就是一个家庭的全部。在平顶山市广场，一位高二孩子的家长说："人的成长总是充满波折，大学生也不例外。孩子因为阅历少，也因为自制能力不够强，易受到不良诱惑。一念之差，而做出违法的事情来，不给他们改过的机会，孩子就毁了。现在养一个孩子也不容易，有的家庭可以说倾其所有，眼看吹糠见米了，却被风吹得一干二净，这等于说把家给毁了。"

据了解，国家每年都在大学生教育上投入了大量经费，且逐年增加。以 2000 年为例，全国普通高等学校预算内教育事业费支出，每个大学生达到了 10230.81 元。开除一个大学生，国家的损失也是很大的。但是作为大学生，他们读了这么多的书，理应成为知法守法的模范。

怎样找到于个人、于家庭、于国家都有利的结合点，家长们各抒己见，他们认为处罚不是解决问题的唯一办法，"暂缓不起诉"应该是一种好的尝试。

在对平顶山市部分高校学生的随机调查中，被询问的 40 多位学生中，有 30 人知道浦口检察院对在校大学生违法"暂缓不起诉"的消息，有 16 人希望了解该规定的详细内容。对于浦口检察院的做法，85%的学生表示理解，有 94%的学生认为，"在当前社会主义法制并不是非常完善的前提下，浦口检察院这种'人性化'的做法很危险，弄不好会捡小丢大。"

平顶山师专一学生说，轻罪重判、重罪轻判，都不符合法制精神。不同身份的人对社会的危害可能相同，但不能因为他们身份的不同而施以不同的处罚，否则就是一种歧视，是对法律的践踏和亵渎。如一个社会青年和一个在校大学生同样犯盗窃罪，社会青年被送进监狱，而在校大学生却"暂缓不起诉"，那岂不是一种学历歧视，还如何体现法律的公平和公正呢？"

平顶山电大的一位学生说，这种做法有危险性，它给执法者授予了弹性过大的权力，容易滋生不公平执法的潜在危险，"保护伞"撑不得。

【温馨提示】

大学校园被称作象牙塔，是美好、安宁的地方，知识的乐土。社会上对大学生历来照顾，凭借学生证在购买车票、旅游等时都可以享受优惠，且这些也都得到了社会大众认同。但是，南京近日确立的对大学生犯罪"暂时不起诉"的规定，却一石激起千层浪，引发各界激烈讨论。根据《中华人民共和国刑法》和《中华人民共和国刑事诉讼法》的规定，大学生犯罪并不在免除刑事责任、不起诉的范围内，可见对大学生犯罪"暂缓不起诉"制度的合法性、合理性都有待商榷。

【法条链接】

《中华人民共和国刑事诉讼法》

第十五条 有下列情形之一的，不追究刑事责任，已经追究的，应当撤销案件，或者不起诉，或者终止审理，或者宣告无罪：

（一）情节显著轻微、危害不大，不认为是犯罪的；

（二）犯罪已过追溯时效期限的；

（三）经特赦令免除刑罚的；

（四）依照刑法告诉才处理的犯罪，没有告诉或者撤回告诉的；

（五）犯罪嫌疑人、被告人死亡的；

（六）其他法律规定免于追究刑事责任的。

《中华人民共和国刑法》

第四条 对任何人犯罪，在适用法律上一律平等。不允许任何人有超越法律的特权。

第十七条 已满十六周岁的人犯罪，应当负刑事责任。

……

14. 一"槌"定音彰法威

2002 年 6 月 13 日上午 9 时，河南省平顶山市中级人民法院一号审判大厅内。

啪——随着一声脆响，二级高级法官、平顶山市中级人民法院院长吴晓东手中的法槌重重地敲在槌盘上。河南省高院办公厅负责人告诉笔者，这是全国法院 6 月 1 日起统一使用法槌后，法槌首次在河南省法院的庭审中亮相。

吴晓东身着黑色法袍，威严地坐在审判长席上，将主审一起影响恶劣的故意杀人案。

法槌清脆的声音在偌大的审判大厅内回响，整个大厅顿时肃静下来，吴晓东高声宣布："平顶山市中级人民法院刑事审判第一庭现在宣布开庭，传被告人吴晓波到庭。"

押解通道的大门被推开，两名全副武装、精神饱满的司法警察把垂头丧气的吴晓波押到被告席。

参加本次庭审的平顶山市人民检察院副检察长李伟宣读了起诉书：今年 34 岁的吴晓波，捕前系中国人寿保险平顶山分公司职员。2001 年 12 月 22 日早上 7 点多钟，吴晓波在其租住的房屋内，因琐事与同居的陈某发生争执。吴晓波恼羞成怒，顿起杀人恶念，用枕巾、布腰带将陈某勒死。后吴晓波感到不解恨，又用电话线将熟睡中的陈某和其前夫所生之子勒死，将二人的尸体藏匿在床箱里。惊恐不安的他喘着粗气，心想自己和陈某的不和直到今天的事情，都是因为李某从中挑拨所致，遂将怒气又归到李某身上。他立即起身窜至位于平煤集团六矿家属区李某的家中。因李某不在，丧心病狂的吴晓波又将独自在家的李某11岁的小女儿熊某勒死，将尸体也藏在床箱里，后仓皇逃窜。

吴晓波灭绝人性的疯狂杀戮，激起旁听席群众的无比愤怒，审判庭内骚动起来，特别是被害人的亲属数度哽咽失声。此时，吴晓东果断地敲响法槌，严厉地说："请被害人亲属保持克制，旁听人员请遵守法庭秩序！"审判大厅内又立即安静下来，庭审继续进行。经过法庭调查、三轮法庭辩论、被告人吴晓波最后陈述等几个阶段的庭审程序，到上午10时，吴晓东敲响法槌，宣告审理阶段的结束，进行休庭。

经过20分钟的休庭，合议庭合议出案件庭审结果。啪——上午10点20分，吴晓东再次敲响法槌，起立郑重宣判：

"……本院认为：被告人吴晓波因情感问题与其女友发生矛盾后，一怒之下，竟置无辜生命于不顾，泄愤报复，连杀3人，公诉机关指控其行为已构成故意杀人罪成立。被告人吴晓波辩解其不是故意杀人之意见与当庭查证事实明显不符。其辩护人所提该案前因系他人挑拨及被告人认罪态度较好之意见，经查，吴晓波所杀3人均系无辜者，其作案后畏罪潜逃，归案后在证据面前虽能如实坦白自己所犯罪行，但鉴于其犯罪性质恶劣，情节、后果特别严重，被告人吴晓波不具备法定从轻处罚的条件，应依法予以严惩。根据《中华人民共和国刑法》第二百三十二条、第五十七条第一款之规定，判决如下：被告人吴晓波犯故意杀人罪判处死刑，剥夺政治权利终身……"

啪——吴晓东手中威严的法槌再次敲响，他宣布今日的庭审至此结束。被告人吴晓波在他为时不多的生命里，将不会忘记这宣告他的生命进入倒计时的槌声。

对于此次开庭，庭审后，吴晓东神情严肃地说，今天我第一次敲响法槌，标志着庭审使用法槌在平顶山市两级法院已经铺开。在庭审活动中使用法槌，和庭审中审判人员要着黑色法袍一样，都是我国法院不断强化司法文明和司法改革的一些重要举措，有助于进一步确立和展示法官的职业特点和职业形象。今天是平顶山市法院第一次使用法槌，感觉到分量很重。它敲出的是公正、公平和正义，体现的是法庭的威严，维护的是法律的尊严。

参加此次庭审的律师及检察官们都认为，法官在庭审活动中身着法袍，敲击法槌，更加凸显法官的职业形象和职业特点。法官作为国家的司法者，负有保障法律的实施、保护公民法人合法权利的神圣使命，是社会公平和正义的代表，也是法律的代表。法律权威由此演变为一种司法权威，法律尊严也演变为一种法官尊严，法官的职业有特殊的含义，应该由特定的形式表现出来。法官在庭审中敲击法槌宣布开庭、继续开庭、休庭、闭庭和判决、裁定以及维持法庭秩序，象征着一"槌"定音，代表着庭审活动的权威性、程序性、仲裁性，更好地体现了法官的尊严和特立独行的职业色彩。总的看来，法官在庭审中使用法槌既是对传统的继承，又具有新的含义，具有里程碑式的意义。此次举措表明，我国正积极构建与国际司法文明相适应的新型司法文化，文明执法、公正执法，维护法律威严的中国法官形象更加鲜明，中国正向着建立和完善具有中国特色的现代司法制度迈进。

专门用于庭审的法槌取材于名木海南檀（又称"花梨木"），呈红褐色，纹理清晰，质地坚硬，抗弯曲，耐腐蚀，寓指人民法官刚直廉洁、坚韧不拔的优秀品质。法槌的槌身为圆柱形，槌腰嵌套标明法院名称的铜带。底座为矩形，表面嵌有矩形铜线和我国传统饰纹。槌、座相对，取"智圆行方"之意，象征法官应成为智慧和正义的化身。槌、座相击，音质透亮，有一"槌"定音之意。

以击槌的方式主持重要的仪式和活动，是世界各国通行的做法。我国法官使用法槌主持庭审活动，主要目的在于强调庭审活动的权威性、程序性、仲裁性，强化庭审活动的效果，既可体现法庭的庄严，又具有一定的亲和力。

根据最高人民法院的规定，法庭开庭审理案件时，由审判长或独任审判员使用法槌。其中在宣布开庭、继续开庭、休庭、闭庭、判决、裁定时，要敲击法槌；在维持法庭秩序时，可酌情敲击法槌。法槌应当放置在审判长或者独任审判员的法台前方。法官在使用法槌时一般敲击一次。

【温馨提示】

2002 年 6 月 1 日，这是一个必将载入中国法制史册的日子——根据最高人民法院下发的正式文件，从这天起，全国法院在开庭审理案件时统一使用法槌。有人说，法槌是中国法院在推进司法改革中从西方"拿来"的物种；也有人说，法槌并不是舶来品，中国古代的惊堂木是它实实在在的祖先，它只是一种出口后在境外发扬光大而在本土湮没无闻的物种。但无论怎么说，这次被摆上中国法庭的审判台而且被郑重地敲响，才昭示着它——中国法槌的正式诞生。正义需要通过程序实现，没有正当程序也就没有正义；正义也需要通过仪式体现出来，没有法律仪式也就没有正义的神圣性、感召性和权威性。当代中国在注重司法制度层面的改革的同时，不应忽视司法文化层面的更新。倘若说"通过程序实现正义"是实现司法公正的重要路径，那么"通过仪式体现正义"堪称建构现代司法文化乃至法律文化的一条捷径。

【法条链接】
《人民法院法槌使用规定（试行）》

第一条　人民法院审判人员在审判法庭开庭审理案件时使用法槌。

适用普通程序审理案件时，由审判长使用法槌；适用简易程序审理案件时，由独任审判员使用法槌。

第二条 有下列情形之一的，应当使用法槌：

（一）宣布开庭、继续开庭；

（二）宣布休庭、闭庭；

（三）宣布判决、裁定。

第五条 审判长、独任审判员使用法槌的程序如下：

（一）宣布开庭、继续开庭时，先敲击法槌，后宣布开庭、继续开庭；

（二）宣布休庭、闭庭时，先宣布休庭、闭庭，后敲击法槌；

（三）宣布判决、裁定时，先宣布判决、裁定，后敲击法槌；

（四）其他情形使用法槌时，应当先敲击法槌，后对庭审进程作出指令。

审判长、独任审判员在使用法槌时，一般敲击一次。

第六条 诉讼参与人、旁听人员在听到槌声后，应当立即停止发言和违反法庭规则的行为；仍继续其行为的，审判长、独任审判员可以分别情形，依照《中华人民共和国人民法院法庭规则》的有关规定予以处理。

15. 高层防火莫大意

近年来，随着城市经济的飞速发展和都市化进程的不断加快，越来越多的高层、超高层现代化建筑物不断涌现，高层建筑已经成为一个城市现代化程度的重要标志之一。高层建筑在经济和社会发展中起到了重要的作用，但由于其体形巨大、功能复杂，新技术、新材料使用较多，一旦发生火灾，很有可能造成严重的经济损失和人员伤亡。2010 年 11 月 15 日，发生在上海市静安区胶州路某高层住宅楼火灾一案，给我们敲响了警钟：高层防火莫大意。

　　据河南省平顶山市公安消防支队支队长吴文献介绍，在各类火灾中，建筑火灾对人们的危害最严重、最直接，各种类型的建筑物是人们生产和生活的主要场所，也是财物高度集中的场所。在我国，由于人口众多，城市土地稀缺，使得国内各大城市高层建筑数量迅猛增加。而高层建筑自身结构复杂，层数多，高度大，功能强大，人员集中，设备繁多，承受的风力和雷击次数多，建筑内竖井林立，再加上大量新材料、新工艺、新技术在建筑物中的应用，火灾扑救难度大的特点，使得高层建筑发生火灾的可能性和发生火灾后的危害程度极大提高，即高层建筑火灾风险大。

　　高层建筑的火灾隐患因素概括起来有三个方面：客观因素、人为因素和管理因素。

　　客观因素：一是可燃易燃物多。高层建筑功能非常强大和复杂，常是集餐饮、酒店、公司或机关办事处于一体，各种家具、办公用品、窗帘、地毯和文件都是可燃或易燃物，一旦发生火灾，易发生集中燃烧，且在燃烧过程中还会释放出大量的有毒有害气体。二是竖井多。高层建筑内设置了很多电缆井、电梯井、楼梯间等，竖井的增多必将导致火、烟蔓延的速度加快，这种竖井形成"烟囱"效应，使火势更难控制。三是电器设备多。高层建筑内设置了各种电气设备，如电加热器、空调器、热水器以及电气照明设备等，这些设备集中使用易使电气负荷增加，若过载运行，容易发生火灾。另一方面伴随电气设备而来的是配电线路的增多，电线安装不适或载荷不适造成电线老化、绝缘受损也是发生火灾的原因。四是设计的不合理。部分高层建筑特别是早期的高层建筑设计大部分只注重考虑其使用功能，忽视其必要的抗灾能力，没有严格按照《高层建筑设计防火规范》和《高层建筑消防管理规则》等法规的要求设计，如没有设计防火分区、自动消防系统、疏散通道等，给其防火埋下先天的缺陷。

　　人为因素：一是人员繁多复杂。高层建筑功能复杂，入住的单位多，每栋大楼容纳数以万计的人员，单位的性质不同，且对外接触频繁，出入人员复杂，人员素质参差不齐，有些人不一定能遵守大楼的管理规定，如在禁烟区吸烟，未经管理人员同意擅自动用电气设备，有意或无意带易燃易爆物品进入大楼等。二是违章操作。现代设备的设计大部分都是按照人机工程学和安全设计规程设计制造的，操作简单，自身故障率较低，但这也使操作人员容易马虎大意，违章操作，随意拆装，不按照要求维修和使用等而引起火灾。三是人员恐慌心理。高层建筑一旦发生火灾，由于人员存在恐烟性、恐热性、向光性和从众心理，往往失去正确的判别能力，容易发生人员拥挤、踩踏，造成人为堵塞消防安全疏散通道，酿成更大的伤亡。

管理因素：一是消防系统不完善。高层建筑火灾主要立足于大楼内火灾探测系统、自动报警系统和自动消防系统的及时探测、报警、自防自救，但由于认识、资金等原因，各地已建成特别是较早期建成的高层建筑普遍存在消防系统不完善的情况，如消防系统存在缺陷、功能不全、设备性能差等，再加上人为的破坏，检查、维修不及时，往往在发生火灾时延误灭火时机。二是监管不力。有的高层建筑在各项审批和管理中难免掺杂行政干预，在消防审核时没有严格把关，留下安全隐患。此外大楼的主管部门缺乏消防安全意识，没有制定完善的消防责任制度、消防应急预案，消防管理部门和专业人员配备不到位。由于监管不力，大楼内存在安全隐患区，如楼梯过道内堆放物品、消防设施没有定期检查和维修、安全疏散通道门上锁等。三是消防培训不到位。我国相关法律法规已明确规定，物业消防管理人员和专职消防人员需经正式消防培训考试合格方可持证上岗。但实际上，很多高层建筑的物业管理部门为了减少人员，节约成本，根本没有配备专职的消防人员，往往由保安人员兼任，更没有相应的消防安全培训，很多负责消防的人员对消防设备和消防知识知之甚少。

在各种高层建筑发生的各类火灾中，首先是因电气设备和线路原因而引起的，占到33%。究其原因主要有以下几个因素：一是电气设备厂家特别是一些技术薄弱的厂家盲目追求利润，电气设备达不到安全性能要求；二是建设单位没有按照建筑设计要求安装相应的电气设备，用廉价的甚至是劣质的电气设备来代替；三是在安装使用电气设备时超负荷运行，没有按照配电线路要求配置；四是乱拉乱接电线等。其次是用火不慎，比例占到27%。用火不慎主要有：离开时没有及时关闭明火；蚊香、蜡烛等燃烧物与可燃易燃物品接触或距离太近；燃气管道或炉具故障；易燃易爆物品存放不当等。再次就是吸烟，占到20%的比例。主要有以下情况：在禁烟区吸烟；卧床吸烟；乱扔未熄灭的烟头等。此外，动火作业、违章操作等也是引起高层建筑发生火灾事故的常见原因。

如何预防控制高层建筑火灾呢？其对策如下：一是认真贯彻实施消防法律法规和相关规章制度，实行消防安全责任制，把消防安全工作落实到每位员工的岗位职责上。建立健全消防安全保障体系，确保高层建筑的使用、运营、管理符合国家规范及法规的要求。二是完善建筑内部自身的防火系统。对高层建筑所用的工程建筑材料、装饰装修材料采用难燃性能的材料或做好阻燃处理；完善和加强火灾探测系统、自动报警系统、自动消防系统和监控系统；配备必要、适用的灭火器材，设置合格的消防通道和疏散通道等。三是采用防烟分隔技术，对高层建筑的各类管道井、竖井、风道等，可采用屋顶挡烟隔板、挡烟垂壁，加装自动防火防烟装置、热感应防火阀门。对高层建筑疏散通道、楼梯间、消防电梯间、地下室、避难层、避难间等应单独划分防排烟分区。四是对已配置的消防设施，必须落实日常管理制度，专人管理维护，定期和不定期检查；检查经营场所、公共聚集场所潜在危险源，发现问题立即整改。五是建立应急体系，编制火灾应急预案，做到在灾害发生时，能够保证迅速、有序、有效地开展应急与救援行动。六是高层建筑主管部门应针对管理人员和入住人员广泛开展多种形式的宣传教育和必要的培训，普及消防法律法规和自防自救、疏散逃生知识，定期组织应急预案演练，进一步提高各单位和个人的消防安全意识和素质。

高层建筑数量越来越多、高度越来越高将是城市发展的重要特征之一，将高层建筑的消防安全工作抓好抓实，减少此类建筑火灾的发生，将是一个长期而艰巨的课题。

【温馨提示】

近年来，城市建筑越来越高，高层建筑火灾也时有发生。原因有二：首先，消防硬件设备的更新赶不上楼层高度增加的速度。高层建筑失火后，现有的消防设备很难对起火点进行准确灭火，导致火势进一步蔓延，救援难度不断增加；其次，人们的消防法律意识，同样难以超越楼层高度增加的速度。综上，高层建筑火灾死伤人数及财产损失呈逐年上升趋势，因此，高层建筑火灾的防控已成为一个社会性的难题。无论是高层建筑的管理者还是使用者，都应从我做起，熟悉相关法律规定，并依法做事，为安全的环境贡献一份力量。

【法条链接】

《中华人民共和国消防法》

第二十一条 禁止在具有火灾、爆炸危险的场所吸烟、使用明火。因施工等特殊情况需要使用明火作业的，应当按照规定事先办理审批手续，采取相应的消防安全措施；作业人员应当遵守消防安全规定。

进行电焊、气焊等具有火灾危险作业的人员和自动消防系统的操作人员，必须持证上岗，并遵守消防安全操作规程。

《高层民用建筑设计防火规范》GB 50045—95

5.1.4 高层建筑内设有上下层相连通的走廊、敞开楼梯、自动扶梯、传送带等开口部位时，应按上下连通层作为一个防火分区，其允许最大建筑面积之和不应超过本规范第5.1.1条的规定。当上下开口部位设有耐火极限大于 3.00h 的防火卷帘或水幕等分隔设施时，其面积可不叠加计算。

5.3.2 电缆井、管道井、排烟道、排气道、垃圾道等竖向管道井，应分别独立设置；其井壁应为耐火极限不低于 1.00h 的不燃烧体；井壁上的检查门应采用丙级防火门。

公安部《高层建筑消防管理规则》

第二十条 建筑物内禁止储存易燃易爆化学物品。教学、科研、医疗等工作必须使用的易燃易爆化学物品，可按不超过一周的使用量储存，并定人、定点、定措施，予以妥善保管。

第三十四条 消防水泵、消防给水管道、消防水箱和消火栓等设施，不得任意改装或挪作他用。

16. 盗割电缆入监牢

通信电缆，作为通信部门主要的信息传输载体，承担着社会信息联络的重要任务，并肩负着党政军专用通信、应急通信、国家抗震救灾等重大使命，是社会的"神经线"。

然而，近年来，不法分子受利益的驱使，无视国法，竟将魔爪伸向了国家通信大动脉，大肆盗割。据河南省平顶山市通信公司总经理刘申介绍，2003 年 1 月~9 月份，全市共发案 340 起，损失 200 多万元，不但严重影响了社会的正常通信，而且也使国家财产遭受了巨大损失。

据了解，由于通信电缆点多线长，分布较为分散，同时，平顶山市大部分地区位于山区，地形较为复杂，给犯罪分子造成了可乘之机。尤其是近几年来，盗割通信电缆活动日益猖獗，发案频繁，仅 2002年一年，就发生电缆被盗案件 827 起，直接经济损失 700 多万元，平均每天发案 2~3 起，其中仅叶县就有 240 多起，直接损失 230 多万元，平均每月 20 多起。

叶县某地数百米通信电缆全部被人盗割，致使临近几个村庄的电话全部瘫痪，乡里通知开会，几个人挨村跑了近一天；平煤集团一矿区电缆被人盗割，矿上有急事开会，只得让通讯员挨家挨户通知，造成直接和间接损失数万元；平顶山市郊某处近 300 米电缆被盗，从凌晨 1 点到第二天上午 11 点，通信完全中断，直接经济损失 2 万多元。

据平顶山市公安局副局长李金发介绍，连续两年多来，平顶山市因电缆被盗所带来的直接经济损失已有 1000 多万元，而市通信公司为修复所花费的人力、物力、财力及因中断通信所产生的间接损失更是无法估量。盗割通信电缆不但造成了国有资产的巨大损失，也给社会正常通信生活造成了严重影响。但是，这些电缆被犯罪分子当做废品卖给废品收购者时，他们分得的"收益"只不过是几百元，多的也不过千余元。

通信案件频频发生，通信屡屡中断，猖獗的犯罪活动引起通信部门的高度重视。为此，市通信公司也做了大量工作，采取了许多积极措施：筹备资金加装防盗器，从技术上加强防范；加大普法宣传教育力度，提高群众保护通信电缆的自觉性；加强巡逻，加大护线力度；与公安部门密切联系，及时出警；与当地群众进行联防等等。但是，由于电缆盗窃时间不同、地点不定，给防盗工作带来了很大难度，令通信部门深感头疼。他们往往是电缆断了之后，就立即派人接上，可刚刚接上没几天，又再次被人盗割，有的地方竟接线十余次还不行。加大打击盗割通信电缆犯罪力度，严厉惩治犯罪分子已到了刻不容缓的地步。

为迅速扭转这种局面，遏制破坏通信电缆案件的发生，市通信公司针对通信电缆被盗割案件的具体特点，制定了一个"打、治、防、控"一体化的防电缆被盗割工作战略部署。首先，市通信公司从自身抓起，进一步制定和完善了相关规章制度，重新规范了电缆防盗工作流程，及时增配电缆防盗器 300 多台，安装在各县（市、区）案件高发地带，使通信电缆被盗割后的反应时间大为缩短。并抽调了专门力量，组成夜间巡逻队进行巡逻护线，在案件多发地点落实了专人负责蹲点监控。与此同时，他们积极主动向当地党委、政府和政法部门汇报本地通信线路遭破坏的状况，并请求地方党政部门采取有力措施，打击破坏通信电缆和犯罪分子，遏制通信案件的发生，保护通信线路和设施安全，确保通信畅通。

电缆被盗案件的严重性，也引起了各级党委、政府的高度重视。市委书记邓永俭曾为此专门作出批示，要求相关部门一定集中力量，给破坏通信线路的犯罪分子以严厉打击。根据领导批示，平顶山市通信公司与公安机关联合召开了专题会议，下发了《关于成立全市保护通信光（电）缆线路工作领导小组的通知》，成立了通信线路防盗工作领导机构，并在各县（市、区）成立了专门的工作机构，设置护线巡逻小分队 10 支，负责对通信线路安全的保护工作。经过详细周密的安排部署，一场严厉打击破坏通信线路活动的斗争迅速在全市展开。

2001 年 8 月 27 日晚 22 时，石龙区值班人员发现电缆防盗信号中断，他们按照既定方案立即一边报警，一边组织人员迅速赶赴现场配合公安部门行动。发案现场地处半山坡，地形复杂，根据地势公安人员进行周密部署，经过艰苦侦查，于次日凌晨 2 时，将两名犯罪嫌疑人一举擒获。经过就地突审，又连夜抓获两名案犯及一名销赃犯，现都已经在押服刑。

2002 年 5 月 12 日，平顶山市通信公司成立了专门的护线巡逻队，与卫东公安分局刑侦大队密切配合，每晚出动警犬配合巡逻。7 月 25 日凌晨 1 时，巡逻队在卫东区蹲点守候时，接到电缆防盗器报警，距蒲城村机房 1650 米处的通信电缆被盗割。巡逻队按计划分两路迅速赶赴现场，经过紧张追踪，在距现场东 200 多米处的小树林里，发现了被盗的电缆、作案用钢锯及人力三轮车一辆。在现场东南方向 500 多米处，当场抓获两名犯罪嫌疑人，并由此挖出了一个作案团伙。此团伙经常交叉勾结作案，涉嫌 35 人，现已批捕 12 人。

2002 年 10 月 14 日，湛河公安分局在湛河区曹镇乡政府礼堂召开侦破系列盗割通信线路案件誓师大会，60 余名参战民警参加了会议。会议上成立了专案组，制定了侦破方案。局长王宇飞在会议上向参战民警提出要求："不破案，决不收兵"。广大民警冒着深秋的严寒披着棉被彻夜追踪守候。经过近一个月的艰苦奋战，2002 年 11 月，终于成功捣毁了一个盗、运、销通信电缆一条龙的犯罪团伙，收缴作案用汽车两辆、通信电缆 2000 余米。该团伙自 2001 年勾结成伙，在平顶山市湛河区、叶县、鲁山县境内疯狂作案 30 多起，造成经济损失近 30 万元。

2003 年 5 月 12 日夜，平顶山市通信公司鲁山县梁洼支局电缆防盗器报警，距机房 1 公里处电缆被盗。梁洼、段店及联防群众分三路赶到案发地，经过 6 个小时的沿路搜寻，在距案发现场两公里外的麦地里发现了几名正在烧被盗电缆的案犯，从而捣毁了一个专门盗窃通信电缆的 10 余人的犯罪团伙，目前已批捕 4 人，还有 8 人正在追捕。

在公安、通信等部门的联合打击下，电缆防盗割工作取得了阶段性的成果，2002 年全年共破案 12 起，批捕 34 人；2003 年 1 月到 9 月份共破案 5 起，批捕 11 人，给犯罪分子以极大震慑。

通过公安、通信等部门的联合打击，盗割通信电缆的势头在一定程度上得到了遏制，但并未从根本上得到遏制，发案数量仍然居高不下。如何才能从根本上遏制此类案件的发生呢？

通信电缆防盗是一项长期而复杂的任务，要想使其从根本上得到遏制，可能还需一段时间。就目前来说，最有效的办法是，一方面要加强线路防盗报警设施建设，对通信线路案件多发地段和大多数通信电缆都要安装线路防盗报警器，合理安排人员，成立快速反应组织，接到报警后，能够采取果断措施，做到人防、技防相结合，保证通信线路免受破坏，减少损失。另一方面要积极争取当地政府和公安部门的支持，发动周围群众，与公安机关、乡镇政府、村庄、社会建立起护线联防制度，共同保护通信线路的安全。一经发现盗割等破坏通信电缆的现象，坚决予以打击，并及时修复被毁线路。与此同时，还要注重截断被盗电缆、电线的销赃之路，从源头上遏制盗割行为。被盗割的电缆、电线往往被剥皮后当做废旧金属卖给废品收购者，即便被追回也已经成为"废品"，根本无法重新使用。所以，必须加强对废品行业的管理和宣传教育，使其从业人员自觉抵制收购此类芯线，并主动及时举报，最终使盗割者无利可图而收手。

电缆防盗任重而道远。我们在对这些盗割电缆、电线者深恶痛绝并希望依法予以严惩之余，也应该共同参与到这项斗争中来。毕竟通信电缆像其他社会公共设施一样，为我们整个社会提供着便利，与我们大多数人的生活和工作都息息相关，也需要我们每一个人都对它进行爱护、保护。或许，在不久的将来，在有关部门的努力下，在社会大众的广泛参与下，盗割通信电缆案件最终将逐渐消失，展现给我们的将是一个安全、稳定、畅通的通信运行网络。

【温馨提示】

通信电缆是指用于近距离的音频通信和远距离的高频载波、数字通信及信号传输的电缆，是我国五大电缆产品之一。电线电缆行业是中国仅次于汽车行业的第二大行业，产品品种满足率和国内市场占有率均超过 90%。作为社会"神经线"的通信电缆，承担着社会信息联络、应急通讯、专用通讯、抗震救灾等重要任务，是国家的通信大动脉。然而近年来，由于金属材料价格的上涨，一些不法分子为牟取非法利益，置国家的法律法规于不顾，将黑手伸向随处可见的通信电缆，给广大人民群众的生产生活带来了严重的影响，使国家遭受了巨大的损失。为确保一个安全、稳定、畅通的通信运行网络为社会服务，一方面国家要严厉打击盗毁通信电缆行为；另一方面人民群众应提高自身素质，爱护、保护通信电缆等公共设施，并提高法律意识，积极与盗毁通信电缆的违法犯罪行为作斗争，维护社会公共利益。

《中华人民共和国刑法》

第一百二十四条 破坏广播电视设施、公用电信设施，危害公共安全的，处三年以上七年以下有期徒刑；造成严重后果的，处七年以上有期徒刑。

过失犯前款罪的，处三年以上七年以下有期徒刑；情节较轻的，处三年以下有期徒刑或者拘役。

第二百六十四条 盗窃公私财物，数额较大或者多次盗窃的，处三年以下有期徒刑、拘役或者管制，并处或者单处罚金；数额巨大或者有其他严重情节的，处三年以上十年以下有期徒刑，并处罚金；数额特别巨大或者有其他特别严重情节的，处十年以上有期徒刑或者无期徒刑，并处罚金或者没收财产……

《最高人民法院关于审理破坏公用电信设施刑事案件具体应用法律若干问题的解释》

第三条 故意破坏正在使用的公用电信设施尚未危害公共安全，或者故意毁坏尚未投入使用的公用电信设施，造成财物损失，构成犯罪的，依照《刑法》第二百七十五条规定，以故意毁坏财物罪定罪处罚。

盗窃公用电信设施价值数额不大，但是构成危害公共安全犯罪的，依照《刑法》第一百二十四条的规定定罪处罚；盗窃公用电信设施同时构成盗窃罪和破坏公用电信设施罪的，依照处罚较重的规定定罪处罚。

17. 国防法规入生活

2003 年 3 月 19 日爆发的伊拉克战争给平顶山人上了一堂生动的

【修身篇】

国防教育课，人们在关注如何更好地生活的同时，国防以及国防法规也开始走入了他们的视野。

平顶山市新华书店里，过去偏冷的战争图书因伊拉克战争的爆发而走俏。在三楼的书柜前围着不少顾客，很多人正手捧《全球变局——美国与伊拉克》、《沙漠枭雄萨达姆和他的王国》等书籍在认真翻阅。一位姓张的工作人员指出，自从伊拉克战争爆发以来，每天来书店购买战争书籍的人增多。一位穿着时尚的梁小姐说道，以前来书店总爱购一些时装、美容等方面的书，但伊拉克战争爆发后，就感到现代的青年，不但要生活好还应关注一下国防问题。

自伊拉克战争爆发以来，平顶山市区各个卖书报亭里的国防报刊成为大家争先购买的抢手货；市区各大商场的家电部里，不少顾客围在电视机前观看伊拉克战争的实况转播；茶余饭后、街头巷尾人们议论最多的话题也是伊拉克战争进展情况……

在市区做生意的个体户梁某说："以前脑子里总是'麦当劳'、'肯德基'这样的概念，对战争的印象早已淡化，平时都生活在和平的日子里，多挣钱生活过好些是主题，心里总认为战争离我们很遥远。这几天我白天跑生意夜里看伊拉克战争的转播到深夜，现在我感到战争就在我们身边，世界并不太平。"当被问及知道我国有哪些军事法规时，他笑着摇摇头说不知道。

在市直某单位工作的许某说："看了伊拉克战争的电视直播后，我的心里受到了震动，伊拉克战争说打就打起来了，真是给我们上了一堂生动的国防教育课啊。"当问到军事法规时，她说："每年冬季都有一次征兵，应该有《兵役法》吧？"

据调查，平顶山市目前各企业事业单位的国防法规教育开展得还不够普及，主要原因是单位领导怕影响工作，怕花钱费事；还有的学校也只把军训当成了国防教育，没有把《国防教育法》规定的内容落实……

自古以来，有国必有防，无防国不立。人类有记载的历史上下5000

年，发生战争就达 15000 多次，仅有 329 年没有战争的硝烟。当代世界，和平与发展虽然是两大主题，但人类并非已进入了化剑为犁的和平年代。伊拉克战争唤起了人们对国防的再认识，唤醒了平顶山人民的国防观念：其实国防知识的课堂就在身边，只要我们处处留意，时时都能受到教育。

国防法规是规范国防建设的法律依据，是以法治军、质量建军的保障。我国现行的国防法规主要有《中华人民共和国国防法》、《中华人民共和国国防教育法》、《中华人民共和国人民防空法》、《中华人民共和国军事设施保护法》、《中华人民共和国兵役法》等 16 部。

《中华人民共和国国防法》是国防法规的基本法，在国家法律体系中占有重要位置，它对党管武装、国防教育、国家机构的国防职权等问题进行了明确。该法第九章对公民、组织的国防义务和权利进行了规定：公民应当接受国防教育，公民和组织应当保护国防设施，不得破坏、危害国防设施；公民和组织应当支持国防建设，为武装力量的军事训练、战备勤务、防卫作战等活动提供便利条件或者其他协助。公民和组织有对国防建设提出建议的权利，有对危害国防的行为进行制止或者检举的权利。

《中华人民共和国人民防空法》是为了避免遭受敌人空袭，保护人民群众生命财产安全而制定的法律。该法规定：城市是人民防空的重点，城市人民政府应当制定防空袭方案及实施计划，必要时组织演习；城市新建民用建筑，要按国家有关规定修建战时可用于防空的地下室；国家保障人民防空通信、警报的畅通，以迅速准确地传递、发放防空警报信号，有效地组织、指挥人民防空；城市新建民用建筑，违反国家有关规定不修建战时可用的地下室的，由县级人民政府人民防空主管部门对当事人给予警告，并责令限期修建，可以并处 10 万元以下的罚款。从伊拉克战争中，我们可以看到现代战争都是先从空中打击开始的，所以要大力加强人民防空建设。

《中华人民共和国国防教育法》是规范各级政府和各部门、企业事业单位、学校如何开展国防教育的法律，它对社会、组织在国防教育中的作用和应负的法律责任进行了明确。该法第二章对学校开展国防教育进行了规定：学校应当将国防教育列入学校的工作和教学计划，采取有效措施，保证国防教育的质量和效果。第三章对社会国防教育进行了规定：企业事业单位应当将国防教育列入职工教育计划，结合政治教育、业务培训、文化体育等活动，对职工进行国防教育；城市居民委员会、农村村民委员会应当将国防教育纳入社区、农村社会主义精神文明建设的内容，结合征兵工作、拥军优属以及重大节日、纪念日活动对居民、村民进行国防教育。在第五章中规定了法律责任：国家机关、社会团体、企业事业单位以及其他社会组织拒不开展国防教育活动的，由人民政府有关部门或者上级机关给予批评教育，并责令限期改正，拒不改正，造成恶劣影响的，对负有直接责任的主管人员依法给予行政处分。

《中华人民共和国军事设施保护法》是为了保护军事设施的安全，保障军事设施的使用效能和军事活动的正常进行而制定的法律。该法规定：公民有保护军事设施的义务，禁止任何组织或者个人破坏、危害军事设施，任何组织或者个人对破坏、危害军事设施的行为，都有权检举、控告。

《中华人民共和国兵役法》是规定征兵、军官、士兵、民兵、战时动员、军人退役安置的法律。该法规定：依照法律服兵役和参加民兵组织是每个公民的光荣义务，年满18周岁的青年到户口所在地报名应征。

国防教育，责无旁贷。近年来，平顶山市的国防教育已经逐步走上了法制化、制度化、规范化的轨道，平顶山市连年被河南省委、省政府、省军区评为国防教育先进单位。2001年，驻平顶山部队与市教育局联办了全省第一所"中学生军校"，受到国家教育部、济南军区领导的肯定，目前已训练学生15000多人。每年的"国防教育日"，市国防教育办公室、市人民防空办公室都要联合组织大规模的宣传活动；

各县（市、区）在"八一"前后，都要组织各种形式的国防知识竞赛、文艺演出、演讲比赛等活动，在群众中广泛进行国防知识的宣传；市国防教育领导小组每两年在全市开展一次关心支持国防建设十佳人物的评选工作，目前已有 35 名为国防建设作出突出成绩的群众受到表彰，在全社会形成了人人关心国防建设的浓厚氛围。

但也应看到平顶山市国防教育工作还存在着以下不足之处：一是个别学校还没有开设国防教育课；二是部分高层建筑没有地下防空设施；三是有的防空设施被人为破坏；四是个别领导干部国防观念淡薄，不能履行国防义务。

平顶山军分区副政委陈中和说，军队作为国家武装力量的主体，要带头学习国防法规，宣传国防法规。进一步加强国防法规知识的宣传和学习，将促进平顶山市国防教育工作的开展。

平顶山军分区政治部主任田国轩说，国防教育是巩固和建设国防的基础，是增强民族凝聚力、提高全民素质的重要途径。开展国防教育是全社会的共同责任，依法接受国防教育是每个公民的责任和义务，各部门、各企业事业单位、学校要将国防教育纳入重要工作日程，按照《中华人民共和国国防教育法》的要求认真抓好教育的落实。

国防是国家生存和发展的安全保障，全民国防意识，是衡量一个民族生存能力的重要标志，也是构成一个国家综合国防实力的重要因素。全民国防观念强，民族凝聚力就强，维护国家生存与发展利益的责任感就强，古今中外概莫能外，一次次教训告诉我们：国防观念淡薄的民族，是走向灭亡的民族。

【温馨提示】

一般民众总认为，"生于忧患，死于安乐"、"国防观念淡薄的民族，是走向灭亡的民族"等这些话都是说给领导层听的，民众只要过好自己的小日子就万事足矣。实则不然，国民是构成社会、组成国家的细胞，忧患、国防意识只有深入每一个公民的内心，国家才能有战斗力和凝聚力。2003年的伊拉克战争，给人民群众上了一次生动的国防教育课。话战争，想自己，深处和平年代的我们不光要掌握致富奔小康的本领，还要时刻树立忧患意识，关注国防安全，熟知我国的国防立法体系，以备在危难时保护自己的合法权益，携起手来捍卫国家尊严！

【法条链接】

《中华人民共和国刑法》

第三百七十六条 预备役人员战时拒绝、逃避征召或者军事训练，情节严重的，处三年以下有期徒刑或者拘役。

公民战时拒绝、逃避服役，情节严重的，处两年以下有期徒刑或者拘役。

第三百七十九条 战时明知是逃离部队的军人而为其提供隐蔽场所、财物，情节严重的，处三年以下有期徒刑或者拘役。

《中华人民共和国国防法》

第五十条 依照法律服兵役和参加民兵组织是中华人民共和国公民的光荣义务。

第五十二条 公民应当接受国防教育。

第五十四条 公民和组织有对国防建设提出建议的权利，有对危害国防的行为进行制止或者检举的权利。

《中华人民共和国人民防空法》

第十一条 城市是人民防空的重点。国家对城市实行分类防护。

城市的防护类别、防护标准，由国务院、中央军事委员会规定。

第十二条 城市人民政府应当制定防空袭方案及实施计划，必要时可以组织演习。

　　修身，是指修身养性，努力提高自己的思想道德水平。语出《礼记·大学》："古之欲明德于天下者；先治其国；欲治其国者，先齐其家；欲齐其家者，先修其身；欲修其身者，先正其心……心正而后身修，身修而后家齐，家齐而后国治，国治而后天下平。"元稹在《授杜元颖户部侍郎依前翰林学士制》中也写道："慎独以修身，推诚以事朕。"

　　在古代，修身的过程是：格物、致知、诚意、正心。修身是通向"仁义礼智信"的至高人生境界的途径。而在当下，时代又赋予了修身新的内涵：一为修德，二为修智。德才兼备才是修身的理想结果。在当下社会，"德"依然沿袭五千年来为人们所称颂的道德规范；"智"的一个重要方面则体现为作为社会中的个人要读懂人类道德的最后一道屏障——法律。只有熟识了法律才能在生产生活中游刃有余，在出行游玩时欣然前往、尽兴而归；只有熟识了法律才能在诱惑面前稳如泰山；只有熟识了法律才能在突发事件时保持镇定；只有熟识了法律，才能在经济快速发展的今天，头脑依然保持理智；只有熟识了法律才能在和平年代里树立居安思危的国防意识。总之，熟知法律，可以让我们在平日生活中更好地维护自身的合法权益，因为法律能为我们提供更好的修身环境，对法律的熟知也因而成为我们在日常生活中实现修身的重要途径。因此，《修身篇》便通过带您走入法律修身的领域、讲解普通生活中的法律常识帮您提升个人素养。

　　"修身"需关注消费法律。因为在日常生活中你我随时随地扮演着消费者的角色。河南省医疗机构执行了新的《河南省医疗服务价格》，该措施既能提高医生的职业素养也能很好地保护患者作为消费者的权益。如今消费者维权意识日益增强，面对不法商家，消费者以法律为武器，积极捍卫自身权益。面对炎炎夏日里时有发生的啤酒瓶爆炸事故，受害消费者也走上了求偿之路，虽艰难，但随着中国法治的发展，这条求偿路必将越走越宽。

"修身"需关注交通法规。交通与日常生活关系密切，熟知这些被人们称作边缘法律的交通规则，等于为出行多系了一条安全带。警民互换，可以体验各自工作的艰辛，将心比心，共同创造顺畅的交通环境。

"修身"需关注健康法律。俗话说"身体是革命的本钱"，有了强健的体魄，才能更好地达到修身的目的。2003年突如其来的"非典"，是对每个人身体和心理的双重考验，只有依法办事，才能让"非典"防治事半功倍。毒品和艾滋病往往代表了死亡，所以我们应珍爱生命，远离毒品，远离性违法、性犯罪。

"修身"需关注日常安全。旅游是一种修身养性的好途径，但旅游的过程中往往伴有不安全因素，我们在欣赏美好河山的同时或许危险已然潜伏；随着科技的发展，手机已日渐普及，成为生活中不可或缺的通讯工具，但是当我们面对手机偷拍，又该何去何从？科技迅猛发展，人心也日益浮躁，企业为了追寻利润最大化，往往置《安全生产法》于不顾，安全事故的发生令多少家庭阴阳相隔；随着生活水平的提高，汽车走进了众多家庭，但若爱车突然起火，又应如何处理？而本篇正是教您如何应对上述问题，如何用法律手段来维护自身的安全。

"修身"需关注国家司法。针对在校大学生犯罪，法律是应当严惩还是应当给予其改过自新的机会？"'起诉犹豫'众家谈"带您走近了大学生犯罪的暂缓起诉规定；法槌走进审判厅，与法袍呼应彰显了司法权威；高层建筑是城市里一道亮丽的风景线，然而隐患却与风光并存，"高层防火莫大意"告诉您如何防火；盗割通信电缆严重影响了社会的正常通信，使国家财产遭受巨大损失，故应爱护、保护通信电缆等公共设施，积极与盗毁通信电缆的违法犯罪行为作斗争，这也是人民群众维护社会公共利益和国家安全的应有之举；"国防法律进生活"带您学习我国的国防法律体系。

生活并非一成不变，不知何时我们就会被麻烦困扰，因此，我们要熟知法律，以法律为武器维护自己的合法权益，让法律最终成为提升我们生活质量的助推器。只有如此，才能真正达到修身的目的。

【乐业篇】

1. 统一司考严把关

2001 年 6 月 30 日,第九届全国人民代表大会常务委员会第二十二次会议修改的《中华人民共和国法官法》和《中华人民共和国检察官法》,明确了国家将对初任法官、初任检察官和取得律师资格"接轨",实行统一的司法考试制度。7 月 15 日,最高人民法院、最高人民检察院、司法部联合发布公告,废除 2001 年度初任法官、初任检察官考试和律师资格考试,该年度的初任法官考试、初任检察官考试、律师资格考试都不再单独组织,统一并入 2002 年 1 月举办的首次国家司法考试。

这一举措被司法界称为新中国法制史上一个里程碑式的进步标志。法官、检察官、律师任职资格采取统一司法考试,对提高我国司法人员的专业素质,改变法律专业人才的选拔方式,促进我国司法制度的改革,将产生深远影响。

司法界一位权威人士对此作了这样的论述:法律职业(法官、检察官、律师)之间具有共同性。一些对司法过程了解不深的人往往只看到它们之间的不同,但是却没有看到三种职业之间内在的共同性,那就是他们履行职责的知识基础都是法学,他们分享着共同的知识、技术和理念,他们的终极目标都是为了社会正义的实现。中立的法官固然需要依法裁判,看起来相互对立的检察官与律师事实上也都在依据法律的前提下履行其检察权和代理职责。

统一的国家司法考试有助于整个国家范围内的法律准则的统一。而法制统一是我国的《宪法》原则,同时也是市场经济的发展所必需的,因为市场经济的发展离不开通过法律所建立的统一的规则。法制统一不仅体现在《宪法》和法律在全国范围内一体适用,更重要的是不同的法律职业者对法律条文的理解以及对法律解释方法的把握应当是一致的。否则，即使法条是一样的，适用到具体案件的解决过程中却可能是不一致的。虽然造成这种状况的原因很多，但其中一个不容忽视的原因便是没有统一而严格的国家司法考试制度，导致法律执业者入门标准不一。如果严格标准，统一考试，那么，通过正规的法律教育和考试所强化和内化了的知识、技术、伦理乃至信仰，就能够在司法过程中对法律解释进行严格而细致的制约，对司法过程参与者的行为加以规范。

法律三职业之所以应当通过统一的考试进入，还因为我国现行的法律职业资格考试制度损害了法律职业共同体的意识，进入门径的差别加剧了三职业之间的分裂和司法决策的混乱。法律三职业之间相互冲撞的情况时有发生，例如对法庭规则理解的不统一导致检察官在开庭之时不起立的做法；法院与检察院就赃款赃物的移交也曾经各不相让；对于检察机关应否介入民事行政案件的监督，法检双方无法统一；从事刑事案件辩护的律师与检察官之间关系紧张；律师作为非公职人员的边缘化感觉等。假如三职业都从一个门径进入，虽然不能指望上述问题能很快全部解决，但是，使现状得到大大改善却是可以期待的。一些法治发达国家的经验也表明了统一司法考试的重要性。

法律界人士认为，统一司法考试可以把严检察官、法官的入行大门。司法机关所办的错案中，司法人员贪赃枉法的占一部分，另外一大部分则是因为司法人员法律专业知识欠缺，对法律认识和理解出现偏差，或者法律意识不强造成的。统一的司法考试也有望改变我们国家司法人员素质和律师素质之间的"失衡"。国家法治的进步有赖于司法人员素质的提高，也需要律师素质的提高，双方不可或缺。不过，司法人员代表国家行使司法权，尤其是法官还是最后的裁判者，特殊的角色定位要求司法人员尤其是法官的素质应该高于律师，这样才能以其对法律更精深的理解，站在比律师更高的角度，作出令当事人和律师信服的裁判。统一的司法考试的施行，至少能让法官、检察官在起点上不输给律师，同时可通过岗位培训、不合格人员的及时淘汰等机制的建立，保证司法队伍的高素质。统一的司法考试还可以扩大选人面，让最优秀的法律人才报国有门，也有利于司法人员良好形象的树立。司法机关可以在通过考试的各界人士中择优选拔人才，扩大选才面，使把最优秀的法律人才纳入司法机关成为可能。

河南省平顶山市检察院政研室主任路国政说，近年来的司法实践表明，尽快提高法官、检察官队伍的整体素质已成为一个迫切的客观要求。统一司法考试可以保证高素质的法律人才进入司法和律师队伍，有利于提高审判、检察、律师工作质量，也有利于法律专业的人才流动。这种并轨，也是适应国际趋势的需要。这一举措将对法官、检察官提出一次严峻的考验。因为在原来律师、法官、检察官三种行业各自单独组织的任职资格考试中，律师考试应该是最成熟、最规范的，难度也最大。

平顶山市中级人民法院办公室副主任杨杰说，统一司法考试势必会提高法官、检察官任职的标准，对提高法院、检察院的整体素质的促进作用显而易见。但是，由于三者职业伦理规范不尽相同，而职业操守、职业道德的情况又难以通过考试来检验，因此，如果一名律师要改任法官、检察官，应当通过其他形式的制度来体现对职业操守的要求。

平顶山市律师界律师们也一致支持这项改革。律师李虎认为，辩护人即律师、控诉方（检察院）与裁判者（法院）这三方虽然各自的角度不同，但应该以同样的法律操守和法律理念来看待一个案子。统一司法考试的施行，将对我国的民主法制建设产生深远的影响。同时，我们也必须认识到，司法统一考试的施行只不过是刚刚迈出第一步，还有很多工作需要去做。

【温馨提示】

2001 年九届全国人大常委会通过的《中华人民共和国法官法》、

《中华人民共和国检察官法》、《中华人民共和国律师法》修正案规定，国家对初任法官、初任检察官和取得律师资格实行统一的司法考试制度。这一举措被司法界称为新中国法制史上一个里程碑式的事件。法官、检察官、律师任职资格采取统一司法考试，有利于提高我国司法人员的专业素质，改变法律专业人才的选拔方式，促进我国司法制度的改革和完善。全国统一的司法考试制度也是全面推进依法治国，建设社会主义法治国家的必然要求，为建设高素质司法队伍和律师队伍提供了重要的制度保障。至今，这一制度已经实施了十年，对提高法律职业人员的素养，确保司法公正，改革和完善我国司法体制发挥了重大作用，对我国民主法制建设产生了深远的影响。

【法条链接】

《中华人民共和国法官法》

第五十一条 国家对初任法官、检察官和取得律师资格实行统一的司法考试制度。国务院司法行政部门会同最高人民法院、最高人民检察院共同制定司法考试实施办法，由国务院司法行政部门负责实施。

《中华人民共和国检察官法》

第五十四条 国家对初任检察官、法官和取得律师资格实行统一的司法考试制度。国务院司法行政部门会同最高人民检察院、最高人民法院共同制定司法考试实施办法，由国务院司法行政部门负责实施。

《中华人民共和国律师法》

第五条 申请律师执业，应当具备下列条件：

（一）拥护中华人民共和国宪法；

（二）通过国家统一司法考试；

（三）在律师事务所实习满一年；

（四）品行良好。

实行国家统一司法考试前取得的律师资格凭证，在申请律师执业时，与国家统一司法考试合格证书具有同等效力。

2. "黑""假"保安生祸患

谁有权组建保安服务公司？《河南省社会保安服务业务管理规范》第五条规定，保安服务公司只能由公安机关组建，且由省辖市公安局和县（市）级公安局负责此项工作，其他任何单位、部门和个人不得组建。然而，河南省平顶山市公安局、市建委、市文化局、市工商局、市体育局联合组织的"清理非法保安组织规范保安服务市场专项整治"检察组却在检查中发现，一些单位、部门和个人不仅违规组建保安服务公司，而且还向社会有偿提供保安服务。

2003年3月18日下午，检查组检查了在市广电局从事保安工作的人员。这些人员全部来自市某物业有限公司，共有8~9人。这些人员身着由公司统一配备的与2000式保安服标准不符的迷彩制服，既无帽徽、领章、肩章，又无胸徽、臂章、领带等，只有胳膊上套着"纠察"字样的袖章。一名正忙于疏导院内交通的小伙子说，他是某物业招聘而来的，在这里从事保安工作，其工作就是充当门卫，疏导院内交通，维护大楼内外安全。据了解该小伙家在农村，初中毕业后就跑到外边打工了，这是他干过的第六种职业。

检查组又检查了在卫东区政府门口值勤的工作人员，只见工作人员身着便装，胸卡上写着"××物业"字样。据了解该工作人员是市某物业有限公司的工作人员，也是从农村来城里找工作，看到了物业招聘门卫的广告，就应聘当上了门卫。

检查组还检查了一些宾馆、商场、饮食、娱乐场所，发现擅自组织人员着保安装执行保安任务的现象很普遍。而关于这些保安的应聘条件，根据检查组的了解一般只有年龄限制和身高要求，学历文凭一般不作要求，也没有专业培训。

目前"黑保安"危害性极大。一些单位及个人未经公安机关批准，擅自雇佣"看场员"、"巡场员"、"护卫员"或"守门员"，却称之为"保安员"，有的保安员甚至充当了私人的打手或保镖的角色。近年来，平顶山市已发生了多起"黑保安"殴打群众、非法搜身等侵犯公民合法权益的案件，还有一些单位自建保安组织，不仅招募一些未经公安机关培训的所谓"保安员"，还面向社会提供保安服务，严重扰乱了保安服务业的正常管理秩序，给人民群众的人身和财产安全造成了很大程度的威胁。

据了解，平顶山市经公安机关批准，组建的保安服务单位只有市公安局保安支队及所属县（市）区的保安大队。他们成立 10 年来，先后为 510 余家企业单位提供服务，保安守护的资产总值有 3500 多亿元，现已真正成为公安机关维护社会治安的重要辅助力量。

【温馨提示】

所谓保安，即要保一方安全。非法组建的"黑保安"、"假保安"却往往名不副实，甚至对公民的生命财产安全造成了隐患。保安市场的混乱情形使保安行业声誉受损，而保安组建的制度化、规范化是行业兴旺发达的基石。因此河南省出台了《社会保安服务业务管理规范》，对"黑"、"假"保安进行整顿和规范。2009 年 9 月 28 日国务院通过《保安服务管理条例》，从保安从业公司、保安员、保安服务、保安培训单位、监督检查、法律责任等方面，全面规范保安服务活动，加强了对从事保安服务的单位和保安员的管理，给保安套上了"紧箍咒"，使其真正成为公民人身财产安全的保护神。

【法条链接】

国务院《保安服务管理条例》

第三条 国务院公安部门负责全国保安服务活动的监督管理工作。县级以上地方人民政府公安机关负责本行政区域内保安服务活动的监督管理工作。

保安服务行业协会在公安机关的指导下，依法开展保安服务行业自律活动。

第四条 保安服务公司和自行招用保安员的单位（以下统称保安从业单位）应当建立健全保安服务管理制度、岗位责任制度和保安员管理制度，加强对保安员的管理、教育和培训，提高保安员的职业道德水平、业务素质和责任意识。

第五条 保安从业单位应当依法保障保安员在社会保险、劳动用工、劳动保护、工资福利、教育培训等方面的合法权益。

第三十六条 公安机关应当指导保安从业单位建立健全保安服务管理制度、岗位责任制度、保安员管理制度和紧急情况应急预案，督促保安从业单位落实相关管理制度。

保安从业单位、保安培训单位和保安员应当接受公安机关的监督检查。

第三十七条 公安机关建立保安服务监督管理信息系统，记录保安从业单位、保安培训单位和保安员的相关信息。……

第四十一条 任何组织或者个人未经许可，擅自从事保安服务、保安培训的，依法给予治安管理处罚，并没收违法所得；构成犯罪的，依法追究刑事责任。

3. 解读土地承包法

全面建设农村小康社会，繁荣农村经济，必须坚持不懈地增加农民收入，加快农村剩余劳动力转移，推进城镇化进程。保证这些政策措施的贯彻落实，需要稳定的发展环境、宽松的就业环境、良性的生态环境。从 2003 年 3 月 1 日起开始实施的《中华人民共和国农村土地承包法》（简称《农村土地承包法》）为保持农村土地承包关系的稳定，促进农业发展和农村稳定提供了法律保证。

据河南省平顶山市农业局农经站站长张占兴介绍，平顶山市辖 4 县、2 市、4 区，94 个乡（镇），2600 多个行政村，97.1 万农产，377.9 万农业人口，总耕地面积 374.6 万亩，人均不足 1 亩。土地问题历来是农民关心的热点和焦点问题。平顶山市的土地承包工作始于 1996 年，到 2002 年税费改革前基本结束。与全国、全省相比，平顶山市的土地承包工作具有起步早、时间跨度大、取得的成绩非凡等特点。但也有不少遗留问题。让《农村土地承包法》为农民"保驾护航"，就有必要对它进行深入细致的了解，以下通过几个小案例对焦点内容进行解读。

焦点一：承包期内不得随意调整承包地

2002 年 4 月，平顶山市某县一个村的党支部书记以全村 2 / 3 群众愿意调整承包地为由，强行将全村土地进行了一次调整。这种做法是错误的。

平顶山市农业局农经站站长张占兴说，《农村土地承包法》第二十七条第一款规定，"承包期内，发包方不得调整承包地"，这是一个基本原则。那么，哪种情况下发包方可以进行个别调整呢？《农村土地承包法》第二十七条第二款规定："承包期内，因自然灾害严重毁损承包地等特殊情形，对个别农户之间承包地和草地需要进行适当调整的，必须经本集体经济组织的村民会议三分之二以上成员或者三分之二以上村民代表的同意，并报乡（镇）人民政府和县级人民政府农业行政主管部门批准。"这里要注意以下几个问题：一是只有出现自然灾害严重毁损承包地等特殊情况，才允许按照规定进行个别调整。至于什么是特殊情况，必须严格依法作出解释，由县级以上农业行政主管部门掌握，发包方不得随意自行解释。二是法律允许的调整只限在全村范围内打乱承包地进行重新分配、承包。三是允许调整只限于耕地和草地，不包括林地。四是进行个别调整必须坚决遵循法律规定的程序，首先必须经本集体经济组织成员的村民会议三分之二以上成员或者三分之二以上村民代表的同意，然后报乡（镇）人民政府批准后，再报县级人民政府农业行政主管部门批准。

承包期内不得调整承包地是一项基本的原则规定，《农村土地承包法》的立法精神是鼓励在承包期内不调整承包地。第二十七条第二款虽然允许依法进行个别调整，但那主要是为解决发生自然灾害等特殊情况下个别农户失去土地、生活缺乏保障的问题，并不是要鼓励进行调整。该案例中既无自然灾害严重毁损承包地等情由，也没有严格按程序办事，此事发生在《农村土地承包法》正式实施前，定性为严重违反政策行为，给予撤职处分，如果发生在 3 月 1 日《农村土地承包法》正式颁布实施之后，即构成违法，要承担相应的法律责任。

焦点二：承包期内不得随意收回承包地

郏县某村一男青年因考上大学，后因工作安排，户口迁入平顶山市，成为非农业户口，其所在的村民组要将该青年原来的承包地收回。该村民组的做法是违法的。

市农业局农经站站长张占兴指出：我国现行的土地承包经营制度是以家庭为单位的承包，家庭中个别成员的变动不影响原来的土地承包关系。根据《农村土地承包法》规定，除了符合第二十六条第三款规定和全家消亡的，"承包期内，发包方不得收回承包地"。那么，什么情况下发包方可以收回承包地呢？

根据《农村土地承包法》第二十六条第三款的规定，承包期内承包方全家迁入设区的市，并转为非农业户口的，应当交回承包的耕地和草地。承包方不交回的，发包方可以收回。由于林地的生长周期长，为保护植树造林的积极性，本法规定，承包林地的农民全家迁入设区的城市后，可以根据《农村土地承包法》的立法精神，对于收回农村的承包地，应当从严掌握。实际工作中应当注意三个问题：一是第二十六条第三款规定的两个条件必须同时得到满足，即承包方全家迁入设区的市，并且转为非农业户口，承包方不是全家迁入的或者全家迁入未设区的市和小城镇的，或者全家进入设区的市但未转为非农业户口的，都不能满足上述要求，因而不能收回其承包地。本案例中该青年考上大学，户口迁入平顶山市（平顶山是设区的市），虽然已经成为非农业户口，但不是全家迁入，因而不能收回承包地。二是同时满足两个条件的，承包方才有义务将承包的耕地或草地交回发包方。三是承包方如果不主动交回承包地，发包方可以收回其承包的耕地和草地。这是赋予发包方有收回的权利，发包方当然可以不行使这项权利，不要求收回承包地，而是由承包方进行土地承包经营权流转。承包期内，承包方全家进入小城镇落户的（这里所说的小城镇，包括县级市、县人民政府驻地镇以及县以下小城镇），承包方如果愿意保留自己的土地承包经营权，发包方应当尊重承包方的意愿予以保留；承包方如果不能或者不愿意耕种承包地，希望进行土地承包经营权流转的，发包方应当允许承包方依法采取转包、转让、出租、入股等方式，将其土地承包经营权流转给别人；当然，如果承包方愿意将承包地交回的，发包方应当接受，另行安排承包。

焦点三：土地使用权流转须遵循平等协商、自愿、有偿原则

某乡为了搞农业开发，连片发展苗木生产，强行将属于一个村三个组的 1000 亩耕地从农民手中收回，统一承包给一个农业开发公司经营，引起群众上访。该流转无效。

张占兴说，《中共中央关于做好农户承包地使用权流转工作的通知》（中发［2001］18 号）明确提出要在稳定家庭承包经营制度的前提下，按照依法、自愿、有偿的原则，规范农村土地承包经营权流转。《农村土地承包法》把中央提出的农村土地承包经营权流转原则进一步明确为："土地承包经营权流转应当遵循平等协商、自愿、有偿原则，任何组织和个人不得强迫或者阻碍承包方进行土地承包经营权流转；不得改变土地所有权的性质和土地的农业用途；流转的期限不得超过承包期的剩余期限；受让方须有农业经营能力；在同等条件下，本集体经济组织成员享有优先权。"因此，乡政府在土地使用权流转前应与农户平等协商，在农户自愿的情况下，才能进行土地流转，《农村土地承包法》第五十七条规定："任何组织和个人不得强迫或阻碍农民流转土地承包经营权。强迫承包方进行土地承包经营权流转的，该流转无效。"

土地承包经营权采取转包、出租、互换、转让或其他方式流转，当事人双方应当签订书面合同（第二十七条），农村土地承包经营权的登记管理工作应依《农村土地承包法》第十一条规定，由县级以上地方人民政府农业、林业行政主管部门依据各自的职权具体办理。

焦点四：农村土地承包，妇女与男子享有平等的权利

鲁山王女士 1990 年出嫁后一直居住在娘家，且户口也在娘家，1996 年，该女士所在的村进行第二轮土地承包时，以该女士已出嫁为由，不分给该女士承包地。

据调查，侵害妇女土地承包权益的现象主要表现在以下几个方面：其一，承包过程中明显违反法律规定，歧视妇女，忽视妇女的权益。特别是有的以"村规民约"规定或以三分之二以上群众同意为借口，违反法律规定，侵害妇女的合法权益；其二，剥夺出嫁、离婚、丧偶妇女的土地承包经营权；其三，集体经济组织分配利润等时侵犯妇女应当享有的土地权益。

《农村土地承包法》在总则第六条作出了原则性规定："农村土地承包，妇女与男子享有平等的权利。承包中应当保护妇女的合法权益，任何组织和个人不得剥夺、侵害妇女应当享有的土地承包经营权。"为保护出嫁、离婚、丧偶妇女的土地承包经营权，《农村土地承包法》第三十条又作了专门规定："承包期内妇女结婚，在新居住地未取得承包地的，发包方不得收回其原承包地；妇女离婚或丧偶，仍在原居住地生活或者不在原居住地生活但新居地未取得承包地的，发包方不得收回其原承包地。"

根据以上规定，该案例涉及该女士婚后一直居住在娘家，其户口也在娘家，其婆家不可能分给其承包地，该女士所居住的娘家第二轮承包时，应该分给该女士承包地。

焦点五：土地承包关系能否继承情况有三

郏县有一个 3 口之家（丈夫、妻子、儿子），妻子因病去世，妻子的父母要求继承女儿生前的承包地。

张占兴说，关于土地承包经营权能否继承的问题，《农村土地承包法》分三种不同情况。

第一，家庭承包的土地承包经营权不发生继承问题。该法第十五条规定："家庭承包的承包方是本集体经济组织的农户。"即集体经济组织内部人人有份的家庭承包是以户为生产经营单位进行承包的，所以家庭承包取得的土地承包经营权就归这一户农民所有，家庭的某个或部分成员死亡的，承包土地的土地承包经营权仍归这一户农户所有，土地承包经营权不发生继承问题。家庭成员全部死亡的，土地承包经营权消亡，即承包地不允许继承，由发包方收回承包地。

第二，承包人应得的收益可以依法继承。《农村土地承包法》第三十一条规定："承包人应得的承包收益，依照继承法的规定继承。"即在承包期内，承包人死亡的，其依法应获得的承包收益，按照《继承法》的规定可以继承。这里的"承包人"指的是承包户的家庭成员。具体包括两种情况：一是承包期内，家庭成员之一死亡的，其承包的土地按规定仍由该户其他成员耕种，但该成员依法应得的承包收益属于其遗产，应当按照《继承法》的规定继承。另一种情况是，在承包期内，承包户的家庭成员全部死亡的，该户的承包地由发包方依法收回，但其应得的承包收益，可以依法继承。

第三，林地的承包人死亡后可以继承承包。关于林地能否继承问题，《农村土地承包法》第三十一条第二款规定："林地的承包人死亡，其继承人可以在承包期内继续承包。"考虑到林地投资周期长、见效慢等特点，《农村土地承包法》在许多方面将林地与耕地、草地区别对待，这是符合实际的。因此，该法规定，林地的承包人死亡的，其继承人在承包期内可以继续承包。主要指家庭承包的林地，在家庭成员全部死亡后，最后一个死亡的家庭成员的继承人在承包期内可以继续承包，直到承包期满。

所以，上述该案例中妻子因病去世后，该承包户依然存在，其耕种的承包地不存在继承问题，应由其丈夫和独生子继续耕种，不应由其父母继承。

【温馨提示】

毛泽东说"谁赢得农民就能赢得中国，解决了土地问题就能赢得农民。"可见土地问题的重要性，也指出了农民与土地的密切关系。土地是农民赖以生存和发展的最基本的生产资料，也是发展农业所需要的最基本的生产要素。此次《农村土地承包法》的颁布实施，用法律的形式对农村土地承包中涉及的流转、继承等重要问题作出规定，促进农业发展，保持农村稳定。此法的实施为亿万农民的切身利益"保驾护航"，对我国"三农"问题的解决亦是意义深远。

【法条链接】

《中华人民共和国农村土地承包法》

第二十六条 承包期内，发包方不得收回承包地。

承包期内，承包方全家迁入小城镇落户的，应当按照承包方的意愿，保留其土地承包经营权或者允许其依法进行土地承包经营权流转。

承包期内，承包方全家迁入设区的市，转为非农业户口的，应当将承包的耕地和草地交回发包方。承包方不交回的，发包方可以收回承包的耕地和草地。……

第二十七条 承包期内，发包方不得调整承包地。

承包期内，因自然灾害严重毁损承包地等特殊情形对个别农户之间承包的耕地和草地需要适当调整的，必须经本集体经济组织成员的村民会议三分之二以上成员或者三分之二以上村民代表的同意，并报乡（镇）人民政府和县级人民政府农业等行政主管部门批准。承包合同中约定不得调整的，按照其约定。

第三十条 承包期内，妇女结婚，在新居住地未取得承包地的，发包方不得收回其原承包地；妇女离婚或者丧偶，仍在原居住地生活或者不在原居住地生活但在新居住地未取得承包地的，发包方不得收回其原承包地。

第三十一条 承包人应得的承包收益，依照继承法的规定继承。

林地承包的承包人死亡，其继承人可以在承包期内继续承包。

第三十三条 土地承包经营权流转应当遵循以下原则：

（一）平等协商、自愿、有偿，任何组织和个人不得强迫或者阻碍承包方进行土地承包经营权流转；

（二）不得改变土地所有权的性质和土地的农业用途；

（三）流转的期限不得超过承包期的剩余期限；

（四）受让方须有农业经营能力；

（五）在同等条件下，本集体经济组织成员享有优先权。

4. 单位贿赂追刑责

春节前后，一些部门、单位往往为了本部门、本单位的利益，向上级部门或相关单位行贿。同时，一些部门、单位接受下级部门或相关单位的贿赂。殊不知，行贿（受贿）数额较大的有可能触犯刑律，被追究刑事责任。

单位行（受）贿也能构成犯罪。

为了部门、单位利益，给上级部门、相关单位或个人行贿算不算违法？因工作关系，上级部门、相关单位收取下级部门或相关单位的贿赂，并且是为了给本单位或部门的职工办好事，会不会被追究刑事责任？

针对以上问题，平顶山市检察院反贪局副局长秦承军说，根据我国《刑法》的有关规定，对上级部门或相关单位行贿，或者接受下级部门、相关单位的贿赂，数额较大的不仅会触犯刑法，而且有关责任人将被追究刑事责任。

以下将介绍几起单位贿赂的案例：

2000年6月8日，贵阳市路灯所取得了贵阳市贵开路高架桥、大营坡立交桥道路照明施工承建资格，路灯所原代理所长纪帅代表单位与辽宁省鞍山市某照明器材厂签订了一笔价值300多万元的路桥护栏灯购销合同。之后，照明器材厂业务员李某代表厂方送给路灯所39万元回扣。纪帅为使这笔款项合法化，要求双方签一份"安装协议"。接着，路灯所将实收的36.3万余元用于职工旅游及福利发放，支出凭证交回照明器材厂，不在路灯所入账。贵阳市检察机关根据群众举报，以单位受贿罪对纪帅进行立案侦查，并提起公诉。贵阳市南明区法院审理该案后认为，路灯所作为国有事业单位，在经济活动中违反财经制度，在账外暗中收受相关业务单位的回扣，用于单位开支，情节严重；被告人纪帅作为单位负责人，直接经手实施该犯罪行为，其行为应以单位受贿罪论处。2003年6月，贵阳市南明区法院以单位受贿罪对贵阳市路灯所判处罚金39万元；判处被告人纪帅有期徒刑三年，缓刑三年。

1994年至1998年5月间，广西银兴实业发展公司（国有公司）为获取南宁市江南停车购物城工程和广西民族宫工程等项目的建设权，及压低工程用地的土地出让金、获取银行贷款等不正当利益，经银兴实业发展公司总经理、法定代表人周某决定，以付购地款、购钢材款等名义，用公款先后多次向时任广西壮族自治区党委副书记、自治区人民政府主席的成克杰及其情妇李平行贿共折合人民币3800多万元。成克杰案发后，检察机关以单位行贿罪对广西银兴实业发展公司及银兴实业发展公司总经理、法定代表人周某立案实施侦查，并提起公诉。南宁市中级人民法院在依法审理后认为，广西银兴实业发展公司为谋取不正当利益，经其法定代表人周某决定，用单位资金向国家工作人员及其同伙行贿款物，数额特别巨大，情节特别严重，其行为触犯《刑法》，已构成单位行贿罪，判处广西银兴实业发展公司罚金800万元，判处被告人广西银兴实业发展公司法定代表人周某有期徒刑5年。

查办单位贿赂犯罪都有哪些立案标准？

据河南省平顶山市检察院检察长闫河川介绍，所谓的单位贿赂犯罪具体包括三个罪名：单位受贿罪、介绍贿赂罪和单位行贿罪。最高人民检察院在《最高人民检察院关于人民检察院直接受理立案侦查案件立案标准的规定》中，对单位受贿罪、介绍贿赂罪和单位行贿罪三个罪名作了明确规定：

单位受贿罪是指国家机关、国有公司、企业、事业单位、人民团体，索取、非法收受他人财物，为他人谋取利益，情节严重的行为。国家机关、国有公司、企业、事业单位、人民团体，在经济往来中，在账外暗中收受各种名义的回扣、手续费的，以单位受贿罪追究刑事责任。涉嫌下列情形之一的，检察机关应予立案：1.单位受贿数额在10万元以上的；2.单位受贿数额不满10万元，但具有下列情形之一的：（1）故意刁难、要挟有关单位、个人，造成恶劣影响的；（2）强行索取财物的；（3）致使国家或者社会利益遭受重大损失的。

介绍贿赂罪是指向国家工作人员介绍贿赂，情节严重的行为。主要是指在行贿人与受贿人之间沟通关系、撮合条件，使贿赂行为得以实现的行为。介绍贿赂罪在主管方面属于故意，即明知是在为受贿人或者行贿人牵线效劳，促成贿赂交易。在客观方面表现为行为人在行贿人和受贿人之间联系、沟通关系、引荐、撮合，促使行贿与受贿得以实现的行为。涉嫌下列情形之一的，应予立案：1.介绍个人向国家工作人员行贿，数额在2万元以上的；介绍单位向国家工作人员行贿，数额在 20 万元以上的；2.介绍贿赂数额不满上述标准，但具有下列情形之一的：（1）为使行贿人获取非法利益而介绍贿赂的；（2）3 次以上或者为 3 人以上介绍贿赂的；（3）向党政领导、司法工作人员、行政执法人员介绍贿赂的；（4）致使国家或者社会利益遭受重大损失的。

单位行贿罪是指为谋取不正当利益，给予国家机关、国有公司、企业、事业单位、人民团体以财物，或者在经济往来中，违反国家规定，给予上述单位各种名义的回扣、手续费的行为。涉嫌下列情形之一的，应予立案：1.个人行贿数额在 10 万元以上、单位行贿数额在 20 万元以上的；2.个人行贿数额不满 10 万元、单位行贿数额在 10 万元以上不满 20 万元，但具有下列情形之一的：（1）为谋取非法利益而行贿的；（2）向 3 个以上单位行贿的；（3）向党政机关、司法机关、行政执法机关行贿的；（4）致使国家或者社会利益遭受重大损失的。

单位贿赂犯罪应负哪些刑事责任？

关于单位贿赂犯罪的处罚，《刑法》采取双罚制，既对单位判处罚金，又对其直接负责的责任人员和其他直接责任人员判处刑罚，其目的是为了加大对贪污贿赂犯罪的打击力度。《刑法》第三百八十七条规定：国家机关、国有公司、企业、事业单位、人民团体，索取、非法收受他人财物，为他人谋取利益，情节严重的，对单位判处罚金，并对其直接负责的主管人员和其他直接责任人员，处五年以下有期徒刑或者拘役。

【温馨提示】

自然人行贿受贿属于违法犯罪已是众所皆知，殊不知单位也可以成为贿赂犯罪的主体。《刑法》第三百八十七条、三百九十一条和三百九十三条分别就"单位受贿罪"、"对单位行贿罪"、"单位行贿罪"三个罪名进行了规定。现实中，单位为了本单位的利益行贿，或者单位接受贿赂，都将依法承担刑事责任。单位直接负责的主管人员和其他直接责任人员也将依法受到处罚。单位贿赂犯罪危害性大、涉及面广，《刑法》双罚制的目的就是为了加强对其的处罚力度。了解单位贿赂犯罪，有利于我们准确辨识此类犯罪行为，以便有效地预防此类犯罪，并积极与此类犯罪行为作斗争。

【法条链接】

《中华人民共和国刑法》

第三百八十七条 国家机关、国有公司、企业、事业单位、人民团体，索取、非法收受他人财物，为他人谋取利益，情节严重的，对单位判处罚金、并对其直接负责的主管人员和其他直接责任人员，处五年以下有期徒刑或者拘役。前面所列单位在经济往来中，在账外暗中收受各种名义的回扣、手续费的，以受贿论处，依照该条的规定处罚。

第三百九十一条 为谋取不正当利益，给予国家机关、国有公司、企业、事业单位、人民团体以财物的，或者在经济往来中，违反国家规定，给予各种名义的回扣、手续费的，处三年以下有期徒刑或者拘役。单位犯前款罪的，对单位判处罚金，并对其直接负责的主管人员和其他直接责任人员，依照前款的规定处罚。

第三百九十二条 向国家工作人员介绍贿赂，情节严重的，处三年以下有期徒刑或者拘役。介绍贿赂人在被追溯以前主动交待介绍贿赂行为的，可以减轻或者免除处罚。

第三百九十三条 单位为谋取不正当利益而行贿，或者违反国家规定，给予国家工作人员以回扣、手续费，情节严重的，对单位判处罚金，并对其直接负责的主管人员和其他直接责任人员，处五年以下有期徒刑或者拘役。因行贿取得的违法所得归个人所有的，依照本法第三百八十九条、第三百九十条的规定定罪处罚。

5. "假日腐败" 待规整

原河南省平顶山市西区五七集团总经理吕某行贿案案发前珍藏着一个记录本，上面记满了他给人行贿的一些情况。当年承办此案的平顶山市检察机关一名检察官指出，善于投机钻营的吕某案发前的几年中，常常在节日前后往有关领导家里"跑"，他常说这样一句话："过节了，表示点'心意'。"于是乎，名烟名酒、金银首饰甚至现金都成了他给一些领导表示"心意"的礼品。

现实生活中，利用节假日表示"心意"的并不止吕某一个人，既然有人"表示"，也就派生出了"笑纳"之人。如此这样，就出现了这样一种行为：假日腐败。

好不容易盼来了一个节假日，好好放松一下，全家人聚一聚，这是很多普通老百姓的心里话。但是，对于节假日，还有一些人想的既不是亲朋相聚，享受天伦之乐，也不是要走出拥挤的都市，去饱尝自然风光，享受大自然的沐浴，他们琢磨的是公家的金库，领导的家门，大款的钱袋子。这部分人就是"假日腐败"的制造者。

根据近年来检察机关查办案件的情况，平顶山市检察院检察长段玉良把"假日腐败"分为以下几种类型：

吃喝腐败。段玉良说，过去缺吃少穿的年代里，老百姓招待客人有句话叫做"亲不亲碗里分"，现在可以改为"亲不亲酒里分"。"感情铁，喝出血"、"感情深，一口闷"是对眼下酒场上"酒文化"的真实写照。因为有了"酒"这个感情沟通的媒介，于是便有了节假日期间你请我、我请你的吃喝腐败。谈到吃请就要分个谁请谁，依据这个标准，节假日吃喝腐败分为：1. 受请型。受请者自然是那些手中握有审批权、检查权、验收权的部门领导，那些被权力制约的企业老板、公司经理和部门下属，几乎都会在这个时候请掌权者"聚"一下。这种请，表面上看是请客单位出钱，其实，最后还是被请者用手中的"优惠政策"、"特别审批"等隐性的"钱"付账。2. 互请型。一些权力互相并不制约但可以互相"利用"的单位,往往也借节假日互相"走动",你请我,我请你,拿公家的钱,加深个人的"感情"。请来请去,请者和被请者之间的"感情"深了,日后办起私事来都便利。3. 自请型。一些有钱尤其是有"小金库"的部门的干部节假日总要联欢一下,第一是解解嘴馋,第二可以表现部门领导对部属的关心,密切上下级关系,增加"凝聚力"。

公款旅游。节假日里出外走一趟,放松一下紧张的工作气氛,本是件好事,但现实生活中,一些旅游、考察的"味道"变了。一些有求于他人的人开始在长假期间,把眼光放在领导或管理部门身上,邀请上级领导或管理部门人员外出"考察",取悦领导或者上级部门,达到自己投机的目的。于是一些掌权者不仅对出外旅游乐不思返,甚至还携妻带子,举家旅游。为了讨得受邀者的"欢心",一些邀请者还会给被邀请者准备这样或那样的"纪念品"。原汝州市市长徐某就曾和家人一起应邀外出旅游,并接受邀请者的贿赂,给自己添了一条罪状。还有一些有权的单位或上级部门自己"主动"组织旅游活动,费用摊派给下属单位及有关企业报销。有些距风景区较近的基层单位每逢节假日,领导干部和部分服务人员就无法放假,一拨接一拨地接待上级领导机关和各种关系单位,别人放假休息,他们却忙得不亦乐乎。

滥发(送)钱物。每逢佳节,不少单位以节日消费为名,给干部职工滥发福利、奖金、纪念品或者代金券(卡)。近年来,尽管有关部门三令五申禁止印售购买各种代币购物券(卡),但还是没有彻底禁绝。"不知道该给你们送啥好,给几张票(代金券)自己看着买吧。"一些单位或个人不送钱,不送物,过节给掌权者送上几张代金券。

送礼成风。一是借机用公款联络感情,二是买官卖官。说白了实际上就是变相行贿。1998年春节期间,湖南省国土测绘局向该省党政机关149人赠送礼金礼物,其中绝大多数是处级以上干部。少数贪官在节日里趁机大肆收受"红包",有的在节假日前放出风来,节后要调整干部。于是，一些人节假日期间争相送礼，以图提升或保住现有的"肥差"。广西的甘某，从1994年至1998年，每年春节都要给成克杰的情妇送钱，少则2万元，多则5万元。每送一次，他都升一次官，直升到广西自治区政府副秘书长的职位。一些企业或个体商户，也经常利用节假日给有关领导送"红包"。平顶山市检察机关查处的一名犯罪嫌疑人近年来先后在节日期间收受他人送的"红包"，合计金额达数万元。还有个别干部以给他人送"红包"为名，趁机贪污。1996年春节前，广东阳春市原市委书记严某以过年发奖金和春节慰问为名，将市政府的3万元人民币和20万元港币占为己有；1997年春节前，又以春节慰问需要资金为由，向该市交通局局长刘某索要现金20万元。

此外，赌博、嫖娼等腐败行为在节假日也较为集中。个别干部在外出旅游时把赌钱作为娱乐节目，有的基层单位组织出游时用公款给领导或机关干部当赌资。有的干部因此染上赌博恶习。湖北省政府原驻港办事处主任金某起初打麻将是为了打发空闲时间，后来便从"游戏"发展为赌博。节假日，频频光顾赌场，甚至到澳门去赌，最终走上犯罪道路。

"节假日期间派生出来的种种腐败已成为一些领导干部走上犯罪道路的'开端'。"平顶山市检察院反贪局局长张建民说。"假日腐败"具有较大的腐蚀性。

一是有温情保护。一些别有用心的人考虑到平时给领导送钱送物有贿赂之嫌，于是便挑选重大节日登门拜访，将贿赂说成是人之常情，少数领导干部竟然认为不收会叫人家面子上难看，会伤感情，因而毫无愧色地收下贿赂。张建民说，从平顶山市检察机关近年来查办的不少贿赂案件中，可以发现这样一个共性，行贿者有意选择节假日送礼，这样行贿者和受贿者似乎都有了合理的借口。市检察院去年查办的某局负责人在案发后分析自己犯罪原因时说："我原想过节了，他们（指行贿人）来看看我，这是人之常情，却没有想到在不知不觉中犯下了大错。"

二是相对集中。国家实行节日放长假本是件好事，可少数干部却把这个长假当做公款旅游、公款吃喝玩乐、公款送礼的机会，集中这段时间搞腐败。还有些人认为节假日期间，监督部门、主管部门都放假，无人监督，便肆无忌惮地寻欢作乐，违法乱纪。上述种种原因，导致某些腐败现象集中发生在节假日期间，使节假日成为不正之风的高发期。

三是"理由"充分。有些人为了某种私利，感到直接送钱太露骨，平时不敢贸然行贿，于是选择节假日，以拜年等名义，送上礼品。这个时间送钱送物，收礼者也感到收得体面，花得安全，容易接受，皆大欢喜。正如一贪官所言："春节送给我好讲些，我也好接受些。"一些平时对送礼行贿者保持警惕的干部，此时在一派喜庆祥和的气氛中容易放松警惕，收下贺礼以致被人家套牢。河南省交通厅原厅长张某犯罪受贿就是从春节收"红包"开始的。1992年春节前后，时任省建设厅副厅长的张某收受了某县自来水公司经理3000元的"小意思"，从此便越收越厉害，越收越胆大，直至成为大贪官。安徽省阜阳市原市长肖某的妻子说他外孙每年至少有5万元的压岁钱。还有一些贪官以给职工发福利为名索贿贪污。1996年春节前后，平顶山市原西区五七集团总经理吕某以给职工发年货为由，将其他企业还的20万元欠款留下不入账，最后占为己有就是一个例子。

张建民说，从假日腐败涉及的单位看，不仅国有企业有，一些行政事业单位也有；从假日腐败的人员看，可以说遍及各个层次，既有成克杰、胡长清之类的高官，也有基层的普通干部。我们曾对平顶山市检察机关近几年查办的百余起经济犯罪案件作过分析，绝大多数贪官在节假日期间搞过腐败，相当数量的贪官最初接受贿赂是在节假日期间。至于贪官节假日期间公款旅游，接受他人邀请旅游、吃喝等，涉及的人员就更多。

平顶山市检察院副检察长张业纲说，"假日腐败"的最大危害就是不少领导干部心安理得的从众性。他说，近年来，由于受一些不良社会风气影响，每逢佳节来临，一些手里有点儿权、账上有点钱的部门和单位，都要按"惯例"上下打点，左右串联，而平时比较本分的人，眼看着别人都"动"了起来，就经不住影响，也纷纷下水"动"了起来。因而，节假日里，违反原则的礼尚往来非常普遍，其牵扯面之广，涉及人员之多，都比平日里成倍增长。

【温馨提示】

如今，"假日腐败"已成为腐败的一大特色。"廉不廉，看过年；洁不洁，看过节。"节日已成为领导干部是否廉洁的一大考验。究其原因，一方面"假日腐败"有着更大的诱惑力，另一方面就是对手中有权的单位部门的领导监督制约不力。管好了"权"，腐败就少了，当权钱"交易活动"中，权不能作为资本交易时，谁还会拿钱来"投资"？掌权者也要想一想，行贿者难道愿意白白给你送礼吗？不要在节假日因为一时贪心而"乐极生悲"。

【法条链接】

《中华人民共和国刑法》

第三百八十五条 国家工作人员利用职务上的便利，索取他人财物的，或者非法收受他人财物，为他人谋取利益的，是受贿罪。

国家工作人员在经济往来中，违反国家规定，收受各种名义的回扣、手续费，归个人所有的，以受贿论处。

第三百八十六条 对犯受贿罪的，根据受贿所得数额及情节，依照本法第三百八十三条的规定处罚。索贿的从重处罚。

第三百八十三条 对犯贪污罪的，根据情节轻重，分别依照下列规定处罚：

（一）个人贪污数额在十万元以上的，处十年以上有期徒刑或者无期徒刑，可以并处没收财产；情节特别严重的，处死刑，并处没收财产。

（二）个人贪污数额在五万元以上不满十万元的，处五年以上有期徒刑，可以并处没收财产；情节特别严重的，处无期徒刑，并处没收财产。

（三）个人贪污数额在五千元以上不满五万元的，处一年以上七年以下有期徒刑；情节严重的，处七年以上十年以下有期徒刑。个人贪污数额在五千元以上不满一万元，犯罪后有悔改表现、积极退赃的，可以减轻处罚或者免予刑事处罚，由其所在单位或者上级主管机关给予行政处分。

（四）个人贪污数额不满五千元，情节较重的，处二年以下有期徒刑或者拘役；情节较轻的，由其所在单位或者上级主管机关酌情给予行政处分。

对多次贪污未经处理的，按照累计贪污数额处罚。

6. 行贿犯罪花样多

2003 年 1 月，河南省平顶山市检察院推出了一项主题为"远离假日腐败"的预防职务犯罪活动，检察机关希望通过这项活动，减少和遏制假日期间出现的贿赂犯罪。

平顶山市检察院提供的一项资料显示，2002 年平顶山市检察机关反贪部门共立案 154 件 156 人，其中贿赂案件 42 件 43 人，行贿案件与往年相比呈上升趋势。较为典型的行贿案件有：舞钢市原常务副市长李某行贿 15000 元；平煤集团十三矿原副矿长张某行贿 45 万元；平顶山市某企业驻深圳办事处原副主任高某行贿 30 万元；市司法局原干警归某行贿 15 万元；市第二建筑工程公司原技术员薛某行贿 53900 元等（上述人员均已被判刑）。

平顶山市检察院副检察长邓永康说，检察机关反贪干警在办理行贿案件中发现，行贿者实施行贿犯罪时存在以下三种心理：

趋利心理。行贿者精心选择目标后，想方设法打通关节，建立互利关系，以期今后在经济活动中得到关照，在政治仕途中得到提拔。有的行贿人甚至将此类活动一一记账，平时不露声色以坐等回报，在达不到自己目的时再证据翔实地举报受贿人。在西区五七集团原总经理吕某行贿案中，办案人员在他的住处搜出一个记录本。在这个记录本里，吕某将某年某月某日给某某送了什么礼，记得非常详尽。吕曾经说："现在投资一粒芝麻，日后回报一个西瓜。"真是赤裸裸的交易！

避祸心理。这种心理集中体现在那些暴敛不义之财的人身上，投资铺路，花钱买好。赃款分流是手段，找准靠山，为己免灾是目的。他们希望一旦恶行败露，也会有人暗中为己说情开脱。

从众心理。有些人是被动的行贿者。他们一边埋怨世风日下，一边认为没有投入难办事。在从众心理驱使下认为目前不花钱不办事，肯花钱才成事，花大钱才能办大事，从而导致行贿、受贿的社会恶习不断蔓延。

当然，在司法实践中，由于法律对行贿罪的构成要件有限制性的规定等原因，往往对受贿行为追究刑事责任多，对行贿行为追究刑事责任少。现阶段形形色色的行贿方式和手段不得不引起社会的关注：

关注一："雅贿"成为行贿新名词

随着社会的发展，行贿的内容和方式已不仅局限于财物。行贿方式从过去逢年过节送烟酒、红包，向奉送股份红利、名人字画、美女以及提供免费旅游、出国观光、海外定居、留学担保以致通过牌桌输钱行贿等方式转变。这些方式看起来要"雅致"、"脱俗"得多，且不显山不露水。受贿者接受得"名正言顺"，因而"心安'礼'得"。行贿者和受贿者均心知肚明，心照不宣。理论界把这种新出现的行贿现象称之为"雅贿"。

在所谓的"雅贿"中，行贿者均是煞费苦心，仔细揣摩受贿者的心理，根据其喜好而灵活运用。厦门远华特大走私案中赖昌星把行贿的各种方法发挥得淋漓尽致。厦门海关原副关长接培勇爱好风雅，赖昌星即投其所好，费尽心机从北京购买一套价值 6.8 万元的绝版书籍送到接培勇的家中。"人皆为鱼，我为钓者。游鱼贪食，我则钓之。"这首短诗形象而又深刻地揭露了行贿者与受贿者之间相互利诱、相互利用的关系。

关注二："红包"击倒无数贪污犯

这是一个不容忽视的现象。2002 年 1 月份以来，平顶山市检察机关立案查处贪污贿赂犯罪案件 20 余起，拘留、逮捕犯罪嫌疑人 14 人，其中县处级干部 4 人，发案率为历年来同期最高。据市检察院主管反贪工作的副检察长邓永康介绍，平顶山市检察机关近年来办理的贿赂犯罪案件中，有 90% 以上的犯罪嫌疑人受贿是从过年过节收受"红包"礼品开始，一步一步走上犯罪道路的。我们不得不向当权者发出忠告：过年警惕被"红包"击倒。

"红包"现象的原因之一在于一些党员干部在收受贿赂问题上存在一些模糊的认识。他们认为，过年过节互相送些礼品甚至"红包"，是传统习俗，人之常情，不足为怪。殊不知，那些别有用心者往往将过年过节送礼品、"红包"这种手段作为感情投资，投掌权者所好，赢得掌权者"好感"，一旦时机成熟，便会提出利用你手中的权力为他谋取利益的要求。掌权者因为收了人家的钱财，就容易丧失党性观念，利用手中的权力，为他人谋取不正当利益，并可能由此走上犯罪道路。因此，我们每一个干部，特别是领导干部，春节期间一定要绷紧拒腐防腐的弦，在礼尚往来中保持清醒的头脑，切不可一失足成千古恨。

关于如何制止节日期间的"红包"问题，邓永康提出三项对策：领导干部要不断加强世界观、人生观、价值观的改造，树立正确的权力观，坚持做到不该收的钱物坚决不收，违背原则的事坚决不做；二要全社会共同努力，大家行动起来，形成行贿受贿人人唾弃、人人喊打的社会氛围，坚决铲除行贿、送"红包"的温床；三要有关部门对党员干部特别是领导干部的行为进行有效的监督，使其不敢有贪心、不能收黑钱。

关注三：行贿成为贪官喊冤的借口

当前官员的腐败问题是有目共睹的，如果在网上查询贪污、受贿条目，按下搜索键能查出数十万条相关信息。可是，近来有些贪官竟然频频叫冤，大呼他们受贿是被动的，更进一步说自己是受害者，应该得到从轻处理，其辩解如下：

第一，受贿是被动的。行贿者找上门来，一般是不开门的，最后实在没办法才让他们进家里；进来之后软磨硬泡，推来推去实在没办法，只好收下；更甚的是有时候本人就不知道怎么回事，银行户头上已经给过户上了；陪他们玩玩麻将他们总是故意输，赢得钱没有理由不拿；逢年过节送来的东西，以为是交情好，纯属私人关系，不知道那些东西会那么值钱，早知道肯定上缴。

第二，受贿者是受害者。如果那些行贿者不送怎么会有受贿者，可见是先有行贿后有受贿，行贿是受贿之因，是罪恶的根源，是行贿"促成"了受贿者；另外，家里有个"贪内助"，很多时候，本人不在家，是本人的老婆或是别的女人收的钱，自己是典型的受害者。

真是不说不知道，一说真"奇妙"。我们知道行贿有被动的，还不知道受贿也有被动的，难道说，那些贪官原本都是清廉的，是那些行贿者让他们变成了贪官？难道说女人是祸水，女人决定当官的廉与贪？这等于说苍蝇逐臭，不是物先臭的，是因为苍蝇去逐了，所以它臭了；这等于说，当官的都不能娶老婆，以防被女人拉下水。

可是收受贿赂 238 次的山东省黄金工业局原局长薛某却说，他几天不受贿，心里就"贪瘾"发作，难受得要死；湖南省衡阳市电力局连续三任局长都因贪污受贿被判刑，真是"前'腐'后继"，这又怎么说？难道是"风水不好"吗？贪官们声称受贿是被动的，是被害者，这是贪官们开脱罪责的伎俩，也可能对反腐败造成舍本逐末、避重就轻的不利影响。这只能告诉我们，反腐败任重而道远。

行贿害人又害己。开篇提到的平顶山市的几起行贿案件的被告人，最终都受到了法律的制裁。然而，他们行贿的对象也纷纷落马，同他们有着相同的命运，甚至结果更为严重。检察机关应严肃查处严重行贿犯罪分子，加大对行贿犯罪的打击力度，使涉嫌行贿犯罪的被告人受到法律的制裁，以期从源头上遏制和预防贿赂犯罪。

【温馨提示】

行贿和受贿似一对孪生兄弟，总是如影随形。我们常常不耻受贿者，却往往对行贿者视而不见。司法实践中对行贿追究责任的也比较少，但这并不是说行贿行为没有社会危害性。近年来各种行贿手段层出不穷："雅贿"成为行贿新名词，节日"红包"击倒无数贪污犯，行贿也开始成为贪官们叫屈喊冤的借口。虽然事实上行贿并不能成为贪官们开脱罪责的理由，但我们决不能忽视对行贿行为的打击和处罚。行贿害人又害己，得不偿失；打击行贿不仅能惩处行贿行为，还能遏制和制约受贿行为，行贿不存，受贿焉附？一举两得，何乐而不为？

【法条链接】

《中华人民共和国刑法》

第三百八十九条　为谋取不正当利益，给予国家工作人员以财物的，是行贿罪。

在经济往来中，违反国家规定，给予国家工作人员以财物，数额较大的，或者违反国家规定，给予国家工作人员以各种名义的回扣、手续费的，以行贿论处。

因被勒索给予国家工作人员以财物，没有获得不正当利益的，不是行贿。

第三百九十条　对犯行贿罪的，处五年以下有期徒刑或者拘役；因行贿谋取不正当利益，情节严重的，或者使国家利益遭受重大损失的，处五年以上十年以下有期徒刑；情节特别严重的，处十年以上有期徒刑或者无期徒刑，可以并处没收财产。

行贿人在被追诉前主动交待行贿行为的，可以减轻处罚或者免除处罚。

7. 渎职侵权必严惩

2004 年 5 月以来，最高人民检察院开展查办国家机关工作人员利用职权侵犯人权专项活动。河南省平顶山市检察机关按照最高人民检察院关于进一步加大对国家机关工作人员渎职侵权犯罪案件查办力度的要求，采取多项措施，不断拓展案源，渎职侵权案件立案率、判决率均有较大提高。据平顶山市检察院提供的资料表明，仅 2003 年，全市检察机关共受理渎职侵权案件线索 107 件，依法立案侦查 87 件、111 人，其中重特大案件 23 件，查办涉嫌犯罪的处级领导干部 4 人，通过办案为国家挽回直接经济损失 300 多万元。平顶山市检察院副检察长孙忠民指出，全市检察机关要对被检察机关称作是"不入腰包的腐败"——国家机关工作人员渎职侵权犯罪一查到底，决不姑息。

保障人权，政治腐败

当一些领导干部、国家机关工作人员或是为了政绩"拍脑袋"蛮干，或是制造"豆腐渣工程"致使民怨沸腾，或是漠视人民群众财产安全的时候，即使"钱不进自己腰包"，也会造成重大经济损失。渎职犯罪的实质是损害国家机关的正常职能和公民的人身与财产权利。说到底，它侵犯的是人民群众的最根本利益。平顶山市卫东区交通局原局长单某在公路建设中，玩忽职守，不按设计要求施工，导致出现重大工程质量问题，给国家造成经济损失 93 万余元，引起了当地群众的强烈愤慨。平顶山市检察机关受理此案后，仅用一个月就查明了案件事实，提起公诉后，单某被判处有期徒刑。

人身权利和民主权利是《宪法》规定的公民的最基本权利，加强对侵犯公民人身权利、民主权利案件的查办工作，是《宪法》人权保护原则的要求。平顶山市郏县公安局刑侦二中队原队长叶某，在对一盗窃案件犯罪嫌疑人赵某仅办理留置48小时手续的情况下，将其非法拘禁5天，直至赵某家属交出1000元现金后才将其释放。叶某的行为严重侵犯了公民的人身权利，在当地群众中引起强烈反响。鉴于叶某的特殊身份，平顶山市检察院受案后，立即指定宝丰县检察院立案侦查，使案件迅速突破，提起公诉后，叶某被判处管制6个月。据平顶山市检察院渎职侵权检察处处长徐遂根介绍，2004年5月份以来，全市检察机关以开展"严肃查办国家机关工作人员利用职权侵犯人权犯罪案件专项活动"为契机，突出查办国家机关工作人员渎职造成人民生命财产重大损失的案件，非法拘禁、非法搜查案件，刑讯逼供、暴力取证案件，破坏选举、侵犯公民民主权利案件和虐待被监管人的案件。截至10月底，平顶山市检察机关就立案侦查此类案件8件、17人。

执法犯法，法不容情

行政执法人员不依法行政，甚至执法犯法，严重破坏行政秩序和法律尊严，会给国家和个人造成重大损失。2003年以来，平顶山市共立案侦查行政执法人员涉嫌徇私舞弊、滥用职权等犯罪案件30件、41人。平顶山市湛河区国土资源局地籍股原股长赵某在办理裕财房地产公司土地登记手续时，明知该宗土地已3年没有使用，应依法无偿收回，仍违法为该公司办理了土地使用权证，造成价值132万余元的国有土地流失，致使湛河区柏楼村50多名群众多次集体上访。该案经检察机关查实，赵某已被判刑。

失职渎职，咎由自取

国家机关工作人员不履行、不正确履行或者放弃履行职责，往往致使国家和人民利益遭受重大损失。平顶山市发生的一些重大经济损失和责任事故，多与负有管理职责的国家工作人员失职渎职有密切关系。全市检察机关针对重大经济损失和责任事故，注重加强与有关行业和部门的配合，深挖其背后隐藏的原因，坚决查处渎职犯罪。汝州市粮食局副局长袁某在任职期间，不严格履行分管仓储工作的职责，违反国家有关规定，擅自批准该局某下属企业动用国家政策性粮食8516吨，造成国家经济损失1200多万元。2004年10月汝州市检察院已对此案立案审查。

平顶山市检察院常务副检察长许晓伟说，根据《刑法》和《刑事诉讼法》的规定，由检察机关直接立案侦查国家工作人员职务犯罪案件共有54种，其中国家机关工作人员渎职、侵犯公民人身权利和民主权利的犯罪案件有42种。下一步，全市检察机关要对群众反映强烈的渎职侵权案件挂牌督办，土地征用、城镇拆迁、国有企业改制、制售假冒伪劣食品药品4个领域中渎职侵权案件已经被检察机关重点"瞄准"，严惩渎职侵权的专项活动已进入攻坚阶段。

【温馨提示】

渎职侵权犯罪不仅使公共财产、国家和人民利益遭受重大损失，而且严重损害党和政府的形象及威信。而反渎职侵权犯罪却困难重重：发现难、查证难、处理难、阻力大，"三难一大"使我们看到反渎职工作的艰巨性。最高检察院专门设立了渎职侵权检察厅负责相关案件的侦查、预审工作。各地检察机关也高度重视反渎职侵权，对渎职犯罪进行严厉查处。反渎职侵权事关公民的人身权利、民主权利、国家和人民利益以及国家机关信誉，加强监督和处罚力度刻不容缓。国家机关工作人民滥用职权、玩忽职守、徇私舞弊或者利用职权侵犯公民人身权利、民主权利，妨害国家机关的正常管理秩序、活动秩序之行为必将受到严惩！

《中华人民共和国刑法》

第三百九十七条　国家机关工作人员滥用职权或者玩忽职守，致使公共财产、国家和人民利益遭受重大损失的，处三年以下有期徒刑或者拘役；情节特别严重的，处三年以上七年以下有期徒刑。本法另有规定的，依照规定。

国家机关工作人员徇私舞弊，犯前款罪的，处五年以下有期徒刑或者拘役；情节特别严重的，处五年以上十年以下有期徒刑。本法另有规定的，依照规定。

《中华人民共和国刑事诉讼法》

第十八条　刑事案件的侦查由公安机关进行，法律另有规定的除外。

贪污贿赂犯罪，国家工作人员的渎职犯罪，国家机关工作人员利用职权实施的非法拘禁、刑讯逼供、报复陷害、非法搜查的侵犯公民人身权利的犯罪以及侵犯公民民主权利的犯罪，由人民检察院立案侦查。对于国家机关工作人员利用职权实施的其他重大的犯罪案件，需要由人民检察院直接受理的时候，经省级以上人民检察院决定，可以由人民检察院立案侦查。

8. 超期羁押要杜绝

2003 年 8 月，最高人民检察院印发了《关于开展超期羁押和服刑人员申诉专项清理工作的通知》，要求各级检察机关要彻底清理和纠正检察机关自身存在的超期羁押案件，不允许检察机关再发生新的超期羁押问题。

超期羁押实质是非法拘禁

据河南省平顶山市检察院常务副检察长许晓伟介绍，要彻底杜绝和减少超期羁押现象的发生，必须转变执法观念，落实责任制，树立超期羁押的实质就是非法拘禁的观念，同时，对情节严重构成犯罪者依法追究其刑事责任。

2003年3月12日，平顶山市郏县发生一起炸药、雷管盗窃案，郏县公安局将赵某列为重点嫌疑对象。3月21日晚，该局刑侦七中队中队长叶某等人将赵某带回县公安局询问，并于次日对其办理留置48小时的法律手续，后在一直未办理其他法律手续的情况下，将赵某关押到3月27日才释放。被指定管辖后，宝丰县检察院指控叶某的行为涉嫌非法拘禁罪，向人民法院提起公诉。经审理，宝丰县人民法院近日做出判决，以非法拘禁罪判处叶某管制6个月。

2000年7月4日，河北省邯郸县四中青年教师董玉生被县公安局怀疑为一起杀人案的真凶，在没有任何确凿证据的情况下被刑事拘留。之后，邯郸县公安局仅凭口供和两条不能成立的证据，将董玉生关进邯郸县看守所长达3年。

在发生在福建省泉州市的一起强奸杀人案中，刘某等3名犯罪嫌疑人于1990年被收审。案件历经两次审判均因证据不足被发回重审。现案件仍由当地公安机关补充侦查，而3名被告人仍被关押。

2002年10月30日，62岁的谢俊美被玉林市公安局予以释放。此前，谢俊美已经在看守所中被"拘留"了整整28年零6个月。1974年的一天，谢俊美按生产队的要求到野外寻找据说是敌机散发的反动传单。一个姓曾的民兵营长指证他捡到了传单，让他交出来，而谢俊美坚持说自己没有捡到，于是双方发生了争吵，后来谢被抓了起来。1974年6月24日，由当时的玉林县公安局局长黄足佳签发了刑事拘留证，谢洪武从此开始了28年的拘留生涯……

人生能有几个3年、12年、28年？在这期间，生命经历了怎样的不能承受之重，精神受到了怎样的戕害？一个公民的一辈子也许就因为一次错误的"拘留"而被彻底改变了。

所谓超期羁押是指刑事诉讼中，国家专门机关对涉嫌犯罪者在作出最终裁判前，超过法定期限予以关押，采取剥夺其人身自由权利的强制措施，包括刑事拘留、逮捕至终审裁判前的羁押，其实质是超期的、无理的、违法的未决羁押。我国超期羁押的现状主要表现在拘留后久拖不呈捕、呈捕后久拖不批捕、批捕后久拖不侦结、侦结后久拖不起诉、起诉后久拖不审结，以及超期羁押无依法呈报审批、超期羁押无撤销或变更强制措施、超期羁押当作预支刑事处罚等。

据统计，2001年，全国检察机关对超期羁押提出书面纠正意见6万余人次，但截至当年年底，仍有7000余名犯罪嫌疑人、被告人被超期羁押。透过这组数字，我们不难看出超期羁押现象的严重性和清理超期羁押工作的艰巨性。

法律对羁押时限的规定

为便于接受案件当事人和社会的监督，平顶山市检察院副检察长邓永康就《刑事诉讼法》对犯罪嫌疑人羁押时限的有关规定作出解读。

侦查环节（主要是指公安环节）：对于不需要逮捕、拘留的犯罪嫌疑人，可以传唤，传唤、拘传持续的时间最长不得超过12小时，不得以连续传唤、拘传的形式变相拘禁犯罪嫌疑人；公安机关对被拘留的人，认为需要逮捕的，应当在拘留后的3日以内，提请人民检察院审查批准，在特殊情况下提请审查批准的时间可以延长1日至4日，对于流窜作案、多次作案、结伙作案的重大嫌疑分子提请审查批准的时间可以延长30日；对犯罪嫌疑人逮捕后的侦查羁押期限不得超过两个月。对案情复杂、期限届满不能终结的案件，可以经上一级人民检察院批准延长一个月，有交通十分不便的边远地区的重要复杂案件、重大的犯罪集团案件、流窜作案的重大复杂案件、犯罪涉及面广取证困难的重大复杂案件4条件之一的，经省级检察院批准可以延长两个月。

检察环节：检察院直接受理的案件拘留期限最长不得超过14天；检察院对于公安机关移送起诉的案件，应当在一个月以内作出决定，对重大、复杂的案件可以延长半个月；检察院审查起诉的案件改变管辖的，从改变后的检察院收到案件之日起计算审查起诉期限；对于补充侦查的案件，应当在一个月以内补充侦查完毕，补充侦查以两次为限，检察院重新计算审查起诉期限。

法院环节：法院审理公诉案件，羁押期限是一个月，最迟不得超过一个半月。有交通十分不便的边远地区的重大复杂案件、重大的犯罪集团案件，流窜作案的重大复杂案件、犯罪涉及面广取证困难的重大复杂案件4条件之一的，经省高级人民法院批准，可以再延长一个月。法院二审案件期限与一审相同。

【温馨提示】

刑事诉讼中超期羁押问题一直被视作司法工作的"毒瘤"。超期羁押是指在刑事诉讼中，国家专门机关对涉嫌犯罪者在作出最终裁判前，超过法定期限予以关押，采取剥夺其人身自由权利的强制措施，包括刑事拘留、逮捕至终审裁判前的羁押，其实质是超期的、无理的、违法的未决羁押。纵观犯罪嫌疑人被超期羁押的案例，有的超期羁押长达几十年。试问人生能有几个几十年?在社会主义法律体系日趋完善的今天，实体正义得到了充分的关注，但程序正义亦有待进一步加强。我们呼吁完善相关的刑事诉讼法律规范，提高执法者的业务素质，严格依法办事。

【法条链接】

《中华人民共和国刑事诉讼法》

第六十四条 公安机关拘留人的时候，必须出示拘留证。

拘留后，除有碍侦查或者无法通知的情形以外，应当把拘留的原因和羁押的处所，在24小时以内，通知被拘留人的家属或者他的所在单位。

第六十五条　公安机关对于被拘留的人，应当在拘留后的 24 小时以内进行讯问。在发现不应当拘留的时候，必须立即释放，发给释放证明。对需要逮捕而证据还不充足的，可以取保候审或者监视居住。

第一百三十八条　人民检察院对于公安机关移送起诉的案件，应当在一个月以内作出决定，重大、复杂的案件，可以延长半个月。

人民检察院审查起诉的案件，改变管辖的，从改变后的人民检察院收到案件之日起计算审查起诉期限。

第一百四十条　人民检察院审查案件，可以要求公安机关提供法庭审判所必需的证据材料。

人民检察院审查案件，对于需要补充侦查的，可以退回公安机关补充侦查，也可以自行侦查。

对于补充侦查的案件，应当在一个月内补充侦查完毕。补充侦查以 2 次为限。补充侦查完毕移送人民检察院后，人民检察院重新计算审查起诉期限。

对于补充侦查的案件，人民检察院仍然认为证据不足，不符合起诉条件的，可以做出不起诉的决定。

第一百六十八条　人民法院审理公诉案件，应当在受理后一个月内宣判，至迟不得超过一个半月。有本法第一百二十六条规定情形之一的，经省、自治区、直辖市高级人民法院批准或者决定，可以再延长一个月。

9. "的哥"安全注意多

随着经济的发展，河南省平顶山市的出租车越来越多。据统计，截至 2000 年 9 月，平顶山市的出租车辆已达 1000 余辆。对于出租车司机而言，人与车的安全是一个不容忽视的问题。

一方只有极小的安全系数，一方是受巨额利益的驱动，双方的实力对比如此悬殊，难怪出租车司机成了一些歹徒的猎取目标。当然，如果我们有了足够的防范意识和防范技能，情况就会大不一样。2000年10月26日，平顶山市公安局刑侦支队民警围绕出租车司机和出租车本身的安全做了一系列试验。笔者对此进行了详细记录，希望本文能给出租车司机们带来一些启示与帮助。

启示一：麻醉作案需当心

尽管出租车司机们对"乘客"用麻醉品作案的事时有耳闻，但许多人仍然心存侥幸，认为这种倒霉事并不会轮到自己头上。

2000年10月22日中午，在市区建设路上，两位便衣民警挥手拦了一辆红色"夏利"："去焦店镇矿上"，二人说着就上了车。

途中，两位民警掏出"三五"烟给自己点上，顺手抽出一支递给出租车司机，他连忙摆手道谢，并指了指面前放的"许昌"烟。从谈话中得知，他刚从农村过来，替他亲戚跑出租。

渐渐聊熟后，两位民警再一次把烟递到他面前，这一次，他没再拒绝，接过烟点燃后叼在嘴里。过了一会儿，两位民警又从塑料袋里取出几瓶"矿泉水"，又"不失礼貌"地递给司机一瓶。这回，他连声称谢，打开后，猛喝了几口。

针对上述试验，平顶山市公安局刑侦支队民警给出租车司机们提出了以下安全提示：跑出租车载客时，最好不要吸乘客的烟，不要喝乘客提供的饮料。如果乘客执意让烟或饮料，盛情难却时，先接过来放着。尽管我们都需要温情，但任何时候都不能忘了自身的安全。

启示二：贵重物品或是假

"打的"买东西，"临时发现"带的钱不够，借"的哥"几十元后就不见了踪影，此等小骗术屡屡见报。

10月23日中午，三位便衣民警从市中原商场抬着一个彩电字样的纸箱出来，在门口拦截了一辆桑塔纳出租车。两位民警把箱子小心翼翼地放在后备箱里，说要租车去汝州市，中途要在宝丰停一下。

30分钟后，车在宝丰县城一家属院门口停下。随行的一位民警说：

"你们在车里等一下，我看他在家不在，如果在，拿了东西就下来。"说罢关上车门就进家属院了。

过了片刻，还不见人出来，一位民警装着发牢骚："还不出来，咋搞的？现在肚子都饿了。"另一位说："下车去找找他！"

下车后，三位民警特意对出租车司机说，车里有彩电，注意看好。一分钟，两分钟，十分钟……30分钟后，出租车司机大声叫嚷起来。他锁好车门，进家属院找乘客，猛然见两位民警都在院里谈笑风生，他张大嘴一时愕然。

三位民警交了出租车车费后，问这位师傅："我们要真走了，你怎么办？""那彩电不值几千？"余悸未消的师傅一副"你骗不了我"的样子。"你打开箱子看看。"师傅一听这话有点懵了，一把撕掉胶带，发现里面尽是砖头。

市公安局刑侦支队民警们对出租车司机提出了安全提示：不要被乘客携带的看似装着贵重物品的纸箱、旅行包所迷惑，如果他们以物品为抵押离开或借钱，应婉言拒绝。

启示三：骗术繁多需谨慎

骗术之多，让人防不胜防。由于某些"陷阱"的方式、手段较为特殊，在此无法将其以试验的形式演示出来，于是撷取一些发生的案例，以给出租车司机们一些警示。

镜头一：小张是一名出租车司机，开一辆桑塔纳，逢有客人坐他的车，小张都会送上一张名片。这样，他就有了一大批固定的客户，乘车时彼此像熟人一样。谁知，他的一个非常熟悉的客户做生意亏了本，在一次乘车中趁小张不注意，偷偷用软泥留下了小张的钥匙模，把车偷走了。

镜头二：在偏僻的市郊，两名"乘客"拦了一辆"面的"。车下了公路，拐到一条土路上，一块石头挡住了去路。司机毫无戒备地下车搬石头，两名"好心"的"乘客"也下车帮忙。司机低头正用力搬石头，此时，一把匕首、一根绳子逼近了司机……

镜头三：一出租车司机从外地空车返回途中，路旁的一位漂亮小姐挥手拦车，司机顿时心一动。车刚停，不知怎么突然冒出几个彪形大汉来，小姐美丽的面容此时也变得狰狞凶恶起来……

镜头四：司机小王一次载客准备去外地，但机敏的司机听"乘客"讲话中有破绽，找个借口让他们下了车。这几个"乘客"后来又拦了一辆出租车，结果在半路把司机杀害，把车也抢走了。

因此，特意请出租车司机们记住以下的安全提示：车载电台是一个便捷的求助工具，平时尽量不要占用，免得紧急情况下线路不通；平时行车时注意将扳手等铁制工具放在座下，以便危险时刻用来自卫；晚上行车或出市区时最好有人跟车；开车时注意观察乘车人的动静，当乘车人几次找借口变换下车地点时，应加强防备；运送乘客时，与司机相邻的前排座位最好不要坐人，若乘客坚持要坐，也应安排体弱者或女性坐此位置。

【温馨提示】

出租车司机是十大危险职业之一，除了交通事故，其人身财产安全也易受到威胁和侵犯。有关出租车司机被抢劫、被伤甚至被杀的案件时有发生。特别是夜班司机，在夜晚中穿行在寂静的大街小巷，与形形色色的各类乘客打交道，危险性更大。民警的安全测试也让我们看到"的哥"、"的姐"安全防范意识较弱，不能很好地进行自我保护。如何保障出租车司机的人身安全，如何为"的哥"、"的姐"们构筑一张安全防护网，已经引起了有关政府管理部门和出租车公司的高度重视，民警也特意给出安全提示。"的哥"、"的姐"应增强风险意识，提高警惕，加强防范。害人之心不可有，但防人之心不可无！

《中华人民共和国刑法》

第二百三十二条 故意杀人的，处死刑、无期徒刑或者十年以上有期徒刑；情节较轻的，处三年以上十年以下有期徒刑。

第二百三十四条 故意伤害他人身体的，处三年以下有期徒刑、拘役或者管制。

犯前款罪，致人重伤的，处三年以上十年以下有期徒刑；致人死亡或者以特别残忍手段致人重伤造成严重残疾的，处十年以上有期徒刑、无期徒刑或者死刑。本法另有规定的，依照规定。

第二百六十六条 诈骗公私财物，数额较大的，处三年以下有期徒刑、拘役或者管制，并处或者单处罚金；数额巨大或者有其他严重情节的，处三年以上十年以下有期徒刑，并处罚金；数额特别巨大或者有其他特别严重情节的，处十年以上有期徒刑或者无期徒刑，并处罚金或者没收财产。本法另有规定的，依照规定。

第二百七十条 将代为保管的他人财物非法占为己有，数额较大，拒不退还的，处二年以下有期徒刑、拘役或者罚金；数额巨大或者有其他严重情节的，处二年以上五年以下有期徒刑，并处罚金。

将他人的遗忘物或者埋藏物非法占为己有，数额较大，拒不交出的，依照前款的规定处罚。

本条罪，告诉的才处理。

10. 劳动监察破难题

为彻底解决河南省在劳动用工方面存在的各种矛盾和问题，由河南省人大常委会审议通过的《河南省劳动保障监察条例》（以下简称《条例》）将从 2003 年 3 月 1 日起正式实施。河南省平顶山市劳动和社会保障局局长江安俊说，比起以往其他劳动用工方面的法规，《条例》扩

乐业篇

大了监察执法范围，特别是明确规定了用人单位违反劳动保障法律、法规应承担的法律责任，更具有操作性。

平顶山市劳动和社会保障局劳动保障监察科科长张建庄说，《条例》之前，针对用工不签合同、收押金、扣证件、延长劳动时间、克扣工人工资、不缴社会保险金等劳动用工市场多年的顽疾，虽然《劳动法》明文规定禁止这些行为，但由于没有规定相应的处罚办法，使得劳动保障监察部门处理起来很棘手。

近年来，随着改革的不断深入，劳动关系也变得复杂化、尖锐化和显性化，劳动和社会保障方面的违法案件大幅度增加。在这种情况下，平顶山市各级劳动保障监察机构围绕劳动和社会保障中心工作，有针对性地开展劳动保障监察工作。据统计，仅 2002 年，共检查各类用人单位 3138 个，涉及劳动者 10.02 万人。其中通过劳动保障执法监察监督促用人单位缴纳社会保险金 2942 万元，督促进行社会保险登记 48 户，涉及劳动者 1386 万人，督促用工单位补签劳动合同 12693 万份，追回拖欠劳动者工资 68.1 万元。

张建庄说，尽管有关部门对劳动违法行为不断进行查处，但存在的问题仍不少，主要表现在以下几个方面：

1. 一些企业，特别是个体私营企业私招乱雇现象比较突出，用工不备案、不签劳动合同等行为普遍存在。在这种情况下一旦出现克扣或拖欠工资等情况，调查取证比较困难，处理起来难度增大。

2. 一些建筑施工单位层层转包，把工程包给一些没有合法营业执照、没有任何资质的个人——包工头，而拖欠和克扣农民工工资的行为多发生在这些包工头身上。

3. 相关部门监管力度不够也是造成农民工工资拖欠的重要原因。如建设等部门对于那些没有任何营业执照、资质的单位，应加强管理，不能允许这些单位进入市场。

4. 农民工自身的保护意识不强也是造成其工资拖欠的原因之一，如绝大多数外地农民工没有合法的务工手续，没有流动就业卡，不知道签订劳动合同，不知道按月及时讨要工资。更有甚者，包工头连一个欠条都不给农民工打，农民工也不索要，不知道用法律武器来维护自己的权利。

平顶山市劳动和社会保障局副局长陈凯华说，《河南省劳动保障监察条例》的颁布实施为劳动者维护自己的合法权益提供了合法途径，对相关劳动违法犯罪行为进行了详细的规范。具体新规如下。

规范一：扣证件收押金，违规

2002 年大学毕业的小吴被一家效益不错的事业单位聘用，单位让他把毕业证当作抵押。春节过后，小吴想辞职，但单位却以用工协议没到期为由，拒绝退还毕业证。由于相关法律没有对此作较为详细的规定，小吴只好与单位打起官司来。

《条例》的颁布实施使这一问题得到了解决。《条例》规定：用工单位违反规定向劳动者收取或变相收取保证金、抵押金及其他不合理费用或者扣押个人证件（身份证、职称证等）的，由劳动保障部门责令限期退还劳动者，逾期不退者，将被处以实收金额一至三倍的罚款；逾期不退还证件的，每个证件将被处以 500 元罚款。

规范二：不签劳动合同，重罚

据市劳动部门调查，平顶山市的建筑行业、砖窑场、宾馆酒店是劳动合同违规最为严重的 3 个行业。这些行业不愿与员工签订合同，主要是为了减少成本，逃避法律约束，而这些行业的员工往往不敢向用工单位提签订合同的要求是因为担心丢失工作。以前由于《劳动法》在这方面没有作太详细的规定，这个问题也一直困扰着劳动部门。

《条例》第四章第二十条对此有了明确"说法"，如果用人单位不与劳动者签订劳动合同或者集体合同，劳动部门将责令其改正；不按规定签订劳动合同的，每使用一人处以 500 元罚款，不按规定签订集体合同的，处以 3000 元以上 1 万元以下罚款；对劳动者造成损害的，应当承担赔偿责任。劳动合同期满继续使用劳动者而未续签劳动合同的，依照本条第一款处罚。

乐业篇

125

规范三：随意让员工加班，不行

在加班方面，用人单位未与工会和劳动者协商，强迫劳动者延长工作时间，或虽经协商同意，但违反《劳动法》关于延长工作时间具体时限规定的，给予警告，责令改正。除由用人单位按照规定支付劳动者延长工作时间工作报酬外，要按每人每超过工时一小时处以 50 元以下罚款。用人单位违反有关女职工和未成年工特殊保护规定，分割其合法权益的，责令改正，并按照每侵害一人处以 1000 元以上 5000 元以下罚款；对女职工或未成年工造成损害的，应依法承担赔偿责任；构成犯罪的，依法追究刑事责任。在侵权方面，用人单位以暴力、威胁或者非法限制人身自由的手段强迫劳动，侮辱、体罚、殴打、非法搜查和拘禁劳动者的，由公安机关予以处罚；构成犯罪的，追究刑事责任。

规范四：拖欠扣押工资，处罚动真格

拖欠扣押工资是每年年底令劳动部门最头疼的事。《条例》提出了解决问题的法制途径：如果用人单位违反工资支付规定，将责令其限期支付劳动者工资报酬、经济补偿，并可责令其按相当于支付劳动者工资报酬、经济补偿总和的一至五倍的标准支付劳动者赔偿金。

《条例》明确规定，用人单位只要有下列任何一种情况，都会受到以上处罚：克扣或者无故拖欠劳动者工资的，拒不支付劳动者延长工作时间工作报酬的，低于当地最低工资标准支付劳动者工资的，解除劳动合同后未按规定给予劳动者经济补偿的。

规范五：阻挠执法，强制执行

2002 年秋天，小王在一家汽修厂打工，辞职后老板拒绝支付拖欠他的 3 个月的工资。尽管劳动部门已向汽修厂下了两次处罚通知书，但老板拒绝执行。当时劳动部门没有强制执行的权力，小王至今没拿到工资。

《条例》的颁布实施使这种局面得到改善。用人单位无理阻挠劳动保障监察人员依法行使监督检查职权的，伪造、变造有关账册、材料

或者隐匿、毁灭证据的，拒绝执行劳动保障部门下达的处罚通知书或者限期改正文书的，打击报复举报人、证人和劳动保障监察人员的，劳动保障部门将对用人单位处以 2000 元以上 1 万元以下罚款，对直接负责的主管人员和其他直接责任人员处以 500 元以上 3000 元以下罚款。用人单位对处罚决定不服的，可以依法申请复议或提起行政诉讼。用人单位在法定期限内不申请处罚决定的，由作出该决定的劳动保障部门依法申请法院强制执行。

规范六：投诉，30 天内结案

《条例》颁布实施之前，因为法律对处理投诉的日期长短没有明确规定，劳动者的投诉常常"石沉大海"。《条例》规定，劳动保障部门对违法行为的查处，应自立案之日起 30 日内结案；情况复杂确实需要延长的，经批准，可以适当延长，但延长时间最多不超过 30 天。

劳动部门受理的投诉，有 7 种处理方式：对违反劳动保障法律、法规行为的投诉、举报，应在 7 日内决定是否立案，并通知投诉人或者举报人；对违法事实不成立的，应终止检查，并及时告知被检查单位、投诉人或者举报人；对违法行为轻微，依法可以不处罚的，应向被检查单位下达限期改正书，并在规定时间内改正；对违反劳动保障法规，依法应给予行政处罚的，依照《行政处罚法》规定的程序给予行政处罚；对属于劳动争议纠纷的，应告知当事人可以依法申请调解、仲裁或者提起诉讼；对涉及其他行政部门职责的案件，应及时书面通知或移送有关部门依法查处；对构成犯罪的，应当移送司法机关处理。

【温馨提示】

劳资矛盾不断、劳动关系恶化严重影响人民群众安居乐业，也不利于社会稳定与和谐。2003 年 3 月 1 日起正式实施的《河南省劳动保障监察条例》扩大了监察执法范围，明确了用人单位的法律责任，提高了法规操作性，解决了用工不签合同、收押金、扣证件、延长劳动

乐业篇

时间、克扣工人工资、不缴社会保险金等劳动用工市场的"烫手山芋"，切实保护了劳动者的合法权益。《条例》的实施逐步化解了劳资矛盾，促进了和谐社会的建设。劳动者应该主动学习相关规定，防患于未然，积极用法律武器维护自己的合法权益。

【法条链接】

《中华人民共和国劳动法》

第三条 劳动者享有平等就业和选择职业的权利、取得劳动报酬的权利、休息休假的权利、获得劳动安全卫生保护的权利、接受职业技能培训的权利、享受社会保险和福利的权利、提请劳动争议处理的权利以及法律规定的其他劳动权利。

劳动者应当完成劳动任务，提高职业技能，执行劳动安全卫生规程，遵守劳动纪律和职业道德。

《河南省劳动保障监察条例》

第十九条 用人单位违反规定向劳动者收取或变相收取保证金、抵押金及其他不合理费用，或者扣押个人证件的，由劳动保障行政部门责令限期退还劳动者；逾期不退还保证金、抵押金及其他不合理费用的，处以实收金额一至三倍的罚款；逾期不退还证件的，按每证处以五百元罚款。

第二十一条 用人单位违反工资支付有关规定，有下列侵害劳动者合法权益行为之一的，由劳动保障行政部门责令限期支付劳动者工资报酬、经济补偿，并可责令按相当于支付劳动者工资报酬、经济补偿总和的一至五倍支付劳动者赔偿金：

（一）克扣或者无故拖欠劳动者工资的；

（二）拒不支付劳动者延长工作时间工作报酬的；

（三）低于当地最低工资标准支付劳动者工资的；

（四）解除劳动合同后，未依照法律、法规的规定给予劳动者经济补偿的。

用人单位支付劳动者经济补偿应当按有关规定执行。

11. 密码举报解担忧

2001 年 8 月 20 日，河南省平顶山市石龙区检察院举报中心的举报电话铃声响起，一名举报人通过电话反映：该区某局一名工作人员在收费中收受当事人贿赂。举报人将自己要反映的问题讲清楚后，按照石龙区检察院向社会介绍的密码举报方法，提供了自己设定的举报密码。8 月 23 日，石龙区检察院通过设在该院门前的检务公开栏，与提供案件线索的密码举报人进行了联系，后将查办的结果向该举报人进行了反馈。这是平顶山市检察机关推出的密码举报具体运用的一个案例。

据平顶山市石龙区检察院检察长王宜民介绍，密码举报是河南省人民检察院为方便人民群众举报、有效地保护举报人合法权益、减少和避免出现打击报复举报人的一项新的举报方法。举报人在使用信函、电话或电子邮件向检察机关举报提供所要举报的案件线索过程中，如果不想提供自己的真实姓名，可在 10 个自然数中抽出 8 个数字，任意组合成一个由 8 位数构成的数码，作为举报时使用的密码，其中前 4 位数代表举报人的姓名，后 4 位数代表领取奖金的密码。检察机关需要与举报人联系时，仅公开密码举报人使用的前 4 位密码，后 4 位密码则在举报人提取奖金时使用。

"举报是当前检察机关反腐败斗争中获取案件线索的重要来源。"平顶山市检察院控申处处长白宪法说，近年来，平顶山市检察机关查办的贪污贿赂等经济犯罪案件线索，绝大多数是由人民群众举报的。但是在检察机关受理的群众举报案件线索中，由于举报人出于这样或那样的缘故，匿名举报又占了绝大多数。因为举报人不愿或者不敢提供自己的真实姓名，给检察机关落实案件线索带来一定的难度。有资料表明，近年来，河南省各级检察机关受理的举报线索中，署名举报仅占受理线索的 15%。

在现有的法律体制下如何解决当前举报工作面临的种种问题，成为反腐败斗争的迫切需要。新乡市新华区检察院在认真分析举报工作形势、进行科学论证的基础上，探索总结了这套密码举报制度，把署名举报与有效保护举报人有机地结合起来。2001 年 6 月初，河南省检察院决定在全省范围内推广这一举报方法。

与过去检察机关受理群众举报常用的方法相比，密码举报具有以下几个优点：

一是密码举报线索可查性强，成案率高。密码举报较匿名举报，在内容上更具体、更翔实，多数密码举报人能直接指明被举报人犯罪的细节、知情人、票据票号，甚至说出被举报人与知情人的关系，以及查处途径和注意事项，使成案的准确率大为提高。

二是密码举报合查力度大，大案要案多。密码举报人实施举报后，一般都很关注检察机关对案件的查处情况和进度，主动同检察机关联系，进一步提供侦查所需要的情况。

三是密码举报铁案多，办案质量高。检察机关在办案中可以与密码举报人随时保持联系，及时掌握犯罪嫌疑人及其亲友的反侦查活动，使案件的证据更加确实、充分，办案质量可以得到显著提高。

密码举报常用的方法包括：一是电话举报，举报人可以拨打检察机关受理密码举报的专线电话，在电话里告知举报内容的同时，告知自己编设的举报密码；二是信函举报，举报人使用信函形式向检察机关投送举报材料时，另页书写自己为举报材料编设的密码；三是网上举报，通过检察机关设立的网站及密码举报电子信箱，与检察院密码举报受理人在网上交流，实行网上操作。密码举报人向检察机关举报前后，均可通过电话、网络或信函方式与受理人进行秘密联系，反映情况，了解举报案件的查处及举报奖励的方法等情况。检察机关在查处案件过程中，如需与举报人取得联系，可以由受理人利用举报人使用的前4位密码在检察机关设立的检务公开栏、网站或者媒体上与举报人进行联系。

据平顶山市检察院检察长段玉良介绍，为了做好密码举报工作，平顶山市、县两级检察机关都抽调政治、业务素质高的干警专门负责此项工作，并设立密码举报电话专线和自动受理系统。平顶山市检察院同时规定，检察机关除了控申部门专职人员直接受理密码举报外，其他任何部门和个人均无权受理密码举报。举报受理人对受理举报的密码，将以绝密等级严格管理，并从受理、登记、审批、转办以及查处、答复、奖励等各方面严格保密，不得在查处和诉讼环节泄漏或丢失。另外，平顶山市、县两级检察院还全部设立了举报奖励基金，并设立专门账号，实行专项使用和专人管理。密码举报人提供的举报，经立案侦查，被举报人受到刑事处罚的，或者为国家、集体挽回重大经济损失的，举报人可得到一定的物质奖励。在检务公开栏、网站或新闻媒体上看到检察机关发出的信息及前4位数字密码后，举报人即可用自己设定的后4位密码与检察机关联系，经检察机关密码举报受理人核对无误后，密码举报人可以直接到指定的银行账户领取密码举报奖金。

【温馨提示】

电话密码举报是一项畅通举报渠道的创新之举。举报人不必露出其"庐山真面目"即可反映情况、与工作人员联系并获得奖励。这一举措受到各界广泛好评，举报工作科技含量的不断增加，将举报人的风险降到最低程度，让举报人放心、安心地举报，而无后顾之忧。密码举报这一措施营造了善待、优待举报人的良好氛围，焕发了社会的举报热情，将吸引更多的人拿起举报武器，同腐败分子作斗争。公民应积极行使举报的民主权利，挺身而出、揭露问题，提供有价值的线索，为惩治腐败贡献一份力量！

【法条链接】

《中华人民共和国刑法》

第二百五十四条　国家机关工作人员滥用职权、假公济私，对控告人、申诉人、批评人、举报人实行报复陷害的，处二年以下有期徒刑或者拘役；情节严重的，处二年以上七年以下有期徒刑。

中纪委监察部《关于保护检举、控告人的规定》

第四条　纪检监察机关受理检举、控告和查处检举、控告案件，必须严格保密：

（一）纪检监察机关应设立检举、控告接待室，接受当面检举、控告应单独进行，无关人员不得在场。

……

（六）核实情况必须在不暴露检举、控告人的情况下进行。

（七）未经检举、控告人同意，不得公开检举、控告人的姓名、工作单位及其他有关情况。

第五条　受理机关工作人员无意或故意泄露检举、控告情况的，应追究责任，严肃处理。

第七条　任何单位和个人不得擅自追查检举、控告人。对确属诬告陷害，需要追查诬告陷害者的，必须经地、市级以上（含地、市级）党的委员会、政府或纪检监察机关批准。

12. 测谎仪器显神通

过去只在小说和影视作品上看到的测谎仪器，现在已经运用到河南省平顶山市检察机关反贪侦查中。2002 年 1 月 30 日，在平顶山市检察院反贪局讯问监控室，反贪局对一犯罪嫌疑人进行了测谎。该犯罪嫌疑人因涉嫌经济犯罪被平顶山市检察机关立案侦查并已被刑事拘留。本次测谎的目的是想掌握犯罪嫌疑人在隐匿犯罪证据方面是否说了谎话。

1 月 30 日下午 4 时，接受测试的犯罪嫌疑人被检察干警带进讯问室。负责对其进行测试的检察官曾在清华大学参加过测谎专业知识的学习和培训。按照测谎的技术要求，两名检察官对测试对象进行了 4 个小时的测谎前心理谈话，全面向测试对象介绍了测谎仪的技术原理、测谎过程中测谎对象应当注意的事项、当天要对测谎对象测谎的主要内容等。测谎前测试人员对测谎对象长达 4 个小时的心理谈话，主要是解决测谎对象高度紧张的心理问题，让测谎对象在接受测谎活动时处于平静的心理状态。

晚上 8 时整，测谎工作正式开始。负责操作仪器的检察官把测谎仪的一些连线分别与测谎对象的手部、臂部、胸部等连接起来。尽管检察官一遍又一遍地告诫接受测试的犯罪嫌疑人不要紧张，保持心理平静，但坐在测试席上接受测试的犯罪嫌疑人仍然显得很紧张。连接结束后，检察官按照事先拟定好的测试方案中测试的问题向测试对象发问。

"你叫某某吗？"

"是的。"

"你能如实回答我的问题吗？"

"能。"

......

"你在担任某局局长期间接受过他人的贿赂吗？"

"没有。"

......

随着检察官与测试对象的一问一答，电脑显示屏上不断地变换着各种技术图形、技术参数，连接电脑的打印机则不停地将这些技术图形、技术参数打印出来。8时30分，第一组问题问话结束，转入第二组问题问话内容。第二组问话内容较第一组问话的内容要多，问话内容也更接近检察机关要证实的犯罪事实。9时40分，第二组问话结束，转入第三组问题的问话。10时40分，第三组问题的问话结束。检察官将测试仪与接受测试的犯罪嫌疑人的相关连接拆除后，干警将被测试对象带离测试现场。负责仪器操作的检察官对电脑记录的各项技术图形、技术指标、技术参数进行分析，11时，测试结果出来。该结果表明当天晚上接受测试的犯罪嫌疑人在一些案件事实上说了谎。随后，平顶山市检察院反贪局干警对当天晚上接受测试的犯罪嫌疑人进行审讯，在法律和高科技技术面前，犯罪嫌疑人不得不供述了自己的犯罪事实。

何谓测谎？有很多人读过童话《匹诺曹历险记》，童话中匹诺曹一说谎鼻子就要长一点。还有一本畅销美国的政治科幻小说叫做《测谎器》，书里预言：到21世纪的50年代，发明了一种绝对可靠的测谎器，而且体积很小，到那时人们谁也不能说假话，因为每个人的兜里都可能有一台。红灯一亮，表明你说的是假话，绿灯一亮，表明你说的是真话。这些过去只在小说中描述的测谎，现在已经被科学运用到一些领域中。

"测谎"一词，是由"测谎器"（Lie Detector）而来。"测谎器"的原文是 Polygraph，直译为"多项记录器"。这是一种记录多项生理反应的仪器，可以在犯罪调查中用来协助侦讯，以了解受询问的嫌疑人的心理状况，从而判断其是否涉及案件。由于真正的犯罪嫌疑人此时大都会否认涉案而说谎，故俗称为"测谎"。准确地讲，"测谎"不是测"谎言"本身，而是测心理所受刺激引起的生理参量的变化。所以"测谎"应科学而准确地叫做"多参量心理测试"，"测谎仪"应叫做"多参量心理测试仪"。

谎话伴随着人类相形相生，有国外专家统计过，一个人每天说谎的次数在十几次至几十次不等。不过，谎话分为两类：一类是人际关系的润滑剂，诸如言不由衷地夸赞同事穿的毫无品位的上衣，或是真诚安慰生命垂危的病人。还有一类谎言是为掩盖自己的隐私，小到对家庭的不忠，大到祸国殃民的犯罪事实。后者，就在被"测"之列。

那么，测谎仪究竟是什么样的呢？测谎仪主要由传感器、主机和微机3部分组成。传感器有3个触角：戴在人手指上的皮肤电传感器，是一种不锈钢电极，用来测量皮肤电阻的变化；呼吸传感器是拉伸传感器，系在人的胸部，测量人呼吸的变化；脉搏和血压传感器是一种压敏传感器或血压计，戴在手腕部或臂部，测量人脉搏和血压的变化。主机的作用是将传感器所采集的模拟信号经过处理转换成数字信号，输入计算机进行存储、分析。

在测试时，要求在一间安静的房间内，被测人坐在有扶手的椅子上，配戴好传感器后，两手平放在扶手上，眼看前方，认真听问题，只需回答"是"或"不是"。测谎所涉及的问题主要有3类：中性问题——与所调查事件无关的问题，对被测人不会产生多大刺激；相关或主题问题——与所调查事件有关的问题，对被测人会产生较大刺激；准绳或对照问题——与所调查事件没有直接关系，被测人肯定会说谎的问题。将上述3类问题有逻辑地编在一起，然后逐一向被测人提问。通过比较被测人对这些问题的心理、生理反应进行判断。如果被测人对相关问题刺激所引起的生理参量变化大于其他问题，那么被测人对相关问题的回答是说谎，反之表明诚实。综合这些就可以判断被测人与所调查的事件是相关还是无关，是有罪还是无辜。

测谎仪的科学原理在于人说谎时生理或者心理都会发生一些变

化。人在说谎时生理上会表现出一些肉眼可以观察到的现象，如出现抓耳挠腮、腿脚抖动等一系列不自然的人体动作。还会出现不易察觉的生理变化，如呼吸速率和容量异常，呼吸抑制和屏息；脉搏加快，血压升高，输出量增加及成分变化，导致面部、颈部皮肤明显苍白或发红；皮下汗腺分泌增加，导致皮肤出汗，双眼之间或上嘴唇首先出汗，手指和手掌出汗尤其明显；眼睛瞳孔放大，胃收缩，消化液分泌异常，导致嘴、舌、唇干燥；肌肉紧张、颤抖，导致说话结巴。这些生理参量由于受植物神经系统支配，所以一般不受人的意识控制，而是自主地运动，在外界刺激下会出现一系列条件反射现象。这一切都逃不过测谎仪的"眼睛"。由此可见，测谎是综合了心理学（犯罪心理学）和生理学的基本原理以及电子学和其他应用科学的相关知识。

测谎技术在刑侦过程中正发挥着重要的作用。资料显示公安大学测试中心的心理测试技术在经过 1000 多例刑事案件的实战中，嫌疑排除率达 100%，认定率也在 80%以上。

一些测谎实验也证实了测谎仪的准确性。测试的内容是，5 名工作人员中的一个人，将桌子上的笔记本"偷走"，再通过测谎仪确认"小偷"是谁。结果测谎仪准确地测出了"小偷"。这只是一个极普通的心理测试，而在具体案件的实战侦破中，这项技术的运用还要复杂得多。所谓心理测试技术，是以生物电子学和心理学相结合，借助计算机手段完成的对人心理的分析过程。按照心理学的理论，每个人在经历了某个特殊事件后，都会毫无例外地在心理上留下无法磨灭的印记。作案人在作案后随着时间的延续，心里会反复重现作案时的各种情景，琢磨自己可能留下的痕迹，甚至想不琢磨都无法克制。每当被别人提及发案现场的一些细节时，作案人的这种烙印就会因受到震撼而通过呼吸、脉搏和皮肤等各种生物反应暴露出来。这种细微的反应被测试仪器记录下来后，便汇集成被测人或者知情、或者参与的结论。

【温馨提示】

测谎仪是利用高科技提高办案效率的一大创新，其实质是"多参量心理测试"，将生物电子学和心理学相结合，借助计算机手段完成对人的心理的分析。虽然测谎结果目前在我国不能作为破案的唯一依据，但测谎仪已日益成为一种重要的破案手段，并在我国司法实践中日益推广开来。使用测谎技术，能迅速地排除大量的无辜嫌疑人，筛选出重点嫌疑对象，在条件比较好的情况下还可以直接认定犯罪分子，然后围绕重点嫌疑对象开展审讯和调查，这样就可以事半功倍，大大提高破案效率。然而测谎仪也有其局限性，其测谎结果也并非万无一失，我们应当科学、客观地看待测谎技术在司法实践中的作用，不能将其神化，应该在刑事侦查询问中有条件地使用，并与口供及其他证据相结合，相互印证、相得益彰。

【法条链接】

《中华人民共和国刑法》

第三百零五条 在刑事诉讼中，证人、鉴定人、记录人、翻译人对与案件有重要关系的情节，故意作虚假证明、鉴定、记录、翻译，意图陷害他人或者隐匿罪证的，处三年以下有期徒刑或者拘役；情节严重的，处三年以上七年以下有期徒刑。

第三百零六条 在刑事诉讼中，辩护人、诉讼代理人毁灭、伪造证据，帮助当事人毁灭、伪造证据，威胁、引诱证人违背事实改变证言或者作伪证的，处三年以下有期徒刑或者拘役；情节严重的，处三年以上七年以下有期徒刑。

辩护人、诉讼代理人提供、出示、引用的证人证言或者其他证据失实，不是有意伪造的，不属于伪造证据。

13. 乱贴广告 "呼死你"

被称为城市"牛皮癣"的到处乱贴的小广告一直是困扰城市管理人员的顽症。2003 年 10 月 19 日中午 12 时，河南省平顶山市遏制非法小广告的"呼死你"系统正式开通，首批 35 家乱贴广告业主的通信工具当日被"呼死"。

城市"牛皮癣"害人不浅

家住平顶山市区曙光街西段的李先生，一提起乱贴乱涂的小广告便气愤万分。2003 年 3 月份，他从一则街头广告上看到平顶山火车站附近一大夫能包治风湿病。由于多年饱受风湿病折磨，李先生通过广告提供的地址找到了那位大夫，花了 400 元，风湿病不但未治好，腿上却留下了不少伤疤。最后，他到大医院一咨询，才知道上当受骗了，再找这位"大夫"时，已是人去楼空。像李先生这样通过街头小广告上当受骗的，还有很多。街头报栏、街角墙壁、家属院楼梯、桥梁护栏、电话亭、花坛等地方到处都是花花绿绿、无所不在的街头小广告。在平顶山市八中附近一家文具店的钢卷门上，一家专业疏通管道的小广告，竟张贴了 15 张之多。

城市"牛皮癣"分办假证、招聘、住房出租、求购、热线等种类，其共性是对城市环境的损害巨大。有时一个人乱张贴，常常需几十个管理人员来清理，浪费人力、财力、物力。2003 年 9 月份，平顶山市城管处曾对全市"牛皮癣"进行了一次集中清理活动，为购买清刷工具一次性就投入近 3000 元，动用人员 1000 多人次。改变"你贴我清、你涂我刷"的落后管理方法已迫在眉睫。

治理城市"牛皮癣"遇尴尬

为治理城市"牛皮癣"，城市管理部门也想了不少办法，但由于缺少相关的依据，常出现被动工作的局面。城建执法人员对乱贴乱画的行为进行行政处罚，主要依据河南省《城市市容和环境卫生管理条例》

第三条第三款的规定：在城市建筑物、设施以及树木上涂写、刻画或者未经批准张挂、张贴宣传品等的，处以每处 10 元以上、50 元以下的罚款。如果遇到乱贴广告业主不接受处罚或经济困难，实行行政处罚手段，有时很难奏效。移送公安机关，由于缺少相关的法律、法规，公安机关只能批评教育了之，常出现"前脚送进，后脚送出"的局面。2003 年 9 月份，在一个星期内，天使集团保卫人员就抓到 8 名喷涂小广告的，由于这些人身无分文，送到公安机关，只能进行批评教育，执法效果不强。

为鼓励市民参与城市管理，2003 年 9 月份，市城建监察支队推出举报有奖的办法，凡市民发现乱贴乱画的人员，可通过拨打电话2966110 通知执法人员，如执法人员抓住乱贴乱涂广告者奖励 50 元。这种办法一推出，对扼制乱贴乱画现象起到了一定作用。

新系统带来新威力

据平顶山市城建监察支队支队长乔亚平介绍，为更加有效地遏制乱贴乱画现象，平顶山市城建监察支队投资 8 万余元购进"呼死你"系统。"呼死你"全名为"非法小广告电话警告阻塞系统"。该系统是通过执法人员拍照取证、登记电话号码等程序，最后，将号码输入系统内，由系统自动拨通广告上的电话，警告乱贴广告的业主主动清除违章广告和接受处罚。系统分语音信息管理、电话号码管理、语音发送设置、历史记录、监督用户等管理功能，从 10 月 19 日中午 12 时该支队开通"呼死你"系统后，首批 35 个电话号码被列入"黑名单"。经过一天呼叫全部"死机"，短短两天，35 个电话号码的业主有 27 个主动上门接受处理和主动清理乱贴的小广告。

"呼死你"是否能够彻底清除城市"牛皮癣"呢？乔亚平说，考察表明，"呼死你"上马对整治乱涂乱画卓有成效，是否能彻底消除城市"牛皮癣"还需等待，不过可以肯定的是，目前"呼死你"是治理城市"牛皮癣"最为有效的手段之一。针对市民对"呼死你"使用手段提出异议的问题，某律师事务所蒋律师认为，根据行政处罚有关法律法规，行政执法部门的处罚手段包括警告、罚款、拘留、责令停止侵害、恢复原状等。乱贴广告业主既然在"牛皮癣"上公开了自己的手机或电话号码，城管执法部门自然有权通过此手机或电话通知、警告其接受处理。乔亚平说，城市管理是一个复杂的系统工程，对违章者实行行政处罚不是目的，目的是希望市民维护城市公众利益，积极参与城市管理，把平顶山市建设管理得更美、更靓。

【温馨提示】

城市中到处乱贴的小广告，被人们称为城市"牛皮癣"。它们具有影响城市市容、侵蚀城市设施的特点，历来是城市管理工作中的"顽疾"。针对乱贴乱涂广告现象，在以往的城市管理工作中，由于缺少相应的法律法规作支撑，城市管理人员往往采用"你贴我清、你涂我刷"的办法，耗费了大量的人力、财力、物力，但治标不治本，收效甚微。平顶山市城建监察支队投资 8 万余元，购进"呼死你"设备，通过电话号码呼叫使得业主主动来到市城建监察支队接受处理。运用高科技管理城市，符合城市建设管理发展的要求，投入小，效果好。相信通过城市管理人员的努力工作，加上市民的积极参与，再进一步完善城市管理的法律法规，平顶山市城市管理水平一定会步入法制化、规范化的轨道。

【法条链接】

《河南省城市市容和环境卫生管理条例》

第三条 ……

在城市建筑物、设施以及树木上涂写、刻画或者未经批准张挂、张贴宣传品等的，处以每处 10 元以上、50 元以下的罚款。

《中华人民共和国行政处罚法》

第八条 行政处罚的种类：

（一）警告；

（二）罚款；

（三）没收违法所得、没收非法财物；

（四）责令停产停业；

（五）暂扣或者吊销许可证、暂扣或者吊销执照；

（六）行政拘留；

（七）法律、行政法规规定的其他行政处罚。

【乐业篇★教授点评】

　　"乐业"源自"安居乐业"，语出《老子》第八十章："民各甘其食，美其服，安其俗，乐其业"，意思是"生活美满、安定"。"安居乐业"是老子对其"小国寡民"理想社会的描述，他希望人民都能吃得香，穿得舒服，住得安适。《汉书·货殖列传》中也说"各安其居而乐其业，甘其食而美其服"，是指有个安定的住处和固定职业，安于所居、乐于所业。可见自古以来"乐业"都是人类幸福生活的目标之一。"安居乐业"是大家所向往的美好生活，"乐业"是整个社会的共同期盼，人人乐于其业，家事国事哪有不兴旺之理？

　　"乐业"的重要性不言而喻，那么如何才能做到"乐业"呢？这需要从多方面进行考量：首先，"乐业"需有"业"，"乐业"的前提是各行业的从业人员具有相应的专业素质；其次，"乐业"需严于律己，真正做到"干一行，爱一行"，国家工作人员更应该具备服务和奉献精神，远离贿赂、渎职犯罪；最后，"乐业"还要求充分发挥自己的创新能力，努力提升工作能力，为社会主义建设事业贡献自己的力量。

　　"乐业"需有业。乐于所业首先要找到自己的工作。现代社会分工越来越详细，各行各业对从业者的要求也越来越高，很多行业都有各自的从业资格要求。从业资格制度的建立是为了保障相关行业工作人员的专业素质和职业道德，以便保证社会主义建设事业的顺利进行。对于一些有关国计民生的行业，甚至由法律法规对从业资质进行了严格的规定，以便规范相关行业，切实保障国家安全和公民人身、财产安全。2001年通过修改《中华人民共和国法官法》、《中华人民共和国检察官法》、《中华人民共和国律师法》的相关规定，国家对初任法官、检察官和取得律师资格实行统一司法考试制度就是一个很好的例子。全国统一的司法考试制度成为高素质法官、检察官、律师的制度保障，在促进司法公正、推进民主法治建设等方面也是意义深远。《河南省社会保安服务业务管理规范》完善了保安服务公司和保安员的管理制度，解决了"黑"、"假"保安扰乱社会秩序的混乱情形，为保安行业的进一步发展开辟了道路。2003年《农村土地承包法》稳定了农村土地承包关系，使农民对土地的权利有了法律保障，为农民安居乐业保驾护航。这些法律法规的制定进一步规范了相关行业的从业资格，保障了社会秩序的稳定与和谐，是我国法制建设中的重要举措。

　　"乐业"要律己。工作中要严格要求自己，不断提高自身的综合素质。现代社会中，不能"乐业"反而给同行业抹黑，影响行业声誉的例子不胜枚举。在国家机关工作人员中，贪污、贿赂、渎职的案子层出不穷。近年来，单位贿赂屡屡见诸报端，"假日腐败"日益嚣张，渎职侵权屡禁不止，超期羁押愈演愈烈，国家为此不断加强打击力度，不时开展大规模的专项整顿，严厉追究贪污、贿赂、渎职等犯罪行为。尽管法律法规对贪污、贿赂、渎职犯罪有严格的惩罚措施，但此类犯罪却有愈演愈烈之势，究其原因，国家机关工作人员自身的问题不容忽视。这就需要领导干部严于律己，不要被金钱、权力迷惑了心智；

不要为了个人私欲而使国家、人民利益受损，还亲手断送了自己的前程。其实无论做哪一行，都要学会"干一行，爱一行"，全心全意地对待自己的工作。尤其是国家机关工作人员作为人民公仆更要有职业操守，全心全意为人民服务。除了专业水平和道德素质，"乐业"还应该具备一定的法律意识和安全观念，学会用法律武器来维护自己的合法权益。从事危险行业的工作人员如出租车司机应该提升安全意识，谨慎防范抢劫伤害等犯罪行为。现代社会劳资矛盾多发，《河南省劳动保障监察条例》对劳动关系中的顽疾都有所涉及，有助于劳动者通过法律协调劳资矛盾、改善劳动关系。劳动者综合职业道德和综合素质的提升，将使其事业发展蒸蒸日上，也有利于形成各行业良好的社会声誉，促进社会和谐。

"乐业"需发展。"乐业"不仅需要做好本职工作，还应该在工作中不断进取，追求创新；通过发挥自己的主观能动性解决工作中遇到的难题，提高工作效率，更好地为人民服务。我们在现实生活中，会遭遇到形形色色的违法犯罪，与违法犯罪分子作斗争时常常遇到各种难题。如举报人保护不利使举报途径受阻，证人证言真假难辨严重影响司法效率等。而如今这些问题都有了很好的解决方法。电话密码举报断绝了举报人的后顾之忧、激发了人民群众揭发违法犯罪行为的热情；测谎仪的引入提高了破案效率；"呼死你"非法小广告电话警告阻塞系统解决了城市管理中的顽疾……这些先进技术的采用有效地解决了工作实践中的难题，也让我们看到了科技的力量。发展是硬道理，不断探索、不断钻研，才能把工作做得更好。"乐业"需要不断创新发展，进一步用科技手段解决工作中遇到的问题。

百行业为先，每个人都应勤奋工作、认真工作。"敬业乐业"是我们共同的追求，具备基本的资质条件和职业操守是"乐业"的基础；不断提升综合素质，在工作中不断创新、不断发展才能让"乐业"持久。"乐业"就是要"干一行、爱一行"，决不能在工作中做违法犯罪的事情，要具备一定的法律素养，遵纪守法、积极进取、乐于奉献。"乐业"是一种态度，也是一种道德要求，更是家庭幸福兴旺、社会和谐稳定、国家繁荣发达的基石。

【齐家篇】

1. 《婚姻法》新解出台

近期，网上流传这样一则故事：一对男女，婚前购买了一套 100 万的房子，男方首付 30 万，余下 70 万由双方共同贷款，贷款期限为 20 年，每月还款 5000 元，双方各承担 2500 元。婚后 10 年，双方离异，房产增值到 300 万，产权归男方，男方偿还女方 30 万贷款。40 岁人老珠黄的女方带着 30 万现金默默离开，40 岁"一枝花"的男方坐拥豪宅春风得意。

这则故事出炉的背景，就是《婚姻法》司法解释三的出台。2011 年 8 月 13 日最高人民法院公布了关于适用《中华人民共和国婚姻法》若干问题的最新解释。其中第七条："婚后由一方父母出资为子女购买的不动产，产权登记在出资人子女名下的，可按照婚姻法第十八条第（三）项的规定，视为只对自己子女一方的赠与，该不动产应认定为夫妻一方的个人财产。由双方父母出资购买的不动产，产权登记在一方子女名下的，该不动产可认定为双方按照各自父母的出资份额按份共有，但当事人另有约定的除外。"这一新解释，引起了社会的广泛热议。

裸婚&AA：得益了谁，伤害了谁？

作家郑渊洁这样理解新的司法解释：找个有房男人并不能给女性提供更多安全感，因为只要离婚，你还是一无所有；相反，找个暂时没房的男人，夫妻共同打拼共同买房，反倒能真正获得一个属于自己的物质意义上的家。

这是"相当正面"的一种解读，也是纯"当代主义"的一个观点。

之前，历时一年、覆盖全国 31 个省份的社会调查显示：七成受访女性认为男性要有房、有稳定收入和一定积蓄才能结婚。于是"丈母娘推高房价"的说法甚嚣尘上。

但另一种观点却也不容辩驳：上海大邦律师事务所丁金坤律师说，

每次参加喜宴，在给新人的红包封面上，他都会写上"执子之手，与子偕老"八个字，然而，离婚就如生病一样，多多少少是必然发生的，这就需要一部对症下药的婚姻法律。而目前的《婚姻法》以及《最高人民法院关于适用〈中华人民共和国婚姻法〉的解释（三）》，总的来说是支持财产 AA 制的，即"你的财产就是你的，我的财产就是我的，个人财产不因婚姻而改变为共同财产"。这虽体现了经济上的独立性，不过，在以男性为主导的社会里，男女事实上是不平等的。而新《婚姻法》让财产平等先行，实际上是让女方吃了点亏，因为只有等到男女真正平等时，婚姻法律才可能实现实质上的公平。

漫画家曹一的观点则更关注真正的"弱势群体"。他分析说，司法解释是双刃剑，可这一次用"残缺"来形容似乎更合适，它忘记了广大农村的婚姻现实。那里从古到今约定俗成男方置房产，女方陪嫁妆，同时嫁出去的女儿往往事实上丧失了娘家的财产继承权，她们离婚后怎么办？不过《解释三》透露了两个重要信息：那就是富人的权利将得到强化以及契约社会的大趋势。

新一轮地产丰收期："岳父"推高房价

有人觉得，新司法解释的出台可能造成"丈母娘"们不再强行要求房子是必需品，也许房价会随势而下。事实证明，正好相反。在这一轮 PK 中，"丈母娘"和"地产商"虽然不再热络，但地产商却收获了意外的惊喜。

有人调侃："以前都说丈母娘推高房价，但新《婚姻法》解释出来后，看来丈母娘不会逼着女婿买房了，变成岳父着急给闺女买房，成岳父推高房价了。不仅如此，公婆给儿子买房，岳父给女儿备房，人手一套房，房子的需求量翻了一倍，房价怎么跌得下去？"

与此同时，一些女性的购房潜能也被激发出来。据了解，最近无论是新盘销售还是房产中介门店，单身女性的身影有所增多。笔者身边因为新《婚姻法》才开始有购房打算的单身女性朋友不在少数。这些都是有一定经济能力的单身女性。而更多女性则有与另一半合资购房的打算:"以前觉得买房是男方的事情,我们不必操心,但《婚姻法》最新司法解释出台后,我觉得还是和男友一起购房稳妥些。既减轻了男友的压力,也增加了自己的权益。"

业内人士认为,新《婚姻法》实施后,不少父母选择在子女婚前为其出资购房或代缴首付,这将大大刺激刚性购房需求,今后或将有更多夫妻联名共有房产。因为《婚姻法》最新司法解释明确了房产作为家庭主要财产的婚前、婚后和离婚纠纷的限制性、归属性,从而让房产在家庭财产中的重要性凸显出来。

其实,《婚姻法》及其司法解释并非治愈当前婚恋中种种问题的良药。如何从本质上在全社会推动忠贞、责任、和谐、挚爱的家庭情感和婚姻观,才是最为重要的。

【温馨提示】

《最高人民法院关于适用〈中华人民共和国婚姻法〉若干问题的解释(三)》,是最高人民法院对现行《婚姻法》的有效补充。新解释为法官在受理离婚案件时,关于财产特别是房产如何分割提出了明确的法律依据,也使对父母出资购房真实意图的判断依据更为客观,便于司法认定及统一裁量尺度,同时有利于均衡保护婚姻双方及其父母的权益。不过,也有些人认为新《婚姻法》解释的出台,是对过于重视财产的婚恋观的助长。我们不能否认新司法解释的积极意义,但其实效究竟如何,还需要实践的进一步检验。

【法条链接】

《最高人民法院关于适用〈中华人民共和国婚姻法〉若干问题的解释(三)》

第七条 婚后由一方父母出资为子女购买的不动产,产权登记在出资人子女名下的，可按照《婚姻法》第十八条第（三）项的规定，视为只对自己子女一方的赠与，该不动产应认定为夫妻一方的个人财产。

由双方父母出资购买的不动产，产权登记在一方子女名下的，该不动产可认定为双方按照各自父母的出资份额按份共有，但当事人另有约定的除外。

第十条 夫妻一方婚前签订不动产买卖合同，以个人财产支付首付款并在银行贷款，婚后用夫妻共同财产还贷，不动产登记于首付款支付方名下的，离婚时该不动产由双方协议处理。

依前款规定不能达成协议的，人民法院可以判决该不动产归产权登记一方，尚未归还的贷款为产权登记一方的个人债务。双方婚后共同还贷支付的款项及其相对应财产增值部分，离婚时应根据《婚姻法》第三十九条第一款规定的原则，由产权登记一方对另一方进行补偿。

第十二条 婚姻关系存续期间，双方用夫妻共同财产出资购买以一方父母名义参加房改的房屋，产权登记在一方父母名下，离婚时另一方主张按照夫妻共同财产对该房屋进行分割的，人民法院不予支持。购买该房屋时的出资，可以作为债权处理。

2. 遗嘱公证止纷争

近年来，公民在生前充分行使对自己财产的占有、使用等权利的同时，还开始运用法律赋予的权利来保障自己身后的权利。遗嘱公证这一过去被人所忌讳的事，因其较强的法律效力逐渐被人们接受而走进寻常百姓家。

2003 年 5 月 10 日，家住河南省平顶山市区矿工路的退休夫妇王先生和张女士来到市公证处办理遗嘱公证：双方都去世后，共有的两套房子留给大儿子、三儿子各一套。问其原因，老人讲，大儿子、三儿子两家对他们生活照顾最多，购房时，两个儿子也出了钱。老头生病住院，也是这两个儿子轮流陪护。因此，想百年之后把房子留给这两个儿子。

如今，像王先生、张女士这样办理遗嘱公证的人逐渐增多。1998年平顶山市公证处办理遗嘱公证 15 件，1999 年办理遗嘱公证 20 件，2000 年办理遗嘱公证 24 件，2001 年办理遗嘱公证 28 件，2002 年办理遗嘱公证 31 件，呈逐年上升趋势。除平顶山市公证处外，新华区、卫东区、湛河区三区的公证处近年办理的遗嘱公证也逐年增多。

遗嘱公证的逐渐增多有其必然性。改革开放以前，当时即使是在城镇，一般人们的年平均工资不足千元，除日常消费外所剩无几。家中有老人去世，一般不存在财产继承的问题。因为那时城镇住房大多是公家的，子女无权分配。除此之外，大多数家庭中老人留下的只是一些旧家具、旧衣物等物品，没有更多值钱的东西。然而改革开放以来，尤其是 20 世纪 90 年代以来，许多人通过诚实劳动、合法经营，走上了致富道路，生活水平大幅度提高，公民个人财产积累越来越多。特别是国家房改政策出台以来，越来越多的人购买了公房和商品房。房产成为个人私产，成为商品。除此之外，一些人还拥有大量存款、汽车、高档电器、贵重首饰、股票等，甚至有些私营业主还拥有企业或企业股份。经济生活的变化，带来的是人们观念的转变。人们在有生之年消费不完的财产，必然要留给下一代或其他人。过去犯忌讳的事，如安排后事等，也逐渐为人们所接受。为了确保按自己的意愿处理财产，安排身后事，立遗嘱办公证也就越来越被人们看好。

遗嘱公证行为是合法权益的保护伞。遗嘱公证是公民生前处分属于个人财产或其他事物，并在其死亡时生效的法律行为。公证遗嘱则是指经过公证机关公证的遗嘱，它具有重要的实用性和现实意义。享有最高的法律效力。根据《中华人民共和国继承法》规定，遗嘱的方式有以下 5 种：自书遗嘱、代书遗嘱、口头遗嘱、录音遗嘱、公证遗嘱。其中法律效力最高的是公证遗嘱，数个遗嘱相抵触，如果其中有公证遗嘱，则无论先后，以公证遗嘱为准。

根据《中华人民共和国继承法》规定，遗嘱继承的效力高于法定继承。公民可以在法律允许的范围内，通过立遗嘱，为自己的财产确定继承人；也可以通过遗嘱改变法定继承，限制和剥夺一些人的法定继承权。如养子婚后忘恩负义，不赡养养父母，养父母为防止养子今后争夺遗产，可特立遗嘱取消养子的继承权。

　　法律意识首要的就是权利意识。是否立遗嘱，是否办公证，是公民的权利。每个公民不但生前可以充分行使对自己财产的占有、使用、收益、处分的权利，还可以运用遗嘱，在权利范围内指定将财产留给谁或不留给谁，使自己的身后权利得到保障。

　　遗嘱公证有利于止争息讼，避免纠纷。虽然大多数家庭都能本着团结协商的精神分割财产。但也有部分家庭，由于有的继承人争先抢夺、强占遗产，或排斥其他合法继承人，或分割遗产不公平等，因而引起纠纷。在某些结构复杂的家庭，如子女众多，亲生子女、继子女并存，亲生父母、继父母共存的家庭，继承纠纷会更加突出。老人作古后，身后子女为争夺财产起纷争，打官司，甚至大打出手、反目成仇的也不乏其例。因此，生前通过立遗嘱办公证来处分财产、避免纠纷不失为一项明智之举。即使是发生诉讼，根据有关法律规定，合法的公证遗嘱不经过质证，可直接作为证明法律事实的依据。因此可减少诉讼程序，节约诉讼时间。

　　遗嘱公证有利于满足人们的心理需求。家住平顶山市区南环路的刘女士，长年患病卧床，儿女各自成家忙于工作，不常在身边，是在家当保姆的侄女多年照顾着她。老人有感于侄女的多年照顾，儿女各自又都有住房，在征得儿女同意后，想在身后将属于自己的一套住房留给侄女。为防以后发生变故，老人立下遗嘱并办理了公证，了却了心愿。

　　保障老年人合法权益。遗嘱公证从某种意义上说更有利于晚辈尊重长辈，儿女孝敬老人，从而使老人老有所养，家庭成员和睦相处。如老人可以通过遗嘱，把财产留给赡养自己的子女或亲属；而子女如想继承老人的财产，就必须善待老人。在老人生前，用遗嘱公证能够促进子女关爱和孝敬老人。

另外，遗嘱公证还可变更、可撤销，可以补救遗嘱失误。

我们应正确认识遗嘱公证。在平顶山市区一家医院里发生过这样一件事：病床上躺着一位昏迷的老人，家人将公证员请到床前，等着老人口授遗嘱。但老人始终未醒过来。公证员只好对其家人讲：这个遗嘱不能做了，因为法律规定遗嘱人必须神志清醒，具有民事行为能力。

同时，遗嘱必须是遗嘱人的真实意思表达，受胁迫、欺骗的遗嘱无效。

另外，遗嘱自由也有限制。首先，遗嘱处分的财产，必须是完全属于个人的财产，处分国家、集体或他人的财产无效。如平顶山市区的张女士有二子一女，老伴于5年前过世，留下夫妇共有私房一处，存款若干，现与小儿子一起生活。小儿子虽生活拮据，但对其照顾得无微不至。张女士想办理遗嘱公证将所有财产交给小儿子继承。公证员告诉张女士，私房和存款原系他们夫妻共有财产，有其老伴一半的份额，在其老伴去世后，该份额由她和二子一女共同继承。虽然她老伴已去世5年，其间无人提出分割继承遗产的请求，但按《中华人民共和国继承法》规定："没有表示的，视为接受继承。"因此，二子一女依法享有上述财产的部分所有权，所以她只能立遗嘱处置自己应有的份额。如果二子一女书面表示放弃对父亲遗产的继承权，则她可以立遗嘱处置全部财产。其次，遗嘱公证不得违反法律和社会公德。如，遗嘱人将财产全部留给后妻，取消前妻所生未成年子女的必要遗产份额，这样的遗嘱也是无效的。

【温馨提示】

遗嘱公证是公民生前对自己的财产作出安排，并经国家公证机关公证，于死亡时立即发生法律效力的法律行为。为此，立遗嘱的内容必须符合以下条件：（1）神志清楚，有行为能力；（2）遗嘱的内容要合法，不能剥夺无行为能力或无独立生活能力的人的继承权；（3）遗嘱中的财产是个人合法财产。随着我国公民法律意识的提高，通过公证来更好地行使自己权利的方式越来越得到更多人的认同。《中华人民共和国继承法》对遗嘱公证等相关法律行为作出了具体详尽的规定，我们应当对此加以了解，以运用法律手段更好地维护自己的权益。

【法条链接】

《中华人民共和国继承法》

第十七条 公证遗嘱由遗嘱人经公证机关办理。

自书遗嘱由遗嘱人亲笔书写，签名，注明年、月、日。

代书遗嘱应当有两个以上见证人在场见证，由其中一人代书，注明年、月、日，并由代书人、其他见证人和遗嘱人签名。

以录音形式立的遗嘱，应当有两个以上见证人在场见证。

遗嘱人在危急情况下，可以立口头遗嘱。口头遗嘱应当有两个以上见证人在场见证。危急情况解除后，遗嘱人能够用书面或者录音形式立遗嘱的，所立的口头遗嘱无效。

第二十条 遗嘱人可以撤销、变更自己所立的遗嘱。

立有数份遗嘱，内容相抵触的，以最后的遗嘱为准。

自书、代书、录音、口头遗嘱，不得撤销、变更公证遗嘱。

第二十七条 有下列情形之一的，遗产中的有关部分按照法定继承办理：

（一）遗嘱继承人放弃继承或者受遗赠人放弃受遗赠的；

（二）遗嘱继承人丧失继承权的；

（三）遗嘱继承人、受遗赠人先于遗嘱人死亡的；

（四）遗嘱无效部分所涉及的遗产；

（五）遗嘱未处分的遗产。

3. 规范售房保权益

由国家建设部颁布的《商品房销售管理办法》于 2001 年 6 月 1 日起正式施行。它的颁布实施，对规范商品房销售行为，保障买卖双方合法权益，具有重大的现实意义。

根据《中华人民共和国城市房地产管理法》和《城市房地产开发经营管理条例》而制定的《商品房销售管理办法》（以下简称《办法》），是我国第一部关于商品房销售管理的法规，是消费者买房的尚方宝剑。

消费者要想在购房中维护自己的合法权益，得先把《办法》看仔细：

聚焦一：虚假广告遇"红灯"

《办法》规定，房地产开发企业、房地产中介服务机构发布的商品房销售广告和宣传资料所明示的事项，当事人应在商品房买卖合同中约定，如购房者发现所购房与广告内容不符，可视为卖方违约。为了解决消费者反映的所购商品房与样板房不一致的问题，《办法》规定，房地产开发企业设置样板房的，应说明实际交付的商品房质量、设备及装修与样板房是否一致，未作说明的，实际交付商品房必须与样板房一致。

聚焦二：买卖合同不能含糊其辞

《办法》要求，房地产买卖合同中对事关购房者权益的一些重要内容必须进行明确，并规定：房地产开发企业应当在订立合同之前向购房人明示《商品房销售管理办法》和《商品房买卖合同示范文本》；商品房采取预售的，还必须明示《城市商品房预售管理办法》。

聚焦三：开发商擅自变更规范设计，消费者有权退房

《办法》规定，房地产开发企业应当按照批准的规划、设计建设商品房。商品房销售后，房地产开发企业不得擅自变更规划、设计。经规划部门批准的规划变更，或经设计单位同意的设计变更，导致商品房的结构、户型、空间尺寸、朝向变化以及出现合同当事人约定的其他影响商品房质量或者使用功能情形的，房地产开发企业应当在变更确立之日起 10 日内，书面通知买受人。买受人有权在通知到达之日起 15 日内，作出是否退房的书面答复。买受人在 15 日内未作书面答复的，视同接受规划、设计变更以及由此引起的房价款的变更。房地产开发企业未在规定时限内通知买受人的，买受人有权退房；买受人退房的，由房地产开发企业承担违约责任。

聚焦四：商品房销售要符合 7 个条件

《办法》规定，现售商品房应符合 7 个条件：现售商品房的开发商应具有企业法人营业执照和房地产开发企业资质证书；取得土地使用权证书或使用土地的批准文件；持有建设工地使用权证书或使用土地的批准文件；持有建设工程规划许可证和施工许可证；已通过竣工验收；拆迁安置已经落实；供水、供电、供热、燃气、通信等配套基础设施具备交付使用条件，其他配套基础设施和公共设施具备交付使用条件或者已确定施工进度和交付日期；物业管理方案已落实。

聚焦五：禁止返本销售或售后包租

《办法》规定，房地产开发企业不得采取返本销售或者变相返本销售的方式销售商品房；不得采取售后包租或者变相售后包租的方式销售未竣工商品房。此外，部分房地产开发企业采取分割拆零销售商品住宅的做法，违背了建设部关于不得给一平方米产权颁发房屋所有权证的有关规定。

聚焦六：中介代理行为要规范

《办法》对房地产中介代理行为做了专门规定：房地产中介服务机构受托销售商品房时，应向购房人出示商品房的有关证明文件和商品房销售委托书，应如实向购房人介绍所代理销售商品房的有关情况；不得代理销售不符合销售条件的商品房；在代理销售商品房时不得收取佣金以外的其他费用。

聚焦七：开发商应该承担商品房质量保修责任

《办法》对商品房的保修期作出规定，同时明确：房地产开发企业应对所售商品房承担质量保修责任。《办法》不仅明确了商品房保修责任人，还规定购房当事人应当在合同中就保修范围、保修期限、保修责任等内容做出约定，保修期从交付之日起计算；商品房的保修期限不得低于建设工程承包单位向建设单位出具的质量保修书约定保修期的存续期；存续期少于《规定》中确定的最低保修期限的，保修期不得低于建设部发布的《商品住宅实行质量保证书和住宅使用说明书制度的规定》中确定的最低保修期限。

聚焦八：开发商不能私吞购房定金

《办法》中明确规定，购房人与商品房开发企业未能订立商品房买卖合同的，其预交的定金应被退还。《办法》规定，不符合商品房销售条件的，房地产开发企业不得销售商品房，不得向买受人收取任何预订款性质费用。符合商品房销售条件的，房地产开发企业在订立商品房买卖合同之前向买受人收取预订款性质费用的，订立商品房买卖合同时，所收费用应当抵作房价款；当事人未能订立商品房买卖合同的，房地产开发企业应当向买受人返还所收费用；当事人之间另有约定的，从其约定。

聚焦九：处理商品房面积纠纷有原则

《办法》主要从两个方面明确规定了面积纠纷的处理原则。一是增加了新的计价方式，即既可以按套（单元）计价，也可以按套内建筑面积或者建筑面积计价。二是规定合同中应当明确合同约定面积与产权登记面积发生误差的处理方式，并规定了合同未作约定时的处理原则，即面积误差在3%以内的部分多退少补；超过3%部分，由房地产开发企业承担；不足 3%的部分，由房地产开发企业向购房人双倍返还该部分房价款。

当今社会，房子已成为老百姓安家乐业的基础，而商品房销售往往是暗藏玄机、陷阱重重，如何维护购房者的合法权益成为百姓日益关心的问题。对商品房销售行为的规范，也是维护社会经济秩序所需。2001年3月14日建设部颁布的《商品房销售管理办法》，首次对商品房销售条件、广告与合同、交付、房地产中介服务机构等问题进行了全面系统的规范，并针对虚假广告、面积纠纷、质量保修、购房定金等热点问题进行了专门的规定，明确了商品房销售各方主体的权利义务及法律责任，真正成为了老百姓的购房"宝典"。

【法条链接】

建设部《商品房销售管理办法》

第二十条 按套内建筑面积或者建筑面积计价的，当事人应当在合同中载明合同约定面积与产权登记面积发生误差的处理方式。

合同未作约定的，按以下原则处理：

（一）面积误差比绝对值在3%以内（含3%）的，据实结算房价款；

（二）面积误差比绝对值超出3%时，买受人有权退房。买受人退房的，房地产开发企业应当在买受人提出退房之日起30日内将买受人已付房价款退还给买受人，同时支付已付房价款利息。买受人不退房的，产权登记面积大于合同约定面积时，面积误差比在3%以内（含3%）部分的房价款由买受人补足；超出3%部分的房价款由房地产开发企业承担，产权归买受人。产权登记面积小于合同约定面积时，面积误差比绝对值在3%以内（含3%）部分的房价款由房地产开发企业返还买受人；绝对值超出3%部分的房价款由房地产开发企业双倍返还买受人。

面积误差比 ＝（产权登记面积 － 合同约定面积）/合同约定面积 × 100%

因本办法第二十四条规定的规划设计变更造成面积差异，当事人不解除合同的，应当签署补充协议。

第四十五条 本办法所称返本销售，是指房地产开发企业以定期向买受人返还购房款的方式销售商品房的行为。

本办法所称售后包租，是指房地产开发企业以在一定期限内承租或者代为出租买受人所购该企业商品房的方式销售商品房的行为。

本办法所称分割拆零销售，是指房地产开发企业以将成套的商品住宅分割为数部分分别出售给买受人的方式销售商品住宅的行为。

……

4. 物业管理有法依

如今买房子，物业管理水平已成为必被考虑的重要标准之一。而由物业管理引发的诸多纠纷让业主们心寒，如小区的绿化带突然"缩水"，公共设施从来无人过问，物业公司单方面签订"霸王条款"……从 2003 年 9 月起，《物业管理条例》（以下简称《条例》）正式开始实施，其中许多人性化条款的增加使业主的权益真正有了保障。

关注一：小区公用配套设施不能擅改用途

近来，河南省平顶山市的王先生有点忙，忙着和物业公司打官司。他住在自己的小区已有几个年头了，当初买房子就是看中了小区内郁郁葱葱的绿化。不过随着时间的推移，小区内的绿化带越来越少，取而代之的是一些由水泥、钢筋等组成的道路和小房子。王先生觉得物业公司这样做有点不妥，几次和左邻右舍说起此事，大家也有同样的感觉，但都不知该如何是好。

王先生听说出了个新《条例》，对于这方面有所涉及，特地找了律师咨询。律师说物业公司的做法违反了《条例》，可以通过法律手段来解决。于是王先生和小区内的几个业主打算一同把物业公司告上法庭。

《条例》第五章关于"物业的维护和使用"明确指出：物业管理区

域内按照规划建设的公共建筑和共用设施，不得改变用途。业主依法确需改变公共建筑和共用设施用途的，应当在依法办理有关手续后告知物业管理企业；物业管理企业确需改变公共建筑和共用设施用途的，应当提请业主大会讨论决定同意后，由业主依法办理有关手续。业主、物业管理企业不得擅自占用、挖掘物业管理区域内的道路、场地，损害业主的共同利益。

这就意味着，小区的公共建筑配套功能不能随意改变其用途，一定要按照楼盘的设计功能来执行。对那种类似于小区规划中的绿地变成高楼或道路等这一类的纠纷，业主不会再吃"哑巴亏"了。

关注二：物业公司不再代收水电费

水电费的收取一直是市民关心的问题。王女士就对物业公司代收水电费一事意见颇大。她觉得由别人来代自己缴费总有点不明不白。

物业公司对此也有难言之隐，因为他们经常要替拖欠水电费的业主"垫钱"。原来物业公司与供水、供电等部门签订有缴费协议，物业公司负责收取业主的水电费，而供水、供电部门则直接每月从物业公司的账户上划走账款。这样，有的业主由于种种原因一直不缴水电费，但物业公司的账户上还是会被划走这笔钱。

《条例》第四十五条规定：物业管理区域内，供水、供电、供气、供热、通信、有线电视等单位应当向最终用户收取有关费用。物业管理接受委托代收前款费用的，不得向业主收缴手续费等额外费用；第五十二条规定：供水、供电、供气、供热、通信、有线电视等单位，应当依法承担物业管理区域内相关管线和设施设备维修、养护的责任。因维修、养护等需要，临时占用、挖掘道路场地的，应当及时恢复原状。王女士觉得以后由自己来缴水电费，虽然多了一件事情，但觉得这样比较清楚明白。

关注三：物业公司可告"欠费户"

某物业公司碰到了这样一件麻烦事：一位业主住进这家物业公司所管辖的小区已经有两年了，但至今只交了半年的物业管理费。按照每平方米收 5 角物业管理费的规定，这位业主一年半来所欠费用全部加起来有 1500 元。不过那位业主就是不肯交，物业公司员工几次上门都被拒之门外。业主说物业公司的服务不好，但物业公司觉得自己的服务如不到位，为什么别的业主都能及时交呢？物业公司觉得那位业主是故意不交物业管理费。这家物业公司拿这位拒交物业管理费的业主还真不知如何是好。

《条例》规定：违反物业服务合同约定，业主逾期不交纳物业管理费用的，业主委员会应当督促其限期交纳；逾期仍不交纳的，物业管理企业可以向人民法院起诉。这一规定保障了物业管理企业的正常活动，也符合《条例》遵循的维护全体业主合法权益的原则。以往一些业主会因各种原因拖欠或拒绝交纳物业管理费，物业公司往往拿这些拖欠物业管理费用的少数"老赖"业主没办法。而按照《条例》规定，这样的业主将受到业主委员会和法律的监督。

关注四：业主大会可"炒掉"物业公司

前段时间发生在广州的业主炒物业公司的事件轰动了全国上下。业内人士介绍，《条例》中吸引人眼球的就是业主大会投票率达 2/3 就可"炒掉"物业公司。

《条例》第十二条明确指出：业主大会作出制定和修改业主公约、业主大会议事规则，选聘和解聘物业管理企业，专项维修资金使用和统筹方案的决定，必须经物业管理区域内全体业主所持投票权 2/3 以上通过。

这就意味着，物业管理区域内全体业主所持投票权 2/3 以上通过，即可选聘、解聘物业管理企业。同时对小区物业管理的专项维修资金使用和统筹方案，小区业主有了决定权，即使是发展商属下的物业公司，发展商也难从中抽取资金挪作他用。

然而《条例》中也存在着许多不健全之处。像小区楼顶的"露天广告牌"、外立面上霓虹灯广告以及广告经营的收益应该怎么计算？小区对外开放的游泳池收益是应该归物业公司，还是开发商或者广大业主所有？还有市民最关心的业主人身、财产安全受到损害，物业公司的法律责任如何界定？这些问题在《条例》中或没有提及，或界定不清。相信随着日常生活中具体问题的出现及解决，《条例》的相关方面会得到不断的完善。

【温馨提示】

物业管理从产生初期的随意、无序，到如今的慢慢走上正轨，历经二十余年。从2003年9月起，《物业管理条例》正式开始实施，2007年8月进一步修订，物业管理过程中存在的许多问题已经切实有法可依。《物业管理条例》增加了许多人性化的条款，使业主挺直了腰杆子，同时也使物业公司的管理有章可循。

【法条链接】

国务院《物业管理条例》

第十二条 ……

业主大会决定本条例第十一条第（五）项和第（六）项规定的事项，应当经专有部分占建筑物总面积2/3以上的业主且占总人数2/3以上的业主同意；决定本条例第十一条规定的其他事项，应当经专有部分占建筑物总面积过半数的业主且占总人数过半数的业主同意。

……

第四十五条 物业管理区域内，供水、供电、供气、供热、通信、有线电视等单位应当向最终用户收取有关费用。

物业服务企业接受委托代收前款费用的，不得向业主收取手续费等额外费用。

第五十条 物业管理区域内按照规划建设的公共建筑和共用设施，不得改变用途。

业主依法确需改变公共建筑和共用设施用途的，应当在依法办理有关手续后告知物业服务企业；物业服务企业确需改变公共建筑和共用设施用途的，应当提请业主大会讨论决定同意后，由业主依法办理有关手续。

第五十二条 供水、供电、供气、供热、通信、有线电视等单位，应当依法承担物业管理区域内相关管线和设施设备维修、养护的责任。

前款规定的单位因维修、养护等需要，临时占用、挖掘道路、场地的，应当及时恢复原状。

第六十七条 违反物业服务合同约定，业主逾期不交纳物业服务费用的，业主委员会应当督促其限期交纳；逾期仍不交纳的，物业服务企业可以向人民法院起诉。

5. 购房立约学问多

对老百姓来说，买房是生活中的大事。由于我国不动产立法不完善，市场机制不健全，商品房交易行为不规范，在商品房买卖中严重损害买受人合法权益的事件时有发生。商品房买卖纠纷也一直是消费者的投诉热点。

为了指导人民法院公正处理商品房买卖合同纠纷，依法保护商品房买卖合同当事人的合法权益，规范房地产市场的交易行为，最高人民法院在 2003 年 5 月 7 日发布了《关于审理商品房买卖合同纠纷案件适用法律若干问题的解释》（以下简称《解释》），并于 2003 年 6 月 1 日起实施。《解释》共二十八条，主要对商品房预售合同的效力、商品房销售广告、拆迁补偿安置、房屋面积缩水、商品房的交付使用及风险承担、商品房质量等方面如何具体适用法律作出明确的规定。

惩罚性赔偿责任

特别值得关注的是，《解释》对出卖人严重违反诚实信用原则、损害买受人利益的恶意违约、欺诈等行为，明确规定可以适用惩罚性赔偿责任。

虽然有了《中华人民共和国消费者权益保护法》（以下简称《消法》）和《中华人民共和国合同法》（以下简称《合同法》）规定有惩罚性赔偿责任，但在以往遇到商品房市场欺诈行为时，人们能听到的多是"商品房是特殊商品，不适用《消法》"、"商品房不是生活消费品，不适用《消法》"、"商品房欺诈实行双倍赔偿难于承受"等理由，这些说法也在相当程度上制约了法院对案件的处理。因而，尽管商品房欺诈现象屡见不鲜，然而适用《消法》得到双倍赔偿的却十分罕见。不过，从《商品房销售管理办法》第二十条关于面积误差绝对值超出 3%部分的房价款实行双倍返还的惩罚性规定执行情况来看，社会对这样的规定还是普遍认可的。这也为《解释》将惩罚性赔偿责任引入商品房市场，打下了良好的社会基础。

《解释》的第八条、第九条中明确规定了商品房买卖过程中因出卖人恶意违约和欺诈，致使买受人无法取得房屋的，可以适用惩罚性赔偿责任的五种情形：一是商品房买卖合同订立后，出卖人未告知买受人又将该房屋抵押给第三人；二是商品房买卖合同订立后，出卖人又将该房屋出卖给第三人；三是订立合同时，出卖人故意隐瞒没有取得商品房预售许可证明的事实或者提供虚假商品房预售许可证明；四是在订立合同时，出卖人故意隐瞒所售房屋已经抵押的事实；五是订立合同时，出卖人故意隐瞒所售房屋已经出卖给第三人或者为拆迁补偿安置房屋的事实。由此五种情形导致商品房买卖合同被确认无效或者被撤销、解除时，买受人除可请求出卖人返还已付购房款及利息、赔偿损失外，还可以请求出卖人承担不超过已付购房款一倍的赔偿责任。这些规定将有利于有效制裁和遏制欺诈、恶意违约等摒弃诚实信用原则、严重损害市场交易安全的行为，维护守约方的合法权益，促进社会诚信制度的确立。

虽然《解释》规定的惩罚性赔偿责任是以《合同法》第一百一十

三条和《消法》第四十九条规定的惩罚性赔偿责任为依据的，但不是对《消法》第四十九条规定的直接适用。《解释》所规定的惩罚性赔偿责任在适用条件和结果上都与《消法》第四十九条的规定是有区别的。《消法》适用前提是欺诈，而《解释》规定了五种情形；在结果上，《消法》的标准是"双倍"，而司法解释是"不超过已付购房款一倍"。这样的规定，既兼顾了买受人的合法权益，又考虑了商品房市场的实际情况，有利于促进商品房市场的健康发展。

"双倍赔偿"不太现实

虽然《解释》已经有了对开发商的惩罚性赔偿的规定，但许多人都认为，《解释》的"双倍赔偿"规定无疑是给了商品房买受人一把反房屋买卖欺诈的利器。

可是，如果细细斟酌分析，所谓的惩罚性"双倍赔偿"责任，《解释》中第八条、第九条虽然规定了五种可以获得不超过一倍赔偿的情形，但买受人要获得双倍赔偿并不太容易。

首先，不能把惩罚性赔偿理解为"买一赔一"。如要获得惩罚性赔偿，其前提必须是"导致商品房买卖合同目的不能实现的。无法取得房屋的"（《解释》第八条）和"导致合同无效或者被撤销、解除的"（《解释》第九条）。因此，买受人如果能够取得房屋，就不再适用这两条可以"惩罚性赔偿"的条款。

其次，不能把惩罚性赔偿理解为"双倍赔偿"。应当特别注意，《解释》第八条和第九条中提到的是"不超过一倍的赔偿责任"，显然，"不超过一倍"并不等于"双倍"。而且，规定中的"承担不超过一倍的赔偿责任"，由于也没有对此进行硬性规定，在实际案件中操作起来相当困难。

再次，"故意隐瞒"（《解释》第九条）中的"故意"在司法实践中是非常难确定的。从《消法》规定的"欺诈"到《解释》规定的惩罚性赔偿责任，已经将《消法》规定的"双倍赔偿"范围缩小了许多。而且，所谓"故意隐瞒"中的"故意"，将来在诉讼中举证十分困难，因而最终也难以获得法院的认可。

最后，《解释》中列举的五种情形，有时也会由于人为因素的变化，最终不一定会被法院认定为需要"承担不超过一倍的赔偿责任"。比如，《解释》第九条第一款规定，无许可证销售或造假许可证销售导致合同无效的开发商须承担一倍以内的赔偿责任，但《解释》第二条却规定出卖人如在诉讼期补办好许可证的，合同仍有效，这就让无证销售的开发商有空子可钻。

知道了上面规定，买受人在打商品房官司提出"双倍赔偿"的请求时一定要谨慎。因为买受人要求双倍赔偿的商品房纠纷案件，其诉讼费都会相应地比较高，诉讼费多的在万元以上，少的也在千元以上。一旦买受人提出的双倍赔偿请求得不到法院的支持，就要相应承担诉讼风险，承担一定的诉讼费，很有可能得不偿失。

《解释》的积极意义

法律的公平从来都是相对的。商品房买卖中的买受人也应该把公平看成相对的，应当承认法律公平本身也一定会有对自己不利的一面。如果能认识到这一点，我们再换个角度来审视《解释》就能看到，《解释》已经带来了许多重大突破，其进步意义还是主要的。

首先，在《解释》中，购买房屋者不再称为"消费者"而称之为买受人，无论是用于经营投资，还是商家购买的商品房，都可以列在惩罚性赔偿这一范畴中，从而不再要求购买房屋者将房屋用于"生活消费"。因此，这比《消法》的规定请求"双倍赔偿"者必须是"消费者"无疑是一个巨大的进步。

其次，惩罚性赔偿责任的引入，突破了传统民法理论中合同赔偿责任在于填补损失而非惩罚的观念。而且，《解释》给予了法官在个案中根据出卖人的情节斟酌衡量赔偿数额的空间，而并不要求机械地一律适用"一倍"赔偿的标准，体现了法规的灵活性。惩罚性赔偿责任的适用，在司法上也会产生多种好的成效：一方面保护了受害方的合法权益，而且有额外的赔偿金；另一方面使加害者受到了惩罚而且要增加赔偿。这种制度代表了法律前进的方向。

再次，《解释》毕竟不是一部专门保护房屋买受人的规定，它是在参考国外立法和实践的基础上，结合我国房地产开发的实际，规定了五种情形适用惩罚性赔偿责任，并将其数额控制在"已付房款的一倍以下"，使惩罚性赔偿制度控制在一定的合理限度内，目的是促进社会诚信的逐步建立和房地产市场的健康发展。

最后，《解释》作出的规定，是对人民法院处理商品房买卖纠纷法律适用的统一，从而可以避免过去人民法院在审理商品房买卖纠纷案件时法律适用不一、判决不一的不利局面，有利于国家法制的统一。

【温馨提示】

近几年来，我国房地产业快速发展，商品房买卖从一种新鲜事物逐渐演化为一种大众消费现象。然而，由于我国相关立法还不完善，市场机制不健全，因此在交易行为中买受人合法权益受到侵害而引起的商品房买卖纠纷日渐增多。最高人民法院在 2003 年 5 月 7 日发布的《关于审理商品房买卖合同纠纷案件适用法律若干问题的解释》规范了房地产市场的交易行为，对商品房预售合同的效力、商品房销售广告、拆迁补偿安置、房屋面积缩水、商品房的交付使用及风险承担、商品房质量等方面如何具体适用法律均作出了明确的规定，使老百姓在购房立约的过程中有了明确的法律保障。

【法条链接】

《最高人民法院关于审理商品房买卖合同纠纷案件适用法律若干问题的解释》

第二条　出卖人未取得商品房预售许可证明，与买受人订立的商品房预售合同，应当认定无效，但是在起诉前取得商品房预售许可证明的，可以认定有效。

第八条　具有下列情形之一，导致商品房买卖合同目的不能实现的，无法取得房屋的买受人可以请求解除合同、返还已付购房款及利息、赔偿损失，并可以请求出卖人承担不超过已付购房款一倍的赔偿责任：

（一）商品房买卖合同订立后，出卖人未告知买受人又将该房屋抵押给第三人；

（二）商品房买卖合同订立后，出卖人又将该房屋出卖给第三人。

第九条　出卖人订立商品房买卖合同时，具有下列情形之一，导致合同无效或者被撤销、解除的，买受人可以请求返还已付购房款及利息、赔偿损失，并可以请求出卖人承担不超过已付购房款一倍的赔偿责任：

（一）故意隐瞒没有取得商品房预售许可证明的事实或者提供虚假商品房预售许可证明；

（二）故意隐瞒所售房屋已经抵押的事实；

（三）故意隐瞒所售房屋已经出卖给第三人或者为拆迁补偿安置房屋的事实。

6. 血泪控诉防骗术

家，在人们的眼里，是一个充满温馨和爱的场所。但恰恰就是在人们的不经意之中，许多危险悄悄来临，致使一些毫无防范意识的人们成了犯罪分子入室抢劫、绑架甚至杀害的对象。

河南省平顶山市内有一户人家，白天儿女上班，家中只剩一位老太太看家。一天，一位手拿空气清新器、推销员模样的人来到老太太家，几声敲门后，老太太开了门。推销员开始介绍，老太太听完后半信半疑，似乎不相信有免费试用一个月的好事。"如果你不信，我可以先在你家做一下示范，告诉您怎么使用，再把机器留下！"面对免费试用的诱惑，老太太终于答应让这个推销员模样的人进来。悲剧就这样发生了，老太太被杀，家中财物被洗劫一空……

血的教训令人遗憾，令人震惊，令我们不得不提高警惕。

歹徒的几种骗术，我们应该加以提防：

冒充煤气公司工作人员。2000年5月的一天上午，平顶山市某银行家属院。该家属院的每幢楼、每个单元都装有铁门和防盗对讲系统，但两名歹徒仍然找到了一扇打开着的单元门，毫不费力地进了楼内。在四楼，他们又找到了一家防盗门敞开、只关着木门的住户。敲门后，一位30多岁的男士出来了。"你好，我们是煤气公司的，来调查一下抄表情况是否正常、工作人员是否负责。""正常，正常，没有什么。"男士忙不迭地说。"那我们可以进去看看吗？"可以可以。"男士回答很干脆。两名歹徒一拥而入……

装扮成警察，利用人们对这一特殊职业的信任，让人轻易打开房门。2002年冬天的一天，一名歹徒穿上偷来的警服来到市区一户人家门前。一阵急促的敲门声后，防盗门里面的门打开了，一位40多岁的女同志打量着这位"警察"。"我是派出所的，今天凌晨发生了一起案子，来各户摸一下情况，请把户口簿拿来看一下！"来人边说边拉开防盗门，进了屋。进屋后，假"警察"看到室内无其他人，便把这位女同志打晕在地，进行疯狂抢劫。

利用童心幼稚，用谎言哄儿童开门。2003年秋天的一天，一名歹徒来到崔某家楼下，用手机拨通了崔家的电话："丽丽，你一个人在家吗？""你是……""连我你都听不出来了，我是你爸爸的朋友，还去过你家呢！今天晚上有人请你爸爸吃饭，让我来接你，现在我就在你家楼下。我上去接你好吧！""我要等我妈一块儿去！""你妈妈已经去了，他们让我来接你！"小女孩犹豫了一会儿说："那好吧！"这个歹徒上楼敲开了门，绑架了这个小女孩。

血和泪的教训，昭示我们一定要有安全防范意识。针对歹徒入室作案，平顶山市公安局治安支队支队长王大地告诫人们牢记以下安全常识：

对公职人员上门工作，如查电表、查气表、查水表等，居民有权利要求对方出示证件；警察上门执行公务，按照规定必须是两人以上，且必须主动向住户出示证件，否则应谢绝他们入内。另外。有条件的家庭最好都装上防盗门窗及猫眼等安全设施，而且不要让这些设施形同虚设。

面对上门推销商品、上门进行家庭服务，如维修家电、清洗油烟机、疏通下水管道者，要保持足够的警惕，没有事先约好千万不要轻易开门。同时，一定不要贪小便宜。遇到纠缠不清的上门推销者，可以警告对方："我要报警了。"

小孩、老人、妇女（可以统称为弱防能力的人）在家时，一定要做好安全防范。首先，学校、家长要教育孩子认识社会的复杂，改变脸谱化的善恶教育，不要让幼小的童心被坏人伪装成的善良外表所蒙骗。其次，大人与外界交往中要谨慎，名片不要乱发，家庭住址、电话不要乱留，以免留下后患。再次，让老人、妇女、孩子单独在家里时，要保持通信联系畅通。最后，老人、妇女、孩子单独在家时，可在门外放一双男鞋，造成男主人在家的假象，使犯罪分子不敢轻易下手。

【温馨提示】

家是人们避风的港湾，是充满爱和温馨的地方，也是人们最能放松身心、毫无戒备的地方。但恰恰就是这种放松的环境给不法分子提供了可乘之机。很多不法分子将人们的住宅选择为作案地点，严重危害了人民群众的生命财产安全。因此，家庭安全防范切不可大意，除了要增加必要的安全防范常识外，当我们的人身财产权益受到侵害时，还应懂得拿起《刑法》这一法律武器维护自身合法权益，惩治违法犯罪分子。

【法条链接】

《中华人民共和国刑法》

第二百六十三条　以暴力、胁迫或者其他方法抢劫公私财物的，处三年以上十年以下有期徒刑，并处罚金；有下列情形之一的，处十年以上有期徒刑、无期徒刑或者死刑，并处罚金或者没收财产：

（一）入户抢劫的；

（二）在公共交通工具上抢劫的；

（三）抢劫银行或者其他金融机构的；

（四）多次抢劫或者抢劫数额巨大的；

（五）抢劫致人重伤、死亡的；

（六）冒充军警人员抢劫的；

（七）持枪抢劫的；

（八）抢劫军用物资或者抢险、救灾、救济物资的。

第二百六十四条　盗窃公私财物，数额较大的，或者多次盗窃、入户盗窃、携带凶器盗窃、扒窃的，处三年以下有期徒刑、拘役或者管制，并处或者单处罚金；数额巨大或者有其他严重情节的，处三年以上十年以下有期徒刑，并处罚金；数额特别巨大或者有其他特别严重情节的，处十年以上有期徒刑或者无期徒刑，并处罚金或者没收财产。

7. 消防安全大于天

1998年9月1日在中国消防史上是一个特殊的、值得纪念的日子。自那天始，《中华人民共和国消防法》（以下简称《消防法》）正式施行。

《消防法》的颁布实施是我国消防法制建设的一个重要里程碑，标志着我国消防工作正式步入法制化轨道。

《消防法》颁布实施 5 年来，河南省平顶山市各级党委、政府高度重视消防工作，认真履行《消防法》赋予的职责，将消防安全管理、公共消防设施建设、城市消防规划等纳入了政府工作责任目标，与经济建设和社会发展统筹安排、同步实施。具体表现在：加大了消防投入，城市公共消防基础设施明显改善；强化了消防监督管理，一大批火灾隐患得到整改；加强城市社区消防建设，夯实了社会消防基础；开展了多种形式的宣传教育，全民的消防安全意识普遍增强；各单位认真贯彻落实《机关、团体、企业、事业单位消防安全管理规定》，树立了消防安全责任主体意识，加强了消防安全管理，形成了"政府领导，单位自我管理、自我约束，公安消防机构依法监督，全民共同参与"的社会化消防格局，消防工作步入了法制化、规范化的轨道。

平顶山市公安局主抓消防工作的副局长赵开生介绍说，《消防法》颁布实施以来，平顶山市消防事业取得飞速发展，消防部队伴随平顶山市经济发展而逐渐成长壮大。如今，这支与火魔做斗争的钢铁之师不负重托，不辱使命，继往开来，与时俱进，出色完成了《消防法》赋予的消防监督和灭火救援的神圣职责，维护了社会稳定，促进了经济发展，"人民满意消防部队"就是对他们的最高褒奖。

随着经济发展和现代化建设步伐的加快，新工艺、新材料、新技术大量涌现，使火灾也长出了新的凶牙利爪，消防官兵面对的是更加凶险的火灾现场、更加复杂的灭火救援任务。平顶山市消防官兵及时更新训练观念，积极探索执勤训练改革，牢固树立"练为战"的指导思想，加强执勤战备工作，深化岗位练兵活动，不断加大现代化装备配置，优化装备结构，提高消防信息化建设水平，极大地提高了官兵灭火救援的实战能力，使部队能够适应多样性、复杂性火灾及各种灾害事故的抢险救援需要，保证了部队能随时拉得出、冲得上、救得快，把火灾损失减少到最低限度。

为改进消防监督管理模式、简化办事程序、加快工作节奏，为地方经济建设提供快捷、便利、优质的消防服务，平顶山市公安消防支队向社会公布了包括实行警务公开、简化审批程序、缩短办事时限、规范执法行为等在内的十项便民措施，从而进一步方便了人民群众和企事业单位办理各类消防审批业务，规范了消防执法程序，增强了执法透明度，树立了消防部门执法为民、廉洁高效的良好形象。

据平顶山市公安消防支队支队长延少贤、政委孙跃宏介绍，近年来，平顶山市广大消防官兵在市委、市政府的领导下，在有关部门的大力配合下，先后组织开展了针对公众聚集场所、易燃易爆单位、汽车加油站和网吧等的 10 余次专项治理活动。广大消防官兵充分发挥职能作用，严格履行职责，把开展消防安全检查，查处各类消防违法违章作为减少火险隐患、预防火灾事故的一项重要措施常抓不懈，坚决做到"不畏首、不畏权、不畏钱"，敢于碰硬，大胆查处，不管是什么单位、什么人，有什么特权，只要消防不合格，就必须依法彻底整改，该停业的停业，该取缔的取缔，决不姑息迁就，养患成灾，大大改善了全市的消防安全环境。

经过全市消防部队和社会各界的共同努力，平顶山市的消防工作取得了比较可喜的成绩，但是，警钟长鸣，防患于未然这个主题永不会变。在现实生活中，笔者采撷了两组镜头：

镜头一：2003 年 8 月 19 日上午，一居民家中私自存放的一个汽油桶突然发生爆炸，祖孙三代、一家 7 口被烧得面目全非，4 人伤势严重、生命垂危。

镜头二：市区东环路附近一木材厂发生大火，附近无消火栓可用，消防官兵只有驱车到 2 公里以外的六六盐公司附近的消火栓取水，使灭火工作陷入被动。

此类现象不一而足，反映出平顶山市的消防工作还存在一些不容忽视的问题：

全社会的消防安全意识和法制观念还有待进一步加强。火灾发生的原因是多方面的，但 80%的火灾都是由于违章用火、用电、用气和违反安全操作规程等人为因素引起的。相当一部分社会成员和业主对消防安全重要性认识不足，违法违章行为普遍存在。一些单位岗位防火责任制不健全、不落实，个体私营业主和家庭成员防火意识淡薄，蛮干、冒险作业，更有一些单位、场所竟无视职工和顾客的人身安全，人为封堵疏散通道和安全出口，以致火灾发生时人员难以逃生、致使小火酿成大灾。

城市公共消防设施和灭火车辆装备器材滞后问题还未根本扭转，社会抗御火灾的能力比较低。消防队数量少，保护面积过大，一旦一些距消防队较远的单位发生火灾，就会因失去最佳扑救时机而使小火酿成大灾。消火栓欠账多、缺口大。据统计，截至 2003 年 7 月，全市应建消火栓 1236 个，现有 325 个，缺 911 个；市区应建 721 个，现有 162 个，缺 559 个。特别是目前一些新建、改建的城市道路，在建设时仍未按规定安装消火栓，出现旧账未还、又欠新账的情况，非常令人担忧。消防车辆少、老化严重，装备差，特勤器材和个人防护器材严重不足，很难适应扑救重特大火灾和复杂情况下火灾的需要。

各类火灾隐患大量存在。由于种种原因，在一些地区和单位不同程度地存在着各类火灾隐患。特别是个别单位不能正确处理生产经营与消防安全的关系，不舍得投资整改隐患，致使隐患长期存在，直接威胁着消防安全。还有一些单位有法不依，建筑工程未经消防审核擅自施工，未经验收合格擅自投入使用，公众聚集场所未经消防安全检查合格擅自营业，造成大量先天性火灾隐患。

成绩与问题并存，机遇与挑战同在，消防事业任重而道远。各单位对消防工作重要性的认识不断提高，全民消防安全意识进一步增强，消防基础设施建设的不断发展，是全社会的共同期待。

【温馨提示】

《中华人民共和国消防法》的颁布实施迈出了消防工作法制化的重要一步。消防部队随之不断壮大、完善，出色履行着消防监督和灭火救援的神圣职责，为维护社会稳定、保障经济发展贡献了一份力量。消防安全管理、公共消防设施建设、城市消防规划等也被纳入了政府工作责任目标，与经济建设和社会发展统筹安排，消防安全的重要性由此可见一斑。但现阶段社会消防安全意识和法制观念不够、城市公共消防设施和灭火车辆装备器材滞后、各类火灾隐患大量存在等问题对消防安全还存在着挑战。消防安全不仅是消防官兵的职责，它还事关每个家庭的安全幸福，因此也是每一个公民应尽的义务。我们要提高消防安全意识、从我做起消除火灾隐患。

【法条链接】

《中华人民共和国消防法》

第五条 任何单位和个人都有维护消防安全、保护消防设施、预防火灾、报告火警的义务。任何单位和成年人都有参加有组织的灭火工作的义务。

第六条 各级人民政府应当组织开展经常性的消防宣传教育，提高公民的消防安全意识。

机关、团体、企业、事业等单位，应当加强对本单位人员的消防宣传教育。

公安机关及其消防机构应当加强消防法律、法规的宣传，并督促、指导、协助有关单位做好消防宣传教育工作。

教育、人力资源行政主管部门和学校、有关职业培训机构应当将消防知识纳入教育、教学、培训的内容。

新闻、广播、电视等有关单位，应当有针对性地面向社会进行消防宣传教育。

工会、共产主义青年团、妇女联合会等团体应当结合各自工作对象的特点，组织开展消防宣传教育。

村民委员会、居民委员会应当协助人民政府以及公安机关等部门，加强消防宣传教育。

第七条　国家鼓励、支持消防科学研究和技术创新，推广使用先进的消防和应急救援技术、设备；鼓励、支持社会力量开展消防公益活动。

对在消防工作中有突出贡献的单位和个人，应当按照国家有关规定给予表彰和奖励。

8. 远离家暴话温存

1999 年 11 月 3 日联合国大会正式通过由多米尼加共和国提出、60 多个国家支持的建议，将每年的 11 月 25 日确定为"国际消除对妇女的暴力日。"

这是一组触目惊心的数字：世界卫生组织最新发布的《世界暴力与卫生报告》，在对世界 48 个人群的调查中发现，10%～69% 的妇女曾被男性伴侣施以暴力。有资料介绍说，20 世纪全世界有 25%～50% 的妇女都曾受到过与其关系密切者的身体虐待；世界上 15～44 岁的女性中，因暴力造成的死亡和伤残数超过因癌症、交通事故和疟疾造成的死亡和伤残数之和。

中国法学会 2004 年 10 月公布的一项调查报告显示：34.7% 的家庭存在暴力冲突，28.9%～23.8% 的家庭出现过丈夫辱骂妻子，20%～16% 的家庭妻子被丈夫动手打过，5.8%～2.3% 的家庭妻子遭受过性暴力。

家庭暴力危害严重，我们通过两个案例加以了解：

（一）不要和陌生人说话

　　她死了，人们说她死得很可惜也很可怜。10 年前，她还在河南省郑州市一所大学读大三的时候，一次偶然的机会邂逅了生命中的"他"。那是一个深秋的傍晚，她从小就一起生活的外婆病危，父母要她赶回去见上一面。她接到家里的电话时，天色已晚，省城已经没有直达平顶山的车了。她先坐车到了禹州市，指望到禹州后能搭上一趟过路车，但她在路边等了近半个小时也没有过来一班车。天渐渐黑了，并下起雨来，她离开学校时走得比较匆忙，衣服穿得比较单薄，瑟瑟秋风夹着雨点打在她身上，寒冷和对夜的恐惧使她感到一丝害怕。"吱——"随着刹车声，一辆面包车停在她身边。"姑娘到哪里去？要不要带你一程？"透过车窗她看到一张非常英俊而且憨厚的脸庞。"我到平顶山。""上来吧。"她有点迟疑。他从提包内掏出驾驶证、身份证告诉她："不放心？我也是平顶山的，顺路。"她怀着忐忑不安的心情上了他的车。路上他很少与她说话，一直把她送到家。下车时，她想对他说几句感激的话，话刚一出口，就被他打住了。"不用谢了，谁都会有难处的时候，我经常到省城去，有机会欢迎还坐我的车。"说完顺手递过来一张名片，然后笑了一下开车走了。她进到家里时，外婆已到了弥留之际，当她握住外婆的手时，外婆脸上露出一丝微笑，满意地去了。她很感激他。回到学校后，她决定给他打个电话说声谢谢，电话那边传来浑厚的声音："我现在就在郑州。"当天晚上，他们一起共进了晚餐，她知道了他是平顶山市一家民营企业的老板，还知道了他妻子几年前因车祸不在了，现在独身一人。她非常同情他的不幸。那天晚上以后，他们经常通电话，他来郑州的时候，常常来看她，一起吃吃饭，散散步。她回平顶山的时候，也常到他公司坐坐。她毕业后，他邀请她到他的公司上班，她当时还没有安排好工作，欣然同意。再后来，她便成了他的妻子。

　　尽管他的年龄比她大了 10 多岁，尽管家人反对她嫁给他，但她义无反顾地走进了他的生活。结婚不久，他让她辞去了公司的工作，专心管理家庭。很快，她就发现他几乎天天在外面跑。她还发现，他的心胸比较狭窄，他非常严格地要求她呆在家里，包括买菜都让保姆去办。他不希望她跟她的朋友交往，更不允许她同异性接触。开始时，她不在乎他这些要求，但每次他知道她跟朋友接触后，都会大发雷霆。再后来发展到开始动手打她，让她带着他找与她有来往的朋友说明情况等，弄得她非常尴尬。渐渐地她几乎与所有的朋友都断绝了来往。就这样还不行，要是哪天他和她上街，她与认识的异性站在路边说几句话，回到家里她就要遭受一阵皮肉之苦。结婚四年多，她整天就在伤害中生活。她想和他离婚，他不同意，并以死相要挟。她想自己死了只要他还活着，他们的孩子就有人管。在生不如死的思想支配下，她选择了死。

（二）"杀了他，我和孩子都解脱了"

对她的采访是在平顶山市一家看守所里进行的。她因为杀了她的丈夫涉嫌犯罪被检察机关批准逮捕。她杀人的动机很明显，就是要致她的丈夫于死地。她和她的丈夫都可以说是家庭暴力的牺牲品。她的丈夫嗜酒如命，整天在外面喝酒，一喝就醉，一醉就开始回家里找茬，就开始殴打她。她的眼睛被打得视力下降，要不是治疗及时，一只眼睛可能会失明；她的肋骨曾被他一脚踢断过两根。每次他找事，孩子一哭，他还把怨气往孩子身上撒，吓得孩子一看到他就战战兢兢。她提出与他离婚，他怀揣着菜刀到她娘家，扬言要杀了她全家。她央人劝他，他这边说得好好的，转脸就依然如故，她感到这样下去，不仅自己活不成，孩子也难活成，于是，她产生了要杀死他的念头。那天晚上，他在外面喝酒回来，像过去一样对她和孩子一阵痛打之后，倒在床上鼾声如雷。她将孩子哄睡后，向他高高地举起了斧头……

家庭暴力往往导致婚姻破裂、家庭离散，严重的甚至会引发恶性刑事案件。近几年来，家庭暴力引发的悲剧屡见报端。但发生在家庭中的暴力行为，对妇女造成的身体和心理上的伤害往往被人忽视。尽管有法律保护妇女不受虐待，但是家庭暴力案件很少能得到起诉，除非打成重伤或出现致死的情况。许多受虐待妇女丧失了起诉的勇气，不得不继续维持暴力的婚姻关系；有些人甚至走了极端，同样采用了暴力手段去结束这种关系。我国《中华人民共和国婚姻法》（以下简称《婚姻法》）第三条规定"禁止家庭暴力"；第四十三条规定：对实施家庭暴力者，居民委员会、村民委员会应予以调解、劝阻，公安机关应予以制止；第四十五条规定：对实施家庭暴力构成犯罪的依法追究刑事责任。《婚姻法》司法解释规定：持续性、经常性的家庭暴力，构成虐待。一些受到家庭暴力侵害的妇女完全可以通过刑事自诉的方式追究其丈夫的刑事责任。但让人痛心的是，因为不知道依靠法律维护自己的权益，一些原本属于受害人的家庭妇女，采取了极端的措施，最终受害人变成了杀人凶手。惨痛的教训令人深思。

究竟何为"家庭暴力"？据平顶山市妇联主席何振华介绍，所谓的家庭暴力，就是指家庭成员间进行肉体上的折磨、伤害和压迫人身的强暴行为，也有人指出，精神上的、言语上的、经济上的虐待也应属家庭暴力的范围。它具有以下特征：1.家庭暴力是一个世界性的问题，具有一定的普遍性。在世界范围内，不论是发达国家，还是发展中国家，无论是过去还是现在，都不同程度地存在家庭暴力；家庭暴力广泛地存在于不同的种族、民族、阶级、宗教信仰、文化传统及不同的职业和文化水平的人群中。2.妇女是家庭暴力的主要受害者，受害妇女广泛。多项调查表明，有 1／4 至 1／2 的妇女受到过现任或前任配偶的肉体折磨。民主和睦的家庭虽是主流，但针对妇女的家庭暴力在一定范围内仍然存在。3.隐蔽性。家庭暴力通常发生在家庭内部而非公共场所；有些受害人基于自身的"脸面"和家庭荣誉往往对加之于己的家庭暴力粉饰隐瞒，并且发生在家庭内部的暴力因常常与某些家庭隐私相连而不被曝光；此外，公众的漠视和习以为常使人们对家庭暴力现象往往视而不见，这些因素都造成了家庭暴力具有隐蔽性的特点。4.后果的严重性。家庭暴力的后果和危害还表现为手段的残酷性（诸如殴打、监禁、捆绑、残害肢体、残害性器官、精神折磨、杀害等）、后果的严重性、危害的长期性。

平顶山市新华区检察院检察长何欣说，家庭暴力产生的原因有以下几个方面：

1. 思想方面的原因。（1）夫权思想，有些男子根本没有认识到妻子是与自己具有平等地位的独立人，而把妻子当做自己的附属，认为打老婆是丈夫的权利；（2）重男轻女思想，有些家庭因此歧视、虐待妇女；3. 有些女性主体意识、权利意识不强，有的因害怕家庭破裂而对家庭暴力采取忍受或认命的消极状态。

2. 婚姻家庭方面的原因。（1）丈夫喜新厌旧有外遇而虐待妻子；（2）丈夫沾染赌博、酗酒、吸毒等恶习而殴打妻子；（3）干涉妇女的婚姻自由而使用暴力，特别是因离婚不成或胁迫使对方不离婚而残害、虐待妻子，还有的是离婚以后因子女抚养、房屋分配等问题而对前妻施暴或强奸；（4）丈夫心理变态而对妻子实施性虐待。

3. 社会方面的原因。（1）家庭暴力被视为家庭私事被社会所默许。（2）社会上存在的暴力行为以及动辄拳脚相加的不良风气；（3）社会竞争的加剧、社会压力的增大是某些社会成员把实施家庭暴力作为缓解压力的手段；（4）家庭暴力缺乏来自社会的及时救助，社会保障系统不健全的社会控制体系的弱化。

4. 经济方面的原因。由于经济结构的调整使一些妇女下岗、失业或缺乏就业机会而导致经济地位下降，经济上对丈夫的依赖也常常使之成为家庭暴力的牺牲品。

5. 法律方面的原因。（1）立法不完善特别是专门规范家庭暴力的法律严重缺乏或不够具体，致使在处理案件时无法可依；（2）执法力度不够。有关家庭暴力的案件多数为不告不理，有的则是告而不理或理而不力；（3）法律赋予受害妇女程序上的权利还不够充分，使其在受到家庭暴力伤害时缺乏应有的救济途径；（4）法律的宣传教育不够广泛和深入。

让我们拿起法律武器，与家庭暴力展开斗争。平顶山市新华区法院民事庭曾处理过这样一起案件：原告王某于2002年9月到新华区法院诉称，她与被告王某某于 2001 年上半年经人介绍相识后，于 2002 年 3 月 19 日登记结婚。婚后双方因家庭琐事经常生气，被告经常打骂原告。2002 年 8 月 6 日中午 12 时许，被告再次将原告痛打一顿，造成浑身上下近 20 处伤，原告住院治疗 10 余天方才治愈。新华区法院副院长张曙光告诉笔者，近两年，新华区法院受理因家庭暴力引发的离婚案件有 20 余件，这些数字与平顶山市妇联受理的案件数相比较来讲，显然相差较大。许多受到家庭暴力伤害的妇女在"家丑不可外扬"的思想支配下，不是到了走投无路的时候不愿意到有关部门反映，更不愿意由此离婚。另外，法律对家庭暴力惩处的力度远远不够，调查表明，尽管家庭暴力发案率较高，但最终被法院认定的只占到总数的 20%。家庭暴力处理的难点主要表现在：一是家庭暴力举证难。家庭暴力要求谁主张谁举证。妇女在遭受家庭暴力后，缺乏保留相关证据的意识，不懂得诉讼程序，以致在提起诉讼后，无法向法庭提供有效的证据，使得施暴者逃脱法律的制裁；邻居等是家庭暴力有力的见证者，但是出于种种顾虑往往不愿作证。二是家庭暴力认定难。家庭暴力具有隐蔽性，大多发生在家庭内部、两人之间，加之受害妇女举证难使法院认定难上加难。三是现有关于制止家庭暴力的规定散见于各种法律中，且原则性很强，具体的惩治性条款不足，弹性空间大，难以使权益受到侵害的妇女得到合法的保护。

平顶山市新华区法院院长刘鹏华说，我国新修订的《婚姻法》在反对家庭暴力方面有明显进步，表现在：第一次在全国性的法律中明确提出了"禁止家庭暴力"；确定了将实施家庭暴力作为认定感情确已破裂，准许离婚的法定情形之一；明确了对家庭暴力受害者的救助措施；重申了应对家庭暴力实施者给予行政处罚，构成犯罪的依法追究刑事责任；增加了因实施家庭暴力导致离婚的，家庭暴力的实施者应当承担赔偿的民事责任。但对家庭暴力行为实施者的制裁仍然缺乏有效的措施，目前的法律规定还有很多的不足，如刑事法律中对有关家庭暴力方面的犯罪多以"情节恶劣"、"情节严重"为条件，而且在程序上多将其列为自诉案件，实行不告不理；在民事法律方面，也没有规定对施暴者的民事制裁手段等，对家庭暴力的救助和处理，法律仍然显得有些苍白和无力。

【温馨提示】

构筑一个完美的家不仅要有钢筋水泥、锅碗瓢盆，更重要的是有一个安宁、和睦的环境，只有这样的家才是舒畅温馨的。家庭是社会的基本组成单位，和睦、安宁、团结的家庭关系，不仅是每个家庭成员人生幸福的重要内容，而且是社会和谐稳定的基础。但现实生活中，家庭暴力却在严重地侵扰着家庭的安宁，并且使处于弱势群体的家庭妇女成为首当其冲的受害者。在我国，法律明确规定禁止家庭暴力。希望我们每个人都能够远离家庭暴力，生活在灿烂的阳光里，不再有任何的阴影。

【法条链接】

《中华人民共和国婚姻法》

第三条 禁止包办、买卖婚姻和其他干涉婚姻自由的行为。禁止借婚姻索取财物。

禁止重婚。禁止有配偶者与他人同居。禁止家庭暴力。禁止家庭成员间的虐待和遗弃。

第三十二条 男女一方要求离婚的，可由有关部门进行调解或直接向人民法院提出离婚诉讼。

人民法院审理离婚案件，应当进行调解；如感情确已破裂，调解无效，应准予离婚。

有下列情形之一，调解无效的，应准予离婚：

……

（二）实施家庭暴力或虐待、遗弃家庭成员的；

……

一方被宣告失踪，另一方提出离婚诉讼的，应准予离婚。

第四十三条　实施家庭暴力或虐待家庭成员，受害人有权提出请求，居民委员会、村民委员会以及所在单位应当予以劝阻、调解。

对正在实施的家庭暴力，受害人有权提出请求，居民委员会、村民委员会应当予以劝阻；公安机关应当予以制止。

实施家庭暴力或虐待家庭成员，受害人提出请求的，公安机关应当依照治安管理处罚的法律规定予以行政处罚。

第四十六条　有下列情形之一，导致离婚的，无过错方有权请求损害赔偿：

……

（三）实施家庭暴力的；……

9. 期待关注"半边天"

笔者从河南省平顶山市妇联了解到，在女性社会地位日益提高的同时，侵害妇女权益的现象依然存在，一些受到暴力伤害、被社会歧视、被社会暂时遗忘的女性群体仍然期待获得社会更多的关注。

让女性远离家庭暴力

家庭暴力是指家庭成员之间的暴力行为，包括殴打、捆绑、侮辱、残害身体、限制自由、性虐待、婚内强奸等。许多学者认为，家庭暴力不仅指有形的武力攻击，而且还包括无形的精神强制力，即精神暴力。一般认为，家庭暴力应包括身体暴力、性暴力、精神暴力。

今年36岁的宋某在一家事业单位从事会计工作，10年前结婚。"婚前他是我心中理想的爱人"，心中已是伤痕累累的宋某谈起自己的丈夫，言语中流露出许多无奈，"我和他中学时同在一个学校，上学时他就比别的同学显得英俊。那时尽管我的年龄还小，心中却萌生了长大了要嫁给他的愿望，虽然那时他从来没有留意过我。随着年龄的增长，我对他的爱慕越来越强烈，后来经人介绍，我俩确定了恋爱关系。初恋的日子对于我来讲简直是幸福极了，但慢慢地，我发现他并不像我痴情地爱他那样爱我。尽管家人和朋友一直相劝，可我听不进别人的意见，最终仍和他结了婚。婚后我才知道，我的选择错了，我爱上了一个徒有其表的人。他有很多不良嗜好，酗酒、赌博，在外喝完酒或者输了钱回到家里就冲我发泄，骂我打我之后还要与我发生性关系，从来不考虑我的感受。长期的肉体和精神折磨，不仅使我的身体患了病，精神上也产生了障碍。对丈夫的所作所为，原来我总有这样一种想法：丈夫是我选择的，我只能认了。我忍受着煎熬，默默地尽着作妻子的义务，希望有一天能够感化他。那天，我因为有事提前从单位回家，推开家门时竟然看到他与先前的恋人在做爱。我再也不能忍受这一切了，终于作出了与他离婚的决定。离婚对于女人来讲虽然是痛苦的，但长痛不如短痛……"

家庭暴力形成的原因主要有以下几个方面：一、家庭暴力是夫权观念的恶果。虽然法律规定了男女平等的原则，但"夫权"观念却不是在短期内就能破除的。二、社会的宽容是家庭暴力滋生的温床。家庭暴力被视为家庭私事，邻居不劝，居委会不问，单位不管，不出人命司法机关不理。三、受害人的逆来顺受使家庭暴力升级。一些受害人往往将遭受丈夫殴打视为家庭私事甚至"家丑"，一味怪自己命运不好。即使有少数人求助于社会，也只是希望有关部门通过教育来制止丈夫的施暴行为，而不愿丈夫受到法律制裁而导致家庭破裂。四、法律调控力度不够，使家庭暴力居高不下。虽然我国目前《宪法》、《刑法》、《婚姻法》、《妇女权益保障法》、《治安管理处罚条例》等法律法规对家庭暴力行为都有禁止性条款，但对其认定和制裁的规定操作性不强，加上"清官难断家务事"思想的影响，有法不依的现象依然存在。

社会应给女性更多的关爱

年仅 14 岁的受害人张某，家居平顶山市某县偏远山村。2001 年 4 月的一个晚上，张某因事到犯罪嫌疑人杨某家。杨某施暴力将张某强奸，并威胁张某说：如果胆敢将这件事说出去，就把她杀了。后杨某又多次将张某强奸，致使张某怀孕。

25 岁的王某，2000 年 5 月经人介绍，与邻村的张某相识，确定了恋爱关系。经过一段时间接触，王某发现张某有很多不良嗜好，且有违法行为，遂提出中断恋爱关系。2001 年 12 月一个晚上，王某约张某到媒人家，退还了 1000 多元订婚款。张某说要单独与王某说件事，将王某约到一黑暗处，先用双手将王某口鼻捂住，使其窒息，然后用刀残忍地将王某两手和左脚砍断。

从近两年妇联机关受理妇女投诉的案件看，强奸、伤害、拐卖妇女的问题仍然相当严重，应当进一步引起社会的关注。从事色情服务业的女性，从法律上讲她们中许多人是在做违法的事，但这些沦落风尘的女子也应该受到社会的关注，因为她们中间有相当数量的人当初走上这条路是因被蒙骗和威胁。

18 岁的某歌舞厅坐台小姐杨某，中学毕业那年结识了一个比她大 10 岁的已婚男子李某。李某在一家企业当业务员，每次出差回来总要给杨某带些女孩子喜欢的小礼品、小饰物，让情窦初开、涉世不深的杨某深感欢心。就这样，杨某渐渐坠入李某的感情陷阱中，将自己的第一次献给了李某。后来，当杨某了解到李某其实根本就没有爱过自己时，一切似乎都已太晚了。杨某痛不欲生，离开了那个曾让她有过美好回忆、又给她带来痛苦的县城，来到市区。当她风尘仆仆一个人在街上漫无目的地行走时，遇到两个"知心大姐"。两个"知心大姐"了解到杨某的情况后，又是管吃又是管住，还为杨某买了衣服等。当杨某的警惕性消失的时候，两个"知心大姐"不失时机地向杨某灌输从事色情服务的思想，再后来软硬兼施。就这样，杨某走上了出卖肉体的道路。

女工合法权益不容侵犯

近年来，侵犯女工权益的现象屡屡发生：一、侵犯女职工劳动权利。由于就业难，女职工的劳动权利得不到应有的保障，用人单位往往故意不与女工签订劳动合同或拖延签订劳动合同，任意解雇或辞退女工。二、压低女职工工作报酬，克扣工资或拒付工资。用人单位把女职工当成掠夺的对象，经常克扣工资或拒付工资。三、违背法律规定，对女职工不实行"四期"保护。在私营企业中就业的女职工与企业签订集体合同和劳动合同者少、工资收入低、加班加点多的现象非常普遍；人身安全和社会保险无保障，有些私营企业经营者任意设置试用期；有的企业规避法律规定，使用女性黄金年龄段，只招收18～21岁的年轻女工，而且只签3年合同；一些企业在女职工经期仍安排其从事高空、低温、冷水作业和第三级体力劳动强度的劳动；女职工休息、休假权利得不到保障，加班加点现象较为普遍，甚至出现了不加班倒扣工资的现象，等等。

维护妇女合法权益任重而道远。有这样一封信，来信者是平顶山市某县的几个农村妇女。来信称，她们结婚时户口迁到夫家，娘家那边把责任田收了，可是夫家所在的村至今没有给她们分责任田。她们先后到省、市有关部门反映情况，可是直到现在问题也没有得到妥善解决。

据平顶山市妇联副主席梁丽萍介绍，平顶山市妇联1998年受理妇女投诉617起，1999年受理妇女投诉832起，2000年受理投诉903起，2001年受理1039起。从这些数字可以看出，侵害妇女权益的现象依然存在而且不容忽视。当然，越来越多的妇女开始懂得通过有关部门来维护自己的合法权益，也是这两年妇联部门受理投诉量增加的一个原因。

【温馨提示】

侵害妇女权益的问题应当引起全社会的高度重视。作为家庭和社会的半边天，女性要有自己的尊严、独立的人格；要学会承担责任，敢于表现个性。女性可以做太阳也可以做月亮，可以美丽动人活泼可爱，也可以端庄秀丽温柔娴适，可以相夫教子做贤妻良母，也可以叱咤风云气吞山河。在全社会协力维护妇女合法权益的同时，广大女性同胞更应在自身权益受到侵害之时，懂得拿起法律武器与不法行为相抗争。走出困扰的女性一定能够展现更加亮丽的风采！

【法条链接】

《中华人民共和国婚姻法》

第三十二条 男女一方要求离婚的，可由有关部门进行调解或直接向人民法院提出离婚诉讼。

人民法院审理离婚案件，应当进行调解；如感情确已破裂，调解无效，应准予离婚。

有下列情形之一，调解无效的，应准予离婚：

（一）重婚或有配偶者与他人同居的；

（二）实施家庭暴力或虐待、遗弃家庭成员的；

（三）有赌博、吸毒等恶习屡教不改的；

（四）因感情不和分居满二年的；

（五）其他导致夫妻感情破裂的情形。

一方被宣告失踪，另一方提出离婚诉讼的，应准予离婚。

《中华人民共和国刑法》

第二百三十六条 以暴力、胁迫或者其他手段强奸妇女的，处三年以上十年以下有期徒刑。

奸淫不满十四周岁的幼女的，以强奸论，从重处罚。

……

《中华人民共和国劳动法》

第五十八条 国家对女职工和未成年工实行特殊劳动保护。……

第五十九条 禁止安排女职工从事矿山井下、国家规定的第四级体力劳动强度的劳动和其他禁忌从事的劳动。

10. 法院调解泯恩仇

2005 年 4 月 4 日，最高人民法院发布《最高人民法院关于增强司法能力、提高司法水平的若干意见》中指出，人民法院要增强依法处理矛盾纠纷、保障社会和谐的能力。要大力加强诉讼调解工作，尽量通过诉讼调解达到平息纠纷的目的。而河南省平顶山市两级法院也靠"和风细雨"的调解，促使数万"冤家"握手言和，化干戈为玉帛。

多年前，张某的父亲和芦某的父亲达成一项房屋买卖协议，后来双方对宅基地的边界起了争议，互不相让，八九年来争吵不断，愈演愈烈。最后，二人到法院打起了官司，一打就是几年。当这一案件的卷宗摆到平顶山市中级人民法院民二庭法官邢智慧的案头时，她为这一对原本关系不错的邻居闹到如此地步深感惋惜。但她知道，官司打了好几年，双方矛盾很深，想让双方握手言和不是一件容易的事。如果依据法律一判了事，那么这对邻居彼此的矛盾将会继续。邢智慧认真地查阅案卷材料，先后多次召来双方当事人，晓之以法，动之以情，连续做了几天的思想工作，终于使双方达成了调解协议。最后，双方商定了宅基地的边界。当张某和芦某在调解书上签字后，双方都长舒了一口气。这对八九年来一直争吵不断的邻居握住了手，一笑泯恩仇。

法官为什么不依程序省时省力地进行判决，却要费心费力地进行调解？

对此，鲁山县人民法院张良法庭副庭长郑留生特别有发言权。近两年来，他所办理的 392 起案件中，通过耐心细致地做当事人的思想工作，调解结案 195 件，当事人自愿撤回起诉的 116 件，占到结案总数的 79%。2002 年，他被最高人民法院和司法部授予"全国法院系统指导人民调解工作先进个人"称号。总结多年的办案经验，他说，当事人打官司不外乎两种目的：一是为了争口气，二是为解决实际问题。因为民事案件毕竟属于人民群众的内部矛盾，如果处理不好，反而容易激化矛盾。老百姓打官司耗时费力，如果能够通过调解就定息止争，既可大大降低诉讼成本，又减轻了当事人的诉累。从真正解决问题的角度来讲，调解确实是一件好法宝。

调解案件，说起来容易，做起来难。调解是一门艺术，对不同的人需要采取不同的方法，对不同的案件同样需要用不同的方法。平顶山市中院从事民事审判的法官们在调解中坚持用心去调解，灵活巧妙地采用"矛盾疏导法"、"情感交流法"和"巧借外力法"等方法，使不少案件得以调解。

那么，如何处理好调解和审判的关系呢？平顶山市中院院长江金贵提出了一个具体工作原则：能调则调、当判则判、调判结合、案结事了。既要加大调解力度，力促调解，平息纠纷，不具备调解条件或调解不成的案件又要及时判决，不能强求调解而延误判决，要把两者结合好。

卫东区法院院长王春放说，卫东区法院在推进调解工作中大胆探索，推行了以"立案网络化、文书模板化、印章数字化、简单民事案件即收即结"为主要内容的民事案件快速反应和调处机制，积极与司法行政部门配合，帮助健全人民调解委员会。目前，全区 24 个村均建立了人民调解组织。该区法院建立了辖区民调人员档案，每季度召开一次座谈会，又聘请了 16 名素质较高的民调员为人民陪审员，开通了"法院就在您身边"的热线电话，接受群众和民调人员的法律咨询。近年来，该院调解结案率始终保持在 60% 以上，连续两年被省委评为"指导民事调解工作先进单位"。

【温馨提示】

礼之用，和为贵。孔子的思想影响深远，也成就了我国民事诉讼注重调解的特色。法院调解是由人民法院主持的一种诉讼活动，旨在遵循自愿、合法的原则下迅速解决民事纠纷。调解制度这项独具中国特色的法律制度，在化解社会矛盾、增强人民内部团结、促进和谐社会的建立等方面发挥了重要作用。法院调解避免了人民群众的诉累，也减少了与亲朋、好友、邻居等对簿公堂的尴尬。此外，法院调解有利于提高法院工作效率、实现案件的繁简分流以及合理分配法院资源。可见，民事诉讼中这种极具中国人情味的法院调解制度，对法院、当事人、社会来说是一个"三赢"之举，意义重大。

【法条链接】

《最高人民法院关于增强司法能力、提高司法水平的若干意见》

第十五条 要大力加强诉讼调解工作，坚持"能调则调、当判则判、判调结合、案结事了"的要求，尽量通过诉讼调解达到平息纠纷的目的。既要切实解决重判决、轻调解导致的不愿调、不会调的问题，又要防止因片面追求调解率带来的违法调、强迫调的问题，坚决防止侵害当事人合法权益问题的发生。同时，加强对人民调解工作的指导，把人民调解和诉讼调解紧密结合起来，充分调动各方面的积极因素，探索和推动各种诉讼替代解决方式，进一步健全社会矛盾纠纷的多元处理机制。

《中华人民共和国民事诉讼法》

第九条 人民法院审理民事案件，应当根据自愿和合法的原则进行调解；调解不成的，应当及时判决。

11. 法律援助解民忧

　　家住河南省平顶山市区南环路 60 多岁的老人王玉凤早年丧夫，因与养子关系不好，近年来一直住在女儿家。2002 年年底，老人患病花去医疗费 5000 多元，因已下岗的女儿家中经济比较困难，想让养子也承担一部分医疗费，但养子以老人对他不好为由一口回绝。在多次交涉无果的情况下，2003 年 1 月，老人求助于平顶山市法律援助中心。该中心了解情况后，决定为老人提供法律援助，指派律师为老人服务。律师走访了当事人，在详细核实有关情况的基础上，对照有关法律条文，陈述利害，进行调解。最终，老人的养子答应承担 2500 元医疗费，以后每月向老人提供 100 元生活费，并在律师起草的协议书上签了字。

　　法律援助制度是国家为经济困难的公民和某些特定的当事人免费提供的法律服务，以保证其合法权益得以实现的社会公益性法律制度。

　　法律援助制度起源于英国，距今已有 100 多年的历史。目前，世界上有 150 余个国家和地区建立并实行了这一制度。1994 年初，国家司法部首次提出了建立中国法律援助制度的设想，并相继在全国 10 余个大中城市开展了试点工作。截止 2002 年 9 月，全国法律援助机构已达 2300 个，据不完全统计，全国各地共办理各类法律援助案件 60 余万件，有 100 余万人受益。

　　平顶山市法律援助工作起步于 1997 年。2000 年 4 月市法律援助中心建立后，各县（市、区）法律援助机构相继成立，援助业务从刑事诉讼领域扩大到民事诉讼和非诉讼领域，援助对象从单纯的贫困者和特殊案件的刑事被告人扩大到盲、聋、哑、妇、幼、老等特殊社会群体，援助行为从分散的律师自发行为发展成为包括律师、公证员、基层法律工作者和专职法律援助工作者在内的广大法律服务工作者依照有关规定履行职责的行为，受援案件一天比一天增多，受益人群逐年扩大，为维护司法公正、保障人权、维护平顶山市的社会稳定发挥了不可替代的作用。

随着法律援助工作的深入开展，尽快健全和完善法律援助制度，建立和完善相关法律、法规，统一和规范法律援助行为，确立法律援助制度在我国法律体系中的重要地位，已成为现实的迫切需要。

一是确保国家司法程序公正的需要。法律援助的目标就是要使符合条件的受援者在司法程序上享有平等性，而不受其自身经济贫困和生理差异的影响和制约，防止不能打官司或打不起官司的现象。因此，政府作为责任主体，理应为那些困难群众提供免费法律援助，实现法律面前人人平等。

二是同国际社会接轨、保障人权的需要。我国政府已在 1998 年10 月正式签署加入了《联合国公民权利和政治权利国际公约》，该公约对缔约国在法律援助方面所应承担的责任和义务作了明确规定。

三是提高法律援助过程中操作性的需要。我国法律援助的现行条文规定不仅零散和混乱，而且缺乏相互的衔接，也过于原则和笼统，缺乏可操作性。

四是确保法律援助正常开展的需要。法律援助涉及社会的方方面面，如果没有相应的法律法规作依据，人员的配备、经费的供给等都会遇到困难。首先，法律援助作为一种国家行为，主要应由政府出资兴办，并列入财政预算。就平顶山市而言，法律援助经费不足问题亟待解决，特别是一些县（市、区）法律援助中心仅靠当地司法局拨付的少量办公经费维持，严重制约了法律援助工作的正常开展。其次，法律援助人员除社会执业律师、公证员、基层法律服务工作者外，国家对在法律援助机构从事法律服务的专职法律援助工作者没有统一的要求。从目前的状况看。法律援助人员素质参差不齐，这已成为影响法律援助工作健康发展的又一不利因素。

【温馨提示】

　　法律援助是一项扶助贫弱、保障社会弱势群体合法权益的社会公益事业。通过向那些缺乏能力、经济困难的当事人提供免费的法律帮助，可以使他们能平等地站在法律面前，享受平等的法律保护，真正实现"公民在法律面前人人平等"。2003 年通过实施的《中华人民共和国法律援助条例》，用法律的手段帮助人民群众解决诉讼难的问题，在保障公民合法权益、发展社会公益事业、健全完善社会保障体系、健全社会主义法制、保障人权等方面有着极为重要的作用。

【法条链接】

《中华人民共和国法律援助条例》

　　第十条　公民对下列需要代理的事项，因经济困难没有委托代理人的，可以向法律援助机构申请法律援助：

　　（一）依法请求国家赔偿的；

　　（二）请求给予社会保险待遇或者最低生活保障待遇的；

　　（三）请求发给抚恤金、救济金的；

　　（四）请求给付赡养费、抚养费、扶养费的；

　　（五）请求支付劳动报酬的；

　　（六）主张因见义勇为行为产生的民事权益的。

　　……

　　第十一条　刑事诉讼中有下列情形之一的，公民可以向法律援助机构申请法律援助：

　　（一）犯罪嫌疑人在被侦查机关第一次讯问后或者采取强制措施之日起，因经济困难没有聘请律师的；

　　（二）公诉案件中的被害人及其法定代理人或者近亲属，自案件移送审查起诉之日起，因经济困难没有委托诉讼代理人的；

　　（三）自诉案件的自诉人及其法定代理人，自案件被人民法院受理之日起，因经济困难没有委托诉讼代理人的。

第十二条 公诉人出庭公诉的案件，被告人因经济困难或者其他原因没有委托辩护人，人民法院为被告人指定辩护时，法律援助机构应当提供法律援助。

被告人是盲、聋、哑人或者未成年人而没有委托辩护人的，或者被告人可能被判处死刑而没有委托辩护人的，人民法院为被告人指定辩护时，法律援助机构应当提供法律援助，无须对被告人进行经济状况的审查。

【齐家篇★教授点评】

齐家，即治家，是使家族成员能够齐心协力、和睦相处的意思。语出《礼记·大学》："欲齐其家者，先修其身。""修身、齐家、治国、平天下"是儒家思想传统中知识分子尊崇的信条，强调以自我完善为基础，通过治理家庭，直到平定天下，是几千年来无数有识之士的最高理想。而在当今社会，家庭是组成社会的细胞，因此"齐家"对于一个国家和社会的和谐发展与法制建设，亦具有重要而深远的意义。相较于古意，如今，我们每一个人欲"使家齐"，则需要从更多的方面加以考虑，比如：组成家庭时，需了解相关法律制度；购置商品房时，需争取自身合法权益；日常生活中，需注意家庭安全防范；口角争执时，需远离家庭暴力。

"齐家"需了解《婚姻法》与《继承法》。构建一个家庭，需要了解相关法律制度，这样才能使家庭更加和谐有序。以婚姻为基础的家庭是人们的基本生活单位，对婚姻家庭关系的法律调整涉及男男女女、老老少少、家家户户的切身利益和社会公共利益。2001 年 4 月修改的《中华人民共和国婚姻法》，是进一步完善婚姻家庭制度的重大立法措施，是我国人民婚姻家庭生活和社会生活中的一件大事；婚前财产公证是我国改革开放以后逐渐出现的新的公证类型，其使婚姻能建立在更加真实的基础上，更加符合法制社会的要求；遗嘱公证这一过去被人所忌讳的事，因其较强的法律效力，也逐渐被人们所接受而走进寻常百姓家。这些法律和制度将为婚姻的美满打下更牢固的基础，为家庭的和谐、社会的稳定提供更有力的法律保障。

"齐家"需关注有关房屋销售与物业相关法规。安家方能乐业，齐家始能立业。把家打造成一个温暖舒适的港湾，是每个家庭成员所希望的。然而近年来，随着楼市的不断升温，开发商、物业公司的违规侵权现象层出不穷，消费者的合法权益饱受侵害。为防止这种现象继续恶化，多部法律法规相继出台。2001年的《商品房销售管理办法》为房地产开发商和中介商戴上了"紧箍咒"，切实保障了购房者的合法权益；2003年9月开始实施的《物业管理条例》增加了许多人性化条款，使业主利益有所保障，同时也使物业公司的管理有章可循；2003年5月最高人民法院发布的《关于审理商品房买卖合同纠纷案件适用法律若干问题的解释》对商品房预售合同效力、商品房销售广告、拆迁补偿安置、房屋面积缩水、商品房的交付使用及风险承担、商品房质量等方面如何具体适用法律作出了明确的规定，是消费者保护自身合法权益的又一法律利器。

"齐家"需树立家庭安全防范意识。平日生活中，家庭安全防范更应时刻关注。家，在人们的眼里是一个充满温馨和爱的地方，是我们每个人心灵的"避风港"。但恰恰就是这种想法使人们放松了警惕，在不经意之中，许多危险悄悄来临，致使一些毫无防范意识的人们成了犯罪分子入室抢劫、绑架甚至杀害的对象。消防安全也是家庭生活中不可忽视的安全注意之一，我们应增强消防意识，避免不必要的人身、财产损失。血和泪的教训，昭示我们一定要有家庭安全防范意识，能够慧眼识破歹徒的骗术，同时牢记相关安全常识。

"齐家"要远离家庭暴力。日常生活，少不了磕磕绊绊，在发生争执时，我们一定要做到心平气和地化解矛盾，远离家庭暴力。在你我的周围，许多人都见过、听过或经历过家庭暴力；在你我之中，有的人或许还扮演过救援者、旁观者、受暴者、施暴者等角色。然而，多数人在多数时候还是会把家庭暴力看成是家务事，认为家庭以外的人不应干涉。但我们应当看到，家庭暴力使受害妇女的身心健康受到很大伤害，同时，它也是破坏家庭稳定、引起离婚的主要原因。此外，长期的家庭暴力侵害会使一些妇女采取"以暴制暴"的行为，从而成为女性犯罪的一个重要原因，其影响远远超出了家庭范围，需要引起全社会的关注。

"齐家"有时也需借助外部力量。当家庭与邻里之间出现不可调和的矛盾对簿公堂时，法院的调解就显得至关重要。当家庭中弱者的权益无法受到保护时，法律援助则凸显其无可比拟的优势。

家庭是组成社会的细胞，和睦、安宁、团结的家庭关系，不仅是每个家庭成员人生幸福的重要内容，而且是社会和谐稳定的基础。因此，我们应以"齐家"为目的，充分运用法律制度服务生活，在必要的时候拿起法律武器捍卫我们的家庭！

【 治国篇 】

1. 假币收缴有章循

从 2003 年 7 月 1 日起,《中国人民银行假币收缴、鉴定管理办法》（以下简称《办法》）正式开始实施。它的实施,对规范假币收缴鉴定行为,保障货币持有人和有关金融单位的合法权益具有积极作用,对维护正常的经济、金融秩序,打击贩卖假币的犯罪活动将产生深远影响。

假币是指伪造、变造的货币。伪造的货币是指仿照真币的图案、形状、色彩等,采用各种手段制作的货币。变造的货币是指在真币的基础上,利用挖补、揭层、涂改、拼凑、移位、重印等方法制作,改变真币原形态的货币。

据河南省平顶山市公安局经侦支队支队长宋晓鹏介绍,2002 年,平顶山市各级公安机关和金融机构共收缴假人民币面值 20 多万元。从查获的假币来看,各种面额的假币都有,但以 100 元、50 元、10 元面额的假币居多。

假币真币谁说了算?

以前,当你去商场买东西时,可能遇到过这种情况：收银员收到你的钱后突然对你说有张假币,然后对你说"没收了"。从《办法》实施后,这种情况不会再发生了。《办法》规定,金融机构有权收缴假币,包括商业银行、城乡信用社、邮政储蓄的业务机构,其他单位没有收缴假币的权力。这也就是说,像商场、证券企业、保险企业、彩票经营单位等都没有权力收缴假币。

为打击假币,7 月 1 日,平顶山市首批共 1500 多人办理假币收缴业务的人员正式上岗,他们持有人民银行统一制作、颁发的《反假币工作人员资格证书》,具有收缴、鉴别假币的资格。

那么,谁有权对收缴货币的真伪作出鉴定呢?《办法》规定,人民银行及其授权的鉴定机构有权鉴定货币真伪。目前，平顶山市对人民币真伪的鉴定，除人民银行外，还有被人民银行平顶山市中心支行授权的全市工商、农业、中行、建行四大国有银行县支行以上的部分机构。也就是说，其他未被授权的商业银行机构，如城乡信用社、邮政储蓄等业务机构只有收缴权，没有鉴定权。

遇到假币如何收缴？

为避免顾客与柜台人员在假币的确认、收缴等方面产生争议，《办法》规定，金融机构工作人员在办理业务时发现假币应当场收缴，并对各家金融机构收缴假币的过程作出了具体规定。

首先，收缴假币要有两名或两名以上工作人员在场，互相复核。收缴的操作程序（如盖戳、封装等）必须在货币持有人视线范围内进行。其次，对于不同的币种和券别应采取不同的处理方式，比如对假人民币纸币，应该当面在纸币正反两面加盖"假币"字样的戳记；对假外币纸币及各种硬币要当面以统一格式的专用袋加封，封口处加盖"假币"字样的戳记，并在专用袋上标明币种、券别、面额、张（枚）数、冠字号码、对应的假币收缴凭证编号等细项，加盖收缴人、复核人名章。再次，向持有人出具中国人民银行统一印制的假币收缴凭证。假币收缴凭证上要注明币种、券别、张（枚）数、金额、冠字号码等。由收缴人、复核人盖章，持有人签字，收缴机构盖章后，将第二联交持有人收存。

鉴定后假币怎么处理？

被鉴定为假币的货币是如何处理的？《办法》规定，对收缴的人民币纸币，若经鉴定为真币，由鉴定单位开具货币真伪鉴定书一式三联，一联交收缴单位，一联交持有人，另一联留底。由于已盖上"假币"字样戳记不能再流通，鉴定单位应将该币退给收缴单位，由收缴单位按面额兑换等额人民币退还持有人，并收回持有人的假币收缴凭证，盖有"假币"字样戳记的人民币按损伤人民币处理。

经鉴定为假币的，鉴定单位直接予以没收，不再将该假币退还收缴单位，鉴定单位向收缴单位出具假币没收收据，并向收缴单位和持有人出具货币真伪鉴定书。

对收缴的外币纸币和各种硬币，经鉴定为真币的，出具货币真伪鉴定书，该币由鉴定单位交收缴单位退还持有人，并收回假币收缴凭证；经鉴定是假币的，假外币纸币、硬币退回收缴单位依法收缴，并向收缴单位和持有人出具货币真伪鉴定书。假人民币硬币的处理程序和假人民币纸币的处理程序相同。

若有异议，该怎么办？

如果收缴假币的金融机构出了错，该怎么办？据人民银行平顶山市中心支行行长李高建介绍，若对被收缴货币的真伪存有异议，持有人可以通过收缴单位提出鉴定申请，也可以直接向鉴定单位提出书面申请，申请鉴定时必须持收缴单位开具的假币收缴凭证。

提交书面申请时，货币持有人要写明申请人姓名、住址、收缴单位全称、需要鉴定货币的币种等内容。申请的有效期为 3 个工作日。申请书可直接送达或邮寄，邮寄以寄出地邮戳时间为准。超过 3 个工作日的，鉴定机构可不予受理。人民银行及其授权的鉴定机构要无偿提供货币真伪鉴定服务，不得以任何理由拒绝鉴定，不得收取鉴定费用。

鉴定单位应当自受理鉴定申请之日起 15 个工作日内作出鉴定结论，因情况复杂不能在规定时限完成的，可延长至 30 个工作日，但必须以书面形式向申请人或申请单位说明情况。如果持有人对金融机构作出的有关收缴或鉴定假币的具体行政行为有异议，还可以申请行政复议。

【温馨提示】

高利益的诱惑之下，总有人会铤而走险，制售假钞。政府目前打击假钞尚没有一劳永逸的办法，主要是一方面教授民众鉴别货币的知识，另一方面提升银行的防范意识和技术水平。而这也表明，及时有效解决假钞事件，除了民众的自我防范外，银行机构以及其他政府部门自身仍有相当大的可作为空间。市场上由于不法分子作祟会经常出现假币，这就产生了一系列问题：谁有权鉴定假币？谁有权收缴假币？对收缴假币有异议又如何处理？从 2003 年 7 月 1 日起，正式开始实施的《中国人民银行假币收缴、鉴定管理办法》为民众解决了这一系列的问题。它的实施，对规范假币收缴鉴定行为，保障货币持有人和有关金融单位的合法权益具有积极作用，对维护正常的经济、金融秩序，打击贩卖假币的犯罪活动将产生深远影响。

【法条链接】

《中华人民共和国刑法》

第一百七十条 伪造货币的，处三年以上十年以下有期徒刑，并处五万元以上五十万元以下罚金；有下列情形之一的，处十年以上有期徒刑、无期徒刑或者死刑，并处五万元以上五十万元以下罚金或者没收财产：

（一）伪造货币集团的首要分子；

（二）伪造货币数额特别巨大的；

（三）有其他特别严重情节的。

《中国人民银行假币收缴、鉴定管理办法》

第六条 金融机构在办理业务时发现假币，由该金融机构两名以上业务人员当面予以收缴。对假人民币纸币，应当面加盖"假币"字样的戳记；对假外币纸币及各种假硬币，应当面以统一格式的专用袋加封，封口处加盖"假币"字样戳记，并在专用袋上标明币种、券别、面额、张（枚）数、冠字号码、收缴人、复核人名章等细项。收缴假币的金融机构（以下简称"收缴单位"）向持有人出具中国人民银行统一印制的《假币收缴凭证》，并告知持有人如对被收缴的货币真伪有异议，可向中国人民银行当地分支机构或中国人民银行授权的当地鉴定机构申请鉴定。收缴的假币，不得再交予持有人。

2. 律师权利有保障

2004 年 5 月 18 日，在河南省平顶山市鲁山县检察院侦查监督科，科长爨耀新在认真听取完一犯罪嫌疑人委托的辩护律师向该院提出的为犯罪嫌疑人申请收集、调取证据的要求后，当场向这名律师作出答复：鉴于该律师提出的申请有可能影响到认定案件事实和适用法律，鲁山县检察院将尽快组织人员对该律师的要求予以落实，3 日后将办理情况向其进行反馈。检察院对这一事项工作态度的转变全靠《关于人民检察院保障律师在刑事诉讼中依法执业的规定》（以下简称《规定》）的发布实施。

关注《规定》内容之一：对律师会见在押犯罪嫌疑人时可以了解案件情况的范围和检察机关如何办理律师会见的相关事宜作出了具体规定。

检察机关应依法保障律师会见犯罪嫌疑人的权利，并提供便利。人民检察院直接受理立案侦查案件，受犯罪嫌疑人委托的律师自检察人员第一次讯问犯罪嫌疑人后或者人民检察院对犯罪嫌疑人采取强制措施之日起，可以会见在押的犯罪嫌疑人，向犯罪嫌疑人了解有关案件情况。人民检察院应当将犯罪嫌疑人所涉嫌的罪名及犯罪嫌疑人的关押场所告知受委托的律师。人民检察院办理直接立案侦查的案件，律师提出会见的，由侦查部门指定专人接收律师要求会见的材料，办理安排律师会见犯罪嫌疑人的有关事宜，并记录备查。人民检察院侦查部门应当在律师提出会见要求后 48 小时内安排会见。对于人民检察院直接立案侦查的贪污贿赂犯罪等重大复杂的两人以上的共同犯罪案件，律师提出会见在押犯罪嫌疑人的，侦查部门应当在律师提出会见要求后 5 日内安排会见。人民检察院侦查部门安排律师会见犯罪嫌疑人时，可以根据案件情况和工作需要决定是否派员在场。人民检察院立案侦查案件，律师要求会见在押犯罪嫌疑人的，对于涉及国家秘密的案件，侦查部门应当在律师提出申请后 5 日内作出批准或不批准的决定。对于不涉及国家秘密的案件，不需要经过批准。《规定》要求律师会见在押犯罪嫌疑人一律在监管场所内进行，律师会见在押犯罪嫌疑人时只能了解以下内容：犯罪嫌疑人的基本情况，犯罪嫌疑人是否实施或参与所涉嫌的犯罪，犯罪嫌疑人关于案件事实和情节的陈述，犯罪嫌疑人关于其无罪、罪轻的辩解、被采取强制措施的法律手续是否完备，程序是否合法；被采取强制措施后其人身权利、诉讼权利是否受到侵犯；其他需要了解的与案件有关的情况。

关注《规定》内容之二：律师依法为犯罪嫌疑人申请取保候审、要求解除或者变更强制措施的，人民检察院应当限期作出决定并给予答复；人民检察院对于直接立案侦查案件在侦查终结前以及对于公诉案件在审查移送起诉期间，应当听取律师的意见；人民检察院对律师提出的证明犯罪嫌疑人无罪、罪轻或者减轻、免除其刑事责任的意见，办案人员应当认真进行审查。

根据《规定》，人民检察院立案侦查案件，犯罪嫌疑人被决定逮捕的，受犯罪嫌疑人委托的律师可以为其申请取保候审；受委托律师认为羁押超过法定期限的，可以要求解除或者变更强制措施。人民检察院应当在 7 日内作出决定并由侦查部门书面答复受委托的律师。人民检察院在侦查终结前，案件承办人应当听取受委托的律师关于案件的意见，并记明笔录附卷。受委托的律师提出书面意见的，应当附卷。人民检察院审查移送起诉的案件，辩护律师认为人民检察院采取强制措施超过法定期限的，有权要求解除或者变更强制措施。人民检察院应当在 7 日内作出书面决定并由公诉部门书面答复辩护律师。人民检察院审查移送起诉案件，应当听取犯罪嫌疑人、被害人委托的律师的意见，并记明笔录附卷。直接听取犯罪嫌疑人、被害人委托的律师的意见有困难的，可以向犯罪嫌疑人、被害人委托的律师发出书面通知，由其提出书面意见。律师在审查起诉期限内没有提出意见的，应当记明在卷。人民检察院对律师提出的证明犯罪嫌疑人无罪、罪轻或者减轻、免除其刑事责任的意见，办案人员应当认真进行审查。

关注《规定》内容之三：律师依法要求查阅、摘抄、复制案卷材料的，人民检察院公诉部门受理后应当及时安排办理；在人民检察院审查起诉期间和提起公诉后，辩护律师发现犯罪嫌疑人无罪、罪轻、减轻或者免除处罚的证据材料向人民检察院提供的，人民检察院公诉部门应当接受并进行审查。

按照《规定》的要求，辩护律师以及被害人及其法定代理人或者近亲属委托作为诉讼代理人的律师自人民检察院对案件审查起诉之日起，可以查阅、摘抄、复制本案的诉讼文书、技术性鉴定材料。对于律师要求查阅、摘抄、复制本案的诉讼文书、技术性鉴定材料的，检察机关公诉部门受理后应当安排办理；不能当日办理的，应当向律师说明理由，并在3日内择定日期，及时通知律师。在人民检察院审查起诉期间和提起公诉以后，辩护律师发现犯罪嫌疑人无罪、罪轻、减轻或者免除处罚的证据材料向人民检察院提供的，人民检察院公诉部门应当接受并进行审查。

关注《规定》内容之四：辩护律师申请人民检察院向犯罪嫌疑人提供的证人或者其他有关单位和个人收集、调取证据的，对于影响认定案件事实和适用法律的，人民检察院应当依法收集、调取；辩护律师向人民检察院提出申请要求向被害人或者其近亲属、被害人提供的证人收集与本案有关的材料的，人民检察院应当征求被害人或者其近亲属、被害人提供的证人的意见，并应当及时作出是否许可的决定。

按照《规定》的要求，辩护律师申请人民检察院向犯罪嫌疑人提供的证人或者其他有关单位和个人收集、调取证据的，对于影响认定案件事实和适用法律的，人民检察院应当依法收集、调取，并制作笔录附卷。辩护律师向人民检察院提出申请要求向被害人或者其近亲属、被害人提供的证人收集与本案有关的材料的，人民检察院应当征求被害人或者其近亲属、被害人提供的证人的意见，经过审查，在 7 日内作出是否许可的决定，并通知申请人。人民检察院没有许可的，应当书面说明理由。

关注《规定》内容之五：最高人民检察院本次出台的这项《规定》对检察机关如何受理律师投诉等也作了具体规定：律师在办理刑事案件的过程中，发现人民检察院办案部门和办案人员违反法律和本规定的，可以向承办案件的人民检察院或者上一级人民检察院投诉。人民检察院接到律师投诉后，应当依照有关法律和本规定的要求及时处理。律师对不依法安排会见进行投诉的，人民检察院应当在接到投诉后 5 日内进行审查并作出决定，通知办案部门执行。人民检察院应当及时向投诉人书面告知处理情况。对于投诉检察人员违法办案的，有关人民检察院应当及时调查；确属违法违纪的，应依法依纪追究有关人员的法律和纪律责任。

【温馨提示】

律师辩护制度是刑事诉讼中一项十分重要的制度，尽管目前我国的《刑事诉讼法》、《律师法》中对律师在刑事诉讼中的权利和义务作出了一些规定，但这些规定原则性太强，可操作性差，因而在实际工作中，检察机关与犯罪嫌疑人委托的辩护律师之间在各自职责的履行上，常常难以达成共识，一定程度上影响了案件的办理。《关于人民检察院保障律师在刑事诉讼中依法执业的规定》的实施从根本上保障了律师权益。而从法律的角度来讲，保障律师权益具有以下几个方面的意义：一是有利于充分发挥辩护制度在刑事诉讼中的作用，切实保护犯罪嫌疑人、被告人的合法权益；二是有利于形成合理的刑事诉讼结构，保障和促进刑事诉讼程序的公正；三是有利于对检察机关及其执法行为形成有效的制约，促进检察机关自身执法水平和办案质量的提高。

【法条链接】

最高人民检察院《关于人民检察院保障律师
在刑事诉讼中依法执业的规定》

第一条 人民检察院直接受理立案侦查案件，受犯罪嫌疑人委托的律师自检察人员第一次讯问犯罪嫌疑人后或者人民检察院对犯罪嫌疑人采取强制措施之日起，可以会见在押的犯罪嫌疑人，向犯罪嫌疑人了解有关案件情况。人民检察院应当将犯罪嫌疑人所涉嫌的罪名及犯罪嫌疑人的关押场所告知受委托的律师。

第十五条 对于律师要求查阅、摘抄、复制本案的诉讼文书、技术性鉴定材料的，公诉部门受理后应当安排办理；不能当日办理的，应当向律师说明理由，并在 3 日内择定日期，及时通知律师。

第二十条 律师在办理刑事案件的过程中，发现人民检察院办案部门和办案人员违反法律和本规定的，可以向承办案件的人民检察院或者上一级人民检察院投诉。

3. 价格听证引关注

国家计委颁布第 10 号令，宣布我国从 2001 年 8 月 1 日起正式实施《政府价格决策听证暂行办法》（以下简称《办法》），这意味着今后水、电、煤气、电信、铁路等关系到群众切身利益的公用事业价格、公益性服务价格、自然垄断经营的商品价格，在制定和调整时必须召开听证会，必须广泛征求消费者、经营者和有关方面的意见，在上述各方论证其必要性和可行性后才能颁布实施。有关人士认为，该《办法》的出台，标志着我国价格决策民主化进程进入了一个崭新的阶段。

《办法》是我国《价格法》的重要补充。《办法》规定，公民对公用事业价格、公益性服务价格和自然垄断经营的商品价格的制定和调整拥有"知情权"，相关部门在价格决策前必须举行听证会，除涉及国家秘密外，听证会一律要公开举行。

《办法》规定，听证会由政府价格主管部门组织，听证会代表必须具有一定的广泛性、代表性，一般要由经营者代表、学者组成。同时公民可以向政府价格主管部门提出旁听申请，经批准后参加旁听。

《办法》除规定中央和地方定价目录中关系群众切身利益的公用事业价格、公益性服务价格和自然垄断经营的商品价格必须进行听证外，其他关系群众切身利益的商品或服务价格也可以实行听证，消费者可委托消费者组织提出听证申请。

《办法》指出，如果价格决策部门对相关服务和商品价格未按要求举行听证，同级人民政府或上级政府价格主管部门将宣布其违反定价程序，决策无效，并责令改正。对在价格决策中徇私舞弊的，除宣布听证无效外，还将追究相关人员的法律责任。

众所周知，听证权是公民、法人及其他组织的一项极为重要的权利，是与辩护权、辩论权等同的一种权利。一个人一辈子可以不去打官司，却不可能不跟行政机关打交道，作为社会中的一员、国家的公民，无时不成为行政管理相对人。行政机关无论是制定规章条例等抽象行政行为还是做出许可、处罚等具体行政行为，都会对公民、法人及其他组织产生直接或间接的影响。从这个意义上来讲，在行政程序中公民享有听证权甚至重要于司法程序中公民享有的辩护权和辩论权。

结合河南省平顶山市来讲，每一次与人民群众生活息息相关的价格调整都做到了反复酝酿与论证，并根据《价格法》第二十三条规定，由物价部门主持召开价格调整听证会。听证会不仅邀请地方政府代表、企业代表参加，还邀请普通百姓代表参加。各界代表畅所欲言，充分发表意见，做到调价的产品价格"三公开"（即成本核算公开、调价原则公开、审价程序公开），且经过充分论证和与会各界代表同意，方才进行价格调整。

1998 年底，原平顶山焦化集团公司和原市煤气公司为解决多年来的煤气价格倒挂问题，向政府提出了煤气调价的报告。对此，平顶山市物价局举行了由 40 多位社会各界人士参加的煤气价格调整听证会。会上，不仅听取了上述两家公司关于煤气生产、输配送、销售等方面的成本和经营情况的汇报，听取了市物价局关于煤气调价审核结论的说明；还听取了来自普通市民代表的意见。经过听证会认真审议，与会代表对此次煤气调价达成共识，使引人关注的煤气价格调整顺利实施。

为解决制水成本与供水价格倒挂问题，促进供水事业的发展，2009 年 7 月上旬，平顶山市举行自来水价格调整听证会，用户代表、企业代表、群众团体及人大代表、政协委员都在会上畅所欲言，针对平顶山市水价调整发表了各自的意见。

如果使听证会引起人们重视是第一步的话，那么下一步努力的目标应该是：如何使听证制度得到进一步的实施，如何使听证制度得到进一步的完善和发展。就目前而言，针对听证制度如何进一步得到完善、发展的问题，有关人士提出要在以下两个方面加以重点关注：

一是如何严格把握听证制度的内涵，避免听证庸俗化的问题。严格意义上的听证是指行政机关制定规章或实施影响相对人具体行政行为时，通常要举行听证公开会，当面听取相对人的评价和意见以及质疑和辩驳，对当事人提出的疑点和问题当面予以说明、解释和答复，并且只有经过听证程序论证后的证据才能作为行政机关做出行政行为的依据，否则会导致行政行为无效。所以，在实践中最容易出现的问题是"走过场"，在做出行政行为时不把相关利害关系人的意见和建议甚至不把听证会上论证过的证据放在眼里，这就严重背离了听证制度的初衷。因此，力戒这些问题的出现，是实施好听证制度的关键。

二是尽快制定行政程序法，统一听证程序的规则。我国目前有关听证程序的规定散见于多个法律法规之中，从某种意义上来讲，这种灵活机动的形式比较适合某一时期国家的需要，但长期下去却会产生诸多弊端。

总之，《办法》的实施，打破了以往价格决策部门关起门来定价的方式，建立起了决策部门、申请方与利益相关人共同参与、相互制约的新关系。通过公开听证的程序，可以避免因社会调查不充分、论证范围过窄导致的定价不合理、群众意见大的矛盾，有利于提高政府定价的透明度和科学化。

【温馨提示】

众所周知，听证权是公民、法人及其他组织的一项极为重要的权利，是与辩护权、辩论权等同的一种权利。一个人一辈子可以不去打官司，却不可能不跟行政机关打交道。作为社会中的一员、国家的公民，无时无刻不成为行政相对人。行政机关无论是制定规章、条例等抽象行政行为还是做出许可、处罚等具体行政行为，都会对公民、法人及其他组织产生直接或间接的影响。从这个意义上来讲，在行政程序中公民享有听证权甚至重要于司法程序中公民享有的辩护权和辩论权。然而，目前我国在对公民听证权的保障上还有待进一步完善与之相关的法律法规，实现决策的科学化和民主化。

【法条链接】

《中华人民共和国价格法》

第二十三条 制定关系群众切身利益的公用事业价格、公益性服务价格、自然垄断经营的商品价格等政府指导价、政府定价，应当建立听证会制度，由政府价格主管部门主持，征求消费者、经营者和有关方面的意见，论证其必要性、可行性。

国家发改委《政府制定价格听证办法》

第三条　制定关系群众切身利益的公用事业价格、公益性服务价格和自然垄断经营的商品价格等政府指导价、政府定价，应当实行定价听证。听证的具体项目通过定价听证目录确定，但容易引发抢购、囤积，造成市场异常波动的商品价格，通过其他方式征求意见，不纳入定价听证目录。

……

第九条　听证会参加人由下列人员构成：

（一）消费者；

（二）经营者；

（三）与定价听证项目有关的其他利益相关方；

（四）相关领域的专家、学者；

（五）政府价格主管部门认为有必要参加听证会的政府部门、社会组织和其他人员。

听证会参加人的人数和人员的构成比例由政府价格主管部门根据听证项目的实际情况确定，其中消费者人数不得少于听证会参加人总数的五分之二。

4．民事公诉引关注

2002年10月22日，河南省汝州市检察院以检察长王明文为法定代表人，民行科科长、检察员关文丽，检察员沈建平为委托代理人，一纸诉状将汝州市汽车运输公司、汝州市尚庄乡拐棍李村村民何伟明作为被告，向汝州市法院提起民事诉讼，请求法院确认汝州市汽车运输公司同何伟明所签订的《关于联合开发原发车场地协议》无效。

汝州市检察院的起诉书中称：2002 年 6 月，该院在查处汝州市汽车运输公司原经理张年均受贿一案中，发现部分事实涉嫌国有资产流失问题。现已查明：汝州市汽车运输公司原发车场总面积为 767.05 平方米，是 1986 年国家划拨用地。由于新车站的建立，该发车场闲置。何伟明通过汝州市汝州镇居民吴晓明找到时任汝州市汽车运输公司经理的张年均，要求开发该发车场地，并许诺事成之后给张好处。后在张年均的操作下，1999 年 8 月 7 日，汝州市汽车运输公司与何伟明签订了《关于联合开发原发车场地协议》，以 31.8 万元的价格将该发车场地永久使用权转让给何伟明。在何伟明开发该场地过程中，何伟明、吴晓明先后送给张年均人民币 19 万元。2000 年 1 月 10 日，汝州市土地估价事务所对该场地评估价格为人民币 423108 元。据此，汝州市检察院认为，该场地出让至少造成国有资产流失 105108 元。汝州市检察院认为，汝州市汽车运输公司原经理张年均与被告何伟明在签订《关于联合开发原发车场地协议》过程中，有恶意串通行为，损害了国家利益，致使国有资产流失。为维护国有财产不受侵犯，根据《中华人民共和国民事诉讼法》第一百零八条之规定，决定向汝州市法院提起诉讼，请求依法判决。

在这起案件中，作为国家法律监督机关的人民检察院在国家和公众利益受到民事分割而无合适的诉讼主体的情况下，代表国家和公众提出民事起诉，是符合《宪法》的基本精神的，因而是合法的。

起诉书送达汝州市法院后，立即引起了汝州市法院有关领导的高度重视。当国有资产受到损失需要保护时，检察院能否成为民事诉讼的主体成了该院决定是否受理汝州市检察院提起的这起案件的一个关键。汝州市法院认为，作为法律监督机关的人民检察院，有义务保护国家的公共财产，当检察院认为有人采取非法行为侵占国有资产（尚不构成犯罪）时，即提起民事诉讼，达到保护国有资产不受侵犯的目的并无不当；检察院作为起诉机关为保护国家的公共财产可以提起民事诉讼，其诉讼主体是合法的，遂作出了受理汝州市检察院起诉的决定。汝州市法院综合原　被告双方的意见和证据，依据有关法律，采纳了原告汝州市检察院的起诉意见，判定汝州市汽车运输公司与何伟明签订的土地转让协议无效。

国有资产流失目前已是不争的事实。有学者分析，近几年国有资产以每年平均5%的速度流失，进入20世纪90年代后，每年流失至少1000亿元。1997年，河南省方城县检察院以原告身份，代表国家利益提起了我国第一例民事公诉案件，随后，全国各地不少检察院在提起民事诉讼工作方面进行了大胆有益的尝试。

运用检察权保护国有资产，防止国有资产流失的可行性在于检察权具有制约性，能够形成权力运行中的制约机制。《宪法》和有关法律赋予了检察机关追究握有权力者职务犯罪的职责。运用检察权追究政府官员、国有企业经理职务犯罪的实质在于增加政府官员、国有企业经理利用手中权力寻租的成本，从而限制其为寻租而置国家利益于不顾的动机。首先，检察机关是独立于行政机关的法律监督机关，与同样具有制约性权利的审计等行政部门相比较，审计部门是隶属于行政机关的一个部门，仅能发挥一种内部制约的作用，而内部制约是有其不可避免的逻辑上的缺陷的，因而运用检察权通过追究腐化的政府官员以及与政府官员有着千丝万缕联系的国有企业经理的职务犯罪，而对其所掌握的扩张的权力进行制约就成为不可替代的、可行的。其次，运用检察权保护国有资产，挽回流失国有资产的可行性还在于检察权具有一定的干预性。对于没有人对国有资产以所有者或所有者代表通过诉讼途径来主张权利而怠于提起民事诉讼的问题，检察机关作为国家利益的代表，是完全可以以国有资产所有者代表的身份提起公诉的。

目前，理论界认为检察机关起诉民事案件的主要有以下两种类型：一、国有资产受损案件。据国务院国资委分析，国有资产的流失主要出现在投资、转让、处置等重大民事活动中。国有资产流失经常出现的情形有：（1）法人组织或公民个人在民事活动中，恶意串通，规避法律，以损害国家利益为代价进行不法交易，将资产以明显低于正常水平的价格转让给他人或无偿处分给他人；（2）国有企业法定代表人为达到个人目的，对外签订明显利于对方、有失公正的合同，造成国有资产不正常的严重损失；（3）为低价获得所在企业改制后的绝大部分股权，利用职务之便，隐藏资产、隐瞒资金状况或做出不当短期行为；（4）经委托授权，管理国家收入的财政部门、税务部门及相关政府部门，违反规定任意批免，造成国家收入严重损失；（5）其他非法行为，例如借投资转移国有企业财产、恶意串通搞不正当竞标转移国有资产等。二、社会公害案件。公害案件是指造成群体受害的案件。如因环境污染、产品质量、行业垄断、地区封锁等侵犯社会公共、公众利益的案件。这些案件往往涉及面大，受害者人数多，他们自行组织集体诉讼的难度大、困难多、能力差。诉讼权利和实体权利难以及时得到保障，而检察机关最适合代表国家干预公益事务，利用拥有强大的诉讼资源和丰富经验，组织协调并积极支持受害者起诉，用法律手段保护受害者权益，制止公害事件对社会的继续危害。

【温馨提示】

司法实务中，检察院通常以刑事案件公诉人身份出现，但汝州市人民检察院却充当了一起民事案件的"原告"，这引发了广泛关注。汝州市人民检察院民事公诉是在查知国有资产受损的情况下，以检察长为法定代表人，代表国家起诉，有力地保护了国有资产，避免了资产流失给国家、人民带来的损失。检察机关以匡扶正义特别是保护国有资产的形象出现在民事法庭的原告席上，虽然没有明确的法律规定，但同时也没有明文禁止。检察院根据《宪法》和有关法律的立法精神，出于保护国家利益、保护国有资产免遭流失的目的进行民事公诉已在司法实践中得到检验，并不断完善。

【法条链接】

《中华人民共和国宪法》

第十二条 社会主义的公共财产神圣不可侵犯。

国家保护社会主义的公共财产。禁止任何组织或者个人用任何手段侵占或者破坏国家的和集体的财产。

《中华人民共和国人民检察院组织法》

第四条 人民检察院通过行使检察权……保护社会主义的全民所有的财产和劳动群众集体所有的财产……

《中华人民共和国民事诉讼法》

第七十七条 ……

如果是国家财产、集体财产遭受损失的，人民检察院在提起公诉的时候，可以提起附带民事诉讼。

……

第一百零八条 起诉必须符合下列条件：

（一）原告是与本案有直接利害关系的公民、法人和其他组织；

（二）有明确的被告；

（三）有具体的诉讼请求和事实、理由；

（四）属于人民法院受理民事诉讼的范围和受诉人民法院的管辖。

5. 揭秘人民监督员

2004 年 10 月 12 日，9 名人民监督员从河南省平顶山市检察院检察长阎河川手中接过任职证书，正式"持证上岗"。这标志着平顶山市检察机关推行人民监督员制度试点工作正式启动。人民监督员制度是指人民检察院在依法办理贪污贿赂、渎职侵权等职务犯罪案件过程中，由通过机关、团体、企事业单位推荐产生的人民监督员，依照一定程序对办案工作实行监督的制度。从即日起，凡是平顶山市检察院直接受理侦查的案件当事人不服逮捕决定或者检察机关拟作撤销案件或拟作不起诉决定的都要经过人民监督员的评议。

据叶县检察院检察长张鹏飞介绍，建立人民监督员制度的主要目的是从制度上保障检察权的正确行使。检察机关是国家的法律监督机关，检察权主要包括侦查权、批准逮捕和决定逮捕权、公诉权、司法监督权等。在行使侦查权中，检察机关主要对两大类案件直接受理侦查：一类是贪污贿赂案件，共 12 个罪名；另一类是国家机关工作人员渎职犯罪案件和国家机关工作人员利用职权实施的侵犯公民人身权利、民主权利的犯罪案件，共 42 个罪名。这两类犯罪案件的最大特点，一是犯罪主体是国家工作人员或国家机关工作人员；二是犯罪行为与犯罪主体的职务存在密切的关系，因而又被称为"职务犯罪"。此外，检察机关的侦查权还包括对公安机关侦查案件的补充侦查权。多年来，检察机关始终把惩治职务犯罪摆在重要位置，不断加大力度，突出查办大案要案，取得了显著成绩。但是，由于少数干警执法水平不高，加之对职务犯罪案件逮捕、撤案和不起诉等关键环节的监督体系还不够完善等，检察机关直接受理侦查的案件，在上述环节还存在着少数案件质量不高的问题。为此，最高人民检察院在深入调查研究、充分论证的基础上，提出了建立人民监督员制度的设想，并经中央批准，在全国逐步试行，其主要目的就是加强对检察机关查办职务犯罪工作的监督，从制度上保障检察权的正确行使。人民监督员的外部监督对检察机关正确实施法律和防止司法腐败具有重要作用。它可以保证执法、司法、守法等各项法律实施活动符合法律规范，可以避免和纠正执法、司法偏差，可以防止检察机关工作人员以权谋私、徇私枉法等腐败现象。从这个意义上讲，人民监督员制度是创新的尝试，使人民的"视线"真正进入到了具体的个案监督中，从细微的个案入手，改善法制生活环境。如果说司法腐败就像污染了源头的水流，那么人民监督员就是一个"过滤器"。

据平顶山市检察院常务副检察长许晓伟介绍，平顶山市检察院根据最高人民检察院和省检察院的有关要求，研究制定了《平顶山市检察机关人民监督员选任办法（试行）》。这个办法明确规定，担任平顶山市检察机关人民监督员应当具备下列条件：（一）拥护《中华人民共和国宪法》；（二）有选举权和被选举权；（三）年满二十三岁；（四）公道正派，有较高的文化水平和政策、法律知识。（五）身体健康。人民监督员由机关、团体、企事业单位推荐，征得本人同意，由检察长颁发证书。人民监督员的任期为3年，连任不得超过两个任期。根据最高人民检察院《关于实行人民监督员制度的规定（试行）》，人民监督员的主要职责是：一是对人民检察院查办职务犯罪案件中的下列3种情形实施监督：即犯罪嫌疑人不服逮捕决定的，拟撤销案件的和不起诉的。二是人民监督员发现人民检察院在查办职务犯罪案件中具有下列5种情形之一的，可以提出意见：应当立案而不立案或者不应当立案而立案的；超期羁押的；违法搜查、扣押、冻结的；应当给予刑事赔偿而不依法予以确认或者不执行刑事赔偿决定的；检察人员在办案中有徇私舞弊、贪赃枉法、刑讯逼供、暴力取证等违法违纪情况的。同时，人民监督员可以应邀参加人民检察院查办职务犯罪案件工作的其他执法检查活动，发现有违法违纪情况的，可以提出建议和意见。

宝丰县检察院检察长任书铭说，与其他的监督措施相比，人民监督员制度更具有针对性、实质性和有效性。第一，它突出了对检察机关直接受理侦查工作的监督，而且把逮捕、撤销案件和不起诉这三个环节作为人民监督员实施监督的重点，具有很强的针对性；第二，它突出了外部监督，由于社会各界人士担任人民监督员，通过规范的程序将执法活动置于人民群众监督之下，保证了监督的有效性和公信度；第三，人民监督员的监督具有实质性的内容并有具体的程序加以规范和保障，突出了监督的刚性。

人民监督员的监督工作依照下列步骤进行：（一）由检察官向人民

监督员全面、客观地介绍案情并出示主要证据；（二）由检察官向人民监督员说明与案件相关的法律适用情况；（三）人民监督员可以向检察官提出问题，对重大复杂案件，必要时可以听取检察官讯问犯罪嫌疑人、询问证人，听取有关人员陈述或者听取本案律师的意见；（四）人民监督员根据案件情况，进行独立评议，评议后进行表决。表决采用无记名投票方式，按少数服从多数的原则形成意见，表决结果和意见由办案部门附卷存档。

新华区检察院检察长何欣介绍说，最高人民检察院《关于实行人民监督员制度的规定（试行）》对人民检察院办理直接受理侦查案件，出现应当由人民监督员监督的情形时，承办案件的部门如何操作也作了明确规定：一是人民检察院直接受理侦查案件被逮捕的犯罪嫌疑人不服逮捕决定的，承办案件的部门应当立即将犯罪嫌疑人的意见转交本院侦查监督部门。侦查监督部门应当在七日内提出审查意见，认为应当维持原逮捕决定的，应当及时将书面意见和相关材料移送本院人民监督员办公室，并做好接受监督的准备。二是承办案件的检察机关侦查部门对本院立案侦查案件提出撤销案件意见的，应当及时将书面意见和相关材料移送本院人民监督员办公室，并做好接受监督的准备。三是检察机关公诉部门对本院立案侦查案件提出不起诉意见的，应当及时将书面意见和相关材料移送本院人民监督员办公室，并做好接受监督的准备。人民监督员办公室收到有关案件材料后，应当及时根据案件的性质、情节轻重和复杂程度确定3名以上、总人数为单数的人民监督员参加监督工作。但是，涉及国家秘密的案件，或者是经特赦令免除刑罚和犯罪嫌疑人死亡的案件，作撤案或不起诉处理的，不适用上述规定。

对人民监督员的表决意见，接受监督的人民检察院应当如何处理？鲁山县检察院检察长马东光介绍说：检察长或检察委员会审查后同意人民监督员表决意见的，有关业务部门应当执行；检察长不同意人民监督员表决意见的，应当提请检察委员会讨论决定。检察委员不同意人民监督员表决意见的，应当依法作出决定。多数人民监督员对检察委员会的决定有异议的，可以要求上一级检察院复核。上一级检察机关应当在收到复核意见书和案件材料后的十五日内，由检察长或者检察委员会作出是否变更的决定。

卫东区检察院检察长郭毅然说，人民监督员制度是制约检察权的必由之路，是人民主权原则的具体体现，设置人民监督员制度具有以下必要性：一是检察权是一种国家权力，必然要遵循国家权力发展的逻辑规律，即权力发展的历史就是受制约的历史。人民监督员制度就是引进社会权力来制约检察权。二是检察权有其自身的制约机制，对检察权的制约分体制内和体制外两种制约机制。前者是指检察机关的内部制约，包括上对下制约、同级部门制约。后者包括审判权和社会权对检察权的制约，对检察权的外部制约是十分迫切需要的。三是检察权客观上存在自由裁量的空间，有必要引进社会力量对之制约。人民监督员制度符合人民主权原则，符合法治国家发展的共性，符合当代中国法制建设的特性。它不仅是对检察权的限制，同时也是对检察权的保护：保护国家的司法公正、保护公民的基本权利、保护检察机关正确行使检察权。为保障人民监督员制度基本原则的实现，要在技术上进行设计：一是监督要有效力；二是监督的程序细化，要具有可操作性；三是应明确监督重点，将监督重点放在对侦查过程中违法活动的监督上，如滥用职权、刑讯逼供、非法扣押等。这些问题均是检察工作中比较显性的问题，应将这些问题解决，从而与人民监督员制度的"三保护原则"相符合。

【温馨提示】

人民监督员制度是加强外部监督、切实防止和纠正检察机关查办职务犯罪工作中执法不公问题、保障检察权正确行使的制度安排。人民监督员的制度尝试，使人民的"视线"真正进入到了具体的个案监督中，是人民参与民主法制建设的良好形式，也是沟通人民群众和执法机关的重要桥梁。同时，人民监督员对检察机关队伍建设和业务水平进行监督，是检察机关加强自身建设的有效途径，也是检察机关向社会宣传法律法规的重要渠道。人民监督员为人民监督，给司法腐败这颗"毒瘤"下了一剂猛药。

【法条链接】

《最高人民检察院关于实行人民监督员制度的规定（试行）》

第三条　人民监督员经民主推荐程序产生，依照本规定对人民检察院查办职务犯罪活动实施监督。

人民监督员享有独立发表意见和表决的权利，表决实行少数服从多数的原则。

人民监督员应当公平公正地履行职责，促进人民检察院正确行使检察权。

第五条　人民监督员应当具备下列条件：

（一）拥护中华人民共和国宪法；

（二）有选举权和被选举权；

（三）年满二十三岁；

（四）公道正派，有一定的文化水平和政策、法律知识；

（五）身体健康。

第六条　下列人员不得担任人民监督员：

（一）受过刑事处罚或者受到刑事追究的；

（二）被开除公职或者开除留用的。

第二十四条　人民监督员的监督工作应当依照下列步骤进行：

（一）由案件承办人向人民监督员全面、客观地介绍案情并出示主要证据；

（二）由案件承办人向人民监督员说明与案件相关的法律适用情

况;

（三）人民监督员可以向案件承办人提出问题，必要时可以旁听案件承办人讯问犯罪嫌疑人、询问证人、听取有关人员陈述、听取本案律师的意见;

（四）人民监督员根据案件情况，独立进行评议、表决。表决采用无记名投票方式，按少数服从多数的原则形成表决意见，表决结果和意见由承办案件部门附卷存档。

6. 注射死刑显文明

2002 年 11 月 1 日，河南省平顶山市中级人民法院在该院刑场使用注射方法对 17 名死刑犯执行死刑。据平顶山市中级人民法院院长吴晓东介绍，这是截至目前河南省使用注射方法一次执行死刑犯人数量最多的一次，也是平顶山市第三次使用注射方法对死刑犯执行死刑。

行刑当日 9 时整，从平顶山市第一看守所押解出来的故意杀人犯胡凯、李洪军分别被押进市中级人民法院一号和二号行刑室。

在二号行刑室，执行法警将被告人胡凯身上的法绳解开后，用布带将其四肢捆绑在行刑床上。接着，法官对胡凯分别照相和录像。一名法医将胡凯的一支袖子挽起，并将其胳膊通过一扇特制的玻璃窗伸进注射室。躺在行刑床上的胡凯面色苍白，显得很紧张。执行法警为了使胡凯的情绪放松，与胡凯交谈，以分散其注意力。

注射室内，执行法官宣布注射开始，法医用静脉注射的方法将药物注射进胡凯的体内。在不足两分钟的注射时间内，法医不断对胡凯的生理体征进行观察。注射刚刚开始时，胡凯胸部急促地起伏几下，很快平缓下来，接着便不见了起伏，原先微闭的眼睛开始慢慢睁开，瞳孔放大。仅两分钟，注射结束。法医对胡凯进行了死亡鉴定，负责执行死刑临场监督的平顶山市人民检察院主诉检察官付新生在有关法律文书上签字，对胡凯的行刑宣布结束。

没有荷枪实弹的士兵瞄准、射击，几间屋子代替了空旷的法场，罪犯被固定在床上，法警将针剂推入罪犯体内，几分钟后，罪犯安静地死去。这就是注射执行死刑。2003年1月22日，平顶山市中级人民法院又采用注射的方法对12名罪犯执行了死刑。

由枪决到注射执行死刑，看上去只是一个方法的变化，但实际情况并非这么简单。至少执行死刑的成本，是一个长期被忽视，但实际起重要作用的因素。那么，枪决的成本到底有多大？有资料介绍说，枪决的执行成本在这些刑罚中其实是最低的。但在实际操作中，枪决成本附带的成分很多：要组织设置刑场，这其中包括插红旗等，仅戒严一项，就"没有百十来人不行。从监狱到刑场，一路上都要戒严，开道车、警车、囚车，这样一个车队一般都有几十个人。"有专家说，实践中的枪决本是强调一种威慑效果，是人为和体制造成的。

世界上现有99个国家保留死刑,其主要执行方式有绞刑、石刑(石头砸死)、电刑、斩首、毒气、枪决、注射毒剂等，多数国家采用枪决和绞刑。绞刑执行方式简单直接，操作方便且经济实惠，现在世界上有80多个国家把它定为合法死刑。目前有86个国家和地区采用枪决。由于枪决的简便易行和经济实惠，经济欠发达的国家和地区仍将其作为死刑手段的首选。毒气室行刑的过程简单，即在密封的空间内，让犯人呼吸致死的有毒气体，氰化物气体被认为是最佳选择。但用毒气室处决犯人费用相当惊人，目前只有美国广泛使用。电椅电刑也是一种高成本的行刑方式，在美国等国家使用。

新中国成立60多年以来，我国一直采用枪决执行死刑。它的初衷是通过最严厉的惩罚手段来震慑犯罪。但采用这种方式执行死刑已不太适应我国建设社会主义物质文明和精神文明的要求。1996年3月17日，全国人大对《中华人民共和国刑事诉讼法》进行了修改，修改后第二百一十二条明确规定：死刑采用枪决或者注射等方法执行。确定了注射药物执行死刑的合法性，但并不是每个罪犯都有权要求注射执行死刑。1997年3月28日，昆明在全国率先采用注射方法执行了两名死刑罪犯。2001年11月30日，焦作市中级人民法院采用注射的方法，对4名死刑犯执行了死刑。这是河南省首次采用注射方法对死刑犯执行死刑。2000年9月14日，全国人大常委会原副委员长成克杰被注射执行死刑，创下我国采用注射方法执行死刑职位最高的纪录。

死刑作为最严厉的刑罚方法，具有最大的威慑力，可以对潜在的犯罪人产生最有效的遏制。采用注射法执行死刑实际上体现了社会的一种进步——文明的进步，人的意识的进步。这是我国法制建设逐步健全和完善的具体体现，是死刑执行制度向文明化、人道化方向发展的重要标志，充分体现了我国死刑执行方法在严厉打击刑事犯罪的同时，尊重人权、倡导文明执法的精神。

【温馨提示】

中国是继美国之后，世界上第二个正式采用药物注射死刑的国家。与枪决相比，注射死刑有着诸多的优点：安全、执行简单、人性化、减少死刑犯的痛苦、成本低、无污染等。死刑执行方式的巨大变化，意味着人类文明程度的提高，意味着社会的进步。从枪决到注射的死刑执行方式的变革，是推进刑罚人道化的一个国际趋势。我国采取注射执行死刑即顺应了这一国际趋势，是中国刑事司法制度的重大改革，也是死刑执行制度向文明、人道方向发展的重要标志和必然趋势。药物注射死刑是人类文明进步的表现，也充分彰显了我国的司法文明程度。

【法条链接】

《中华人民共和国刑事诉讼法》

第二百一十二条　人民法院在交付执行死刑前，应当通知同级人民检察院派员临场监督。

死刑采用枪决或者注射等方法执行。

死刑可以在刑场或者指定的羁押场所内执行。

指挥执行的审判人员，对罪犯应当验明正身，讯问有无遗言、信札，然后交付执行人员执行死刑。在执行前，如果发现可能有错误，应当暂停执行，报请最高人民法院裁定。

执行死刑应当公布，不应示众。

执行死刑后，在场书记员应当写成笔录。交付执行的人民法院应当将执行死刑情况报告最高人民法院。

执行死刑后，交付执行的人民法院应当通知罪犯家属。

7. 检察告知维权利

2001 年 4 月 11 日，河南省平顶山市石龙区人民检察院起诉科干警苏涛、陈正民，向即将接受讯问的涉嫌故意杀人的犯罪嫌疑人胡某送达了《犯罪嫌疑人诉讼权利和义务告知书》。该告知书向胡某详细介绍了犯罪嫌疑人享有的包括辩护、申请回避、申请取保候审等法律规定的 15 项权利和 4 项应履行的义务。明白自己权利和义务的胡某可以依法行使和维护自己的权利，并在法律的保护下履行自己的义务。这是平顶山市检察机关 2001 年 4 月 1 日以来，落实河南省高级人民检察院关于在全省检察机关全面推行案件诉讼参与人权利和义务告知制度的有关精神，在全市检察机关推行案件诉讼参与人权利和义务告知制度的一个实例。

案件诉讼参与人权利和义务告知制度，是指检察机关受理公安机关移送审查逮捕、审查起诉以及检察机关办理的自侦案件和在民事行政抗诉、举报、刑事申诉等各个诉讼环节，向案件诉讼参与人告知权利和义务的一项制度。

资料表明，1998 年以前，包括检察机关在内的一些司法机关，不同程度地存在着越权办案、刑讯逼供、插手经济纠纷等违法违纪问题，影响着司法公正，严重损害了政法队伍的形象。1998 年，中央作出决定，对全国政法系统进行了教育整顿，一定程度上解决了政法机关存在的一些问题。但是，近年来，从人大代表对检察机关执法执纪检查评议和检察机关自查自纠的情况看，少数检察人员在办案中仍然有违反法律程序、违反法律规定的现象。这些行为不同程度地侵犯了案件诉讼参与人的权利，不仅直接妨碍了诉讼活动的正常进行，而且也与依法治国基本方略的客观要求相悖。

有这样一个案例，南方某省一个检察院的干警在办案中，不仅对案件证人使用传唤证，而且当这名证人因为心存一种生来对政法机关固有的胆怯，而不愿也不敢跟随传唤的检察干警到检察院时，执行传唤的检察人员居然用手铐将这名证人强制带到检察院。这名证人的家人央亲托友找到办案人员，好话讲了一箩筐，才将这名证人"保"了出去。而在这起事件发生的前前后后，这名证人连同家人始终没有认识到，检察院的做法实际上是一种违法行为（法律规定，对证人不能使用传唤，更不准采取强制措施）。目前，我国国民的法律意识还比较淡薄，对法律的学习不够。在诉讼活动中，有许多人还不知道更不会运用法律来保护自己的权利，甚至当自己的权利被办案人员非法剥夺时，还不知道自己的权利被侵犯了，也不清楚自己究竟拥有什么权利。正是为了解决这些问题，河南省高级人民检察院在深入调查的基础上，依据《刑事诉讼法》、《民事诉讼法》、《行政诉讼法》、《人民检察院刑事诉讼规则》和其他相关法律，于 2000 年 8 月 16 日正式出台了这项告知制度。

这项制度共包括 11 项内容：犯罪嫌疑人诉讼权利和义务，证人刑事诉讼权利和义务，被害人刑事诉讼权利和义务，被取保犯罪嫌疑人权利和义务，被监视居住犯罪嫌疑人权利和义务，刑事赔偿请求人权利和义务，刑事申诉人权利和义务，举报人权利和义务，民事行政申诉案件受理、民事行政案件立案审查（包括申诉人和被申诉人）的告知。

据了解，为了保证案件诉讼参与人告知制度的正确实施，河南省高级人民检察院已统一印制下发了《诉讼参与人权利和义务告知书》，并规定：检察人员在案件或相关事项进入检察机关受理阶段后7日内，将《告知书》送达有关诉讼参与人，告知诉讼参与人其权利和义务。告知书由被告知人签名后归入案卷。

案件诉讼参与人权利和义务告知制度在平顶山市检察机关推行后，引起平顶山市法学界人士和社会的广泛关注。检察机关主要是通过参加诉讼活动履行检察机关的各项职权。实行案件诉讼参与人权利和义务告知制度，就是为了将严格执法、公正司法落实到受理、侦查、审查逮捕、审查起诉以及对明显错误的民事、行政判决、裁定的抗诉等各个诉讼环节中去，落实到检察人员行使职权的诉讼行为中去。案件诉讼参与人权利和义务告知制度，告知的对象涉及犯罪嫌疑人、被害人、证人、举报人、刑事申诉人、民事行政案件申诉人和被申诉人及刑事赔偿请求人。告知的内容基本上囊括了《刑事诉讼法》及最高人民检察院《人民检察院刑事诉讼规则》和其他有关法律规定中的有关诉讼参与人享有的权利和应当承担的义务。案件诉讼参与人通过检察机关办案人员提供的告知书，可以清楚地了解法律赋予自己的权利，以及各自应尽的义务，当办案人员出现侵犯自己权利的行为时，可以及时通过法律来保护和维护自己的权利。

一位接受过检察机关告知的案件证人说：告知制度的推行使我可以明明白白地参与案件诉讼活动，不仅知道如何运用法律保护自己的权利，而且明白自己应履行的义务。我明白了自己的义务，自然会积极主动配合检察机关的工作。

平顶山市人民检察院已将检察干警在诉讼活动中是否履行告知义务，纳入对检察人员政治素质和业务素质的考评、考核范围，对检察人员在办案中不履行告知义务的将严肃处理。

推行案件诉讼参与人权利和义务告知制度，是河南省检察机关进一步贯彻落实最高人民检察院检务公开的一项重要内容，也是检察机关接受群众监督、正确履行法律监督职能、依法办事、公正司法、文明办案的一个重要保障。案件诉讼参与人权利和义务告知制度的实施，必将进一步促进检察干警提高执法水平，依法办案，同时可以切实保护案件诉讼参与人正确行使自己的权利，正确履行自己的义务。

【温馨提示】

诉讼制度具有专业性和复杂性，一般的公民很难弄清楚自身所具有的诉讼权利和义务，往往因此错过诉讼期限而使其合法权利受损。当事人诉讼权利义务告知制度就是检察院确保当事人及时、正确行使自己的诉讼权利、维护其合法权益的制度保障。该制度的建立对维护司法公正、保障当事人诉讼权利、提高司法公开程度意义重大。平顶山市检察院积极推行和完善当事人诉讼权利义务告知制度，树立了依法办事、公正司法、文明办案的典范。普通公民认真学习法律常识，可以未雨绸缪，在需要的时候及时维护自己的诉讼权利。

【法条链接】

《中华人民共和国刑事诉讼法》

第三十三条 ……

人民检察院自收到移送审查起诉的案件材料之日起三日以内，应当告知犯罪嫌疑人有权委托辩护人。人民法院自受理自诉案件之日起三日以内，应当告知被告人有权委托辩护人。

第一百五十四条 开庭的时候，审判长查明当事人是否到庭，宣布案由；宣布合议庭的组成人员、书记员、公诉人、辩护人、诉讼代理人、鉴定人和翻译人员的名单；告知当事人有权对合议庭组成人员、书记员、公诉人、鉴定人和翻译人员申请回避；告知被告人享有辩护权利。

最高人民法院关于执行《中华人民共和国刑事诉讼法》若干问题的解释

第四十二条 人民法院受理自诉案件后三日内，应当告知被告人有权委托辩护人；同时应当告知自诉人及其法定代理人、附带民事诉讼的当事人及其法定代理人有权委托诉讼代理人。

8. 首次责任伸冤易

"如果由于管辖地人民检察院不负责任地对待群众的控告、申诉，引起群众越级上访的，相关责任检察院、检察部门和检察官将受到批评教育，情节严重的还将受到组织、纪律处分，直至追究刑事责任。"这是最高人民检察院 2003 年 7 月 24 日发布的《人民检察院控告申诉首办责任制实施办法（试行）》中明确规定的。

近年来，全国检察机关的控告申诉部门每年受理群众来信来访近百万件，在检察机关立案侦查的犯罪案件中，70%以上来自群众举报，而且越是上级检察院，受理的案件数量越大，呈明显的"倒三角"状态。其中一个重要原因，是一些检察机关在办理控告、举报和申诉案件时，特别是在首次办理环节中，存在办案质量不高、效率低下、不注意做息诉工作、纠正错案难等现象。主要表现在：一是对群众首次上访接待处理质量不高，没有把问题解决在当地，造成大量的越级集体访、告急访、上访老户。个别基层检察院接待态度不好，遇事推诿。二是首次申诉案件办案质量不高，重复申诉、越级申诉居高不下。1998年至 2000 年，河南省检察机关控申部门共受理申诉案件 5000 多件，其中县级检察院受理 3107 件，平均每个院 30 件；市级检察院受理 1857

件，平均每个院受理 103 件；河南省人民检察院受理 269 件，形成了非常明显的"倒三角"现象。与此相反，在纠正的申诉案件中，县级检察院有 339 件，占立案复查案件的 22.4%；市级检察院纠正 123 件，占 17.7%；省人民检察院纠正 71 件，占 48%。两组数字说明当前办理首次申诉的案件质量亟待提高，一些应在基层检察院纠正的案件不能得到及时纠正，该息诉的案件不能息诉。三是涉及财产返还的刑事申诉和刑事赔偿案件难以执行。应当返还给当事人的财产不予返还，赔偿决定长期不能落实，导致当事人长年累月层层上访。有的案件受到人大专门监督，工作非常被动；有的被新闻部门曝光，在人民群众中造成了相当恶劣的影响。四是有的检察院对辖内举报线索初查、督办、反馈不力，对一些反复举报、署名举报线索不能认真查处。一些群众的控告申诉因在当地得不到合理解决或满意答复，导致了当事人越级上访、重复申诉、久诉不息，长期奔走于省城、京城。严峻的工作现实要求检察机关必须切实转变作风，首办责任制正是基于这一背景提出来的。

河南省平顶山市检察院控告申诉检察处副处长刘新义说，首办责任制是指人民检察院对本院管辖的控告、申诉，按照内部业务分工，明确责任，及时办理，将控告、申诉解决在首次办理环节的责任制度。最高人民检察院 2003 年 7 月 24 日发布的《人民检察院控告申诉首办责任制实施办法（试行）》是为指导和规范全国检察机关正确执行首办责任制而发布的实施办法，实施办法共分 14 条，对首办责任制度的目的、原则、职责、分工、管理和奖惩等作了明确规定。该办法的颁布实施，预示着今后人民群众到检察机关反映问题需要检察机关解决的，不必再越级上访，最先接到群众举报、申诉，按照法律规定有权管辖的检察院即为首办责任单位，如果群众反映的问题首办单位不按时解决的话，有关责任人将有可能受到处分。

根据实施办法的规定，有下列情形之一的，首办责任单位、首办责任部门和首办责任人将受到批评教育的处理，情节严重的，按照有关规定给予组织处理、纪律处分，直至追究刑事责任：（一）对管辖内的控告、申诉不予办理，或者不负责任，办理不当，引发重复来信、越级上访、久诉不息等情况，造成严重后果的；（二）对管辖内的控告、申诉逾期不能办结，严重超过规定期限，造成当事人重复信访的；（三）违反《人民检察院错案责任追究条例（试行）》第六条、第七条、第八条的规定，被上级人民检察院纠正或被依法查处的；（四）办理的错案纠正后，对该赔偿的不赔偿，该退回的扣押款物不退回的；（五）违反其他办案纪律的。首办责任制对检察机关一些案件的办理时限、质量，用制度的形式明文规定下来，便于群众监督，减少了群众举报申诉活动中的盲目性，可以有效地减少越级上访、越级申诉的情况。

平顶山市检察院检察长段玉良说，首办责任制一是"首办"，二是"责任"。按照"依法受理、负责到底"的原则，首办责任制的核心内容就是：谁办理，谁负责；谁主管，谁负责。依据《人民检察院控告申诉首办责任制实施办法（试行）》的规定，各级检察机关按照法律规定的职能、级别和地域管辖范围，应该由哪一级检察院管辖，该检察院就是首办的责任者，负责办案的人员就是首办责任者，首办责任者必须对依法受理的各种案件，认真查办，负责到底，对检察机关管辖的信访案件，保证件件进入首办程序，及时办理；对不属检察机关管辖的，主动与有关部门沟通，督促及时解决、及时答复反馈，将群众控告申诉的问题彻底解决在基层，解决在首次办理环节，避免当事人反复上访、久诉不息，做到件件有着落，事事有回音。

落实首办责任制是检察机关贯彻落实"三个代表"重要思想的具体体现，是解决人民群众实际问题的有效措施，是加强检察机关文明建设、解决控申举报工作"倒三角"问题的有效手段。各级检察机关对群众的来信、来访的受理和办理情况要实行"定时、定案、定人"式的跟踪管理，首办单位及其承办人对于首次受理的案件必须依法办理，负责到底，真心实意为群众办实事，把群众的上访案件解决在第一线、第一次，把问题解决在萌芽状态，对推诿、敷衍、拖延和失职的责任人要坚决追究其责任。

【温馨提示】

　　为把涉及检察机关的信访案件解决在初发环节，把矛盾化解在萌芽状态，提高办理控告、申诉的质量和效率，减少重复、越级信访，解决久诉不息的现象，最高人民检察院 2003 年颁布了《人民检察院控告申诉首办责任制实施办法》（试行），确立了首办责任制。该制度本着"谁主管，谁负责；注重效率；奖惩分明"的精神，目的在于切实解决群众实际问题。作为控告申诉检察工作的一项基本工作制度，首办责任制为各级检察机关及时处理涉及检察机关的信访案件，维护群众利益起到了重要的作用。

【法条链接】

《人民检察院控告、申诉首办责任制实施办法（试行）》

　　第二条　首办责任制，是人民检察院对本院管辖的控告、申诉，按照内部业务分工，明确责任，及时办理，将控告、申诉解决在首次办理环节的责任制度。

　　第四条　首办责任制遵循以下原则：

　　（一）谁主管谁负责；

　　（二）各司其职，相互配合；

　　（三）注重效率，讲求实效；

　　（四）责权明确，奖惩分明。

　　第七条　首办责任部门应在收到控告、申诉材料后一个月内将办理情况回复控告申诉检察部门，三个月内回复办理结果。逾期未能回复办理结果的，应说明理由，并报经主管检察长批准后，可适当延长回复期限，但办理期限最长不得超过六个月。

第十三条 有下列情形之一的，对首办责任单位、首办责任部门和首办责任人予以批评教育，情节严重的，按照有关规定给予组织处理、纪律处分，直至追究刑事责任：

（一）对管辖内的控告、申诉不予办理，或者不负责任，办理不当，引发重复来信、越级上访、久诉不息等情况，造成严重后果的；

（二）对管辖内的控告、申诉逾期不能办结，严重超过规定期限，造成当事人重复信访的；

（三）违反《人民检察院错案责任追究条例（试行）》第六条、第七条、第八条的规定，被上级人民检察院纠正或被依法查处的；

（四）办理的错案纠正后，对该赔偿的不赔偿，该退回的扣押款物不退回的；

（五）违反其他办案纪律的。

9. 近邻不如 110

河南省平顶山市 110 工作起步于 1986 年，当时只有一部接警电话机。1996 年，原来的市公安局调度室转变为 110 报警服务台，职能也从简单的接警转化成了多层次的服务，设备亦从单机单线升级到了电脑程控。据统计，平顶山市 110 报警服务台成立 7 年来，共接警 15 万余次，有力地维护了社会治安的稳定，更好地服务了人民群众。

110 报警服务台心系群众安危，急群众之所急，想群众之所想，本着"全心全意为人民服务"的宗旨，接受涉及人民群众生活的各个方面的求助，如水、电、疾病等。通过公安机关及各方面的努力，110 报警服务台得到了人民群众的衷心拥护，成为党、政府和人民群众的"连心台"，在人民群众中间树立了公安机关的良好形象。

平顶山市人民不会忘记，勇救落水群众壮烈牺牲的平顶山市公安交警支队机动大队大队长葛汉斌。1999 年 7 月 15 日下午 4 时许，正在值班的葛汉斌接到 110 指令，有人落入湛河需立即施救。葛汉斌迅速赶到落水地点，面对湍急的河流，他毫不犹豫地跳入河中，向落水者游去，终因水情复杂而献出了年轻的生命。他用生命诠释了人民警察的崇高使命。

2002 年 10 月 22 日，一名外地人来到了 110 报警服务台向值班民警求助：他叫李华，湖南株洲人，坐火车到郑州做木材生意，在火车上喝了陌生人的一罐饮料，结果被麻醉，身上的财物被洗劫一空，糊里糊涂在平顶山火车站下了车。身在异地，举目无亲，绝望之下他想到了 110。民警热情接待了李华，先给他买来饭菜让他吃饱，然后给他路费，又专门派车将李华送到车站。李华在临走时紧紧拉住 110 报警服务台民警的手激动地说："平顶山 110 真是群众的贴心人。"

家住市区矿工路西段的张大妈今年有 60 多岁了，体弱多病，他的儿子、儿媳也常在外地出差，不到 3 岁的孙子由张大妈照管。今年 7 月 20 日晚 9 时许，正准备哄孙子睡觉的张大妈突然感到一阵眩晕，支持不住，情急之下，她拨通了 110。值班民警立刻派市巡警支队民警赶到张大妈的住处，将已经昏倒在床边的张大妈送到医院进行救治。看到正在床上哭叫的张大妈的孙子，女民警轮流担起了照看孩子的责任，同时又派人到医院照看张大妈，直到第二天张大妈的儿子从外地回来。

无法统计有多少案件由于有了 110 的快速反应，才得以将犯罪嫌疑人当场抓获，轻松破案；无法统计有多少治安案（事）件由于 110 快速反应而得以及时制止；无法统计有多少群众获得帮助而回到正常生活中……

110 报警服务台的民警们自己也记不清帮助过多少群众找到走失的亲人，帮助过多少进不了家门的群众开锁，为多少群众排忧解难……他们在自己的岗位上无私奉献着，日复一日，不知疲倦。

平顶山市公安局政委贾廷寅说，2003 年 4 月公安部发布的《110 接处警工作规则》，在总结以往 10 多年工作的基础上，对 110 接处警工作职能、工作原则、工作要求作出了更为规范、科学、法制的规定。群众不一定了解110的具体情况，但是他们可以感受到110的作用，感受到110就在身边，群众说："远亲不如近邻，近邻不如110。"

平顶山市公安局局长宋景峰说，110报警服务系统的建立，首先是有利于刑事案件的破获和处理，及时抓捕犯罪嫌疑人，可以省去侦破追逃所花费的金钱和精力，可以震慑犯罪，及时处理治安案件，可以及时帮助有紧急困难的群众，可以使群众尽快摆脱困境。从1996年到2003年，110报警电话从不为一般人所知，变成社会生活中不可缺少的一部分。公安各警种和其他部门一接到报警，便会在第一时间赶赴现场，从打架斗殴到杀人放火，从帮助群众开锁到抢险救灾，他们总是最先抵达，为后期处置争取了宝贵的时间。

2003年3月14日晚10时许，110报警服务台接到群众举报，有一名在周口杀人的犯罪嫌疑人正躲藏在平顶山市其亲戚家，随时都有逃跑的可能。110报警服务台值班民警立即向值班的市公安局副局长李金发报告，李金发接到报告后亲自带领防暴大队、刑侦支队10余名民警赶赴犯罪嫌疑人的藏匿地点，不料犯罪嫌疑人不在家，其亲戚否认曾经有外人来过。李金发给其讲明利害关系，最终犯罪嫌疑人的亲戚交代犯罪嫌疑人在10分钟前乘坐一辆红色夏利出租车离开，准备乘车再次出逃。李金发马上指令110报警服务台派出警力，设卡堵截，并立刻带人到车站搜捕。李金发带领民警赶到市客运中心站，经过仔细寻找，终于在一辆发往郑州即将出站的客车上抓获了犯罪嫌疑人。

2003年7月6日下午3时59分，110报警服务台接到洛阳市公安局110指挥中心紧急通报：庙下街路发生一起抢劫出租车案件，有两名男子抢劫一辆豫C-T1989红色夏利出租车后向汝州市方向逃逸，请求协查。接到通报后，110报警服务台立即向平顶山市公安局值班领导党委委员、政治部主任孙宗杰汇报，孙宗杰要求110报警服务台指令汝州市公安局立即设卡堵截。汝州市公安局局长冻小东立刻调集民警在进入汝州市的必经之路设卡，布下天罗地网。下午5时05分，庙下街路中卡点值勤民警发现嫌疑车辆，民警示意可疑车辆停车检查，此车不但不停，反而强行闯卡，民警最终在距庙下街路口卡点东 1 公里处将可疑车辆挤在路边，将两名犯罪嫌疑人抓获，在车上搜出匕首两把、旅行包一个。初步审讯，两名犯罪嫌疑人对抢劫出租车的犯罪事实供认不讳。一起抢劫出租车的案件，在平顶山市各级公安机关的相互配合下，仅用 60 多分钟就成功破获。

2003 年 7 月 5 日晚 11 时许，110 报警服务台接到一名出租车司机报警，他被 1 名乘车的男子持刀抢劫。在搏斗过程中身中数刀，车也被歹徒抢走，110 报警服务台值班民警问明具体位置后，立刻通知 120 急救热线将受伤司机送到医院救治，随后指令各单位进行堵截，市公安局巡警支队支队长赵强接报后亲自带领支队值班民警沿光明路向北搜寻，在行至湛南路和光明路交叉口时发现犯罪嫌疑人驾驶的车辆，在追出 1 公里后将犯罪嫌疑人驾驶的出租车挤在路边，犯罪嫌疑人见状弃车逃入路边一胡同内，并掏出一把匕首乱舞，民警面对危险毫无惧色，迎着歹徒的刀尖冲了上去，将其制伏。

当然，110 每天接到的诸多电话中，有百分之三十是恶作剧。通常遇到的情况是拨通电话后不讲话，或胡搅蛮缠、污言秽语，还有一些中小学生放学时用 IC 卡电话拨打 110。这些拨打者可能不知道这种行为已经违犯了法律，将受到法律的制裁。

【温馨提示】

为加强公安机关 110 接处警工作规范化、制度化建设，公安部根据《中华人民共和国人民警察法》及有关规定，于 2003 年 4 月制定并印发了《110 接处警工作规则》，这标志着 110 接处警工作的进一步法制化、科学化、规范化。《110 接处警工作规则》中规定了"110 接处警工作坚持全心全意为人民服务的宗旨，依法打击违法犯罪活动，维护社会治安，提供安全服务"的宗旨和目标，为 110 接处警工作的进一步规范和便民提供了有力的法规和政策支持。

【法条链接】

公安部《110接处警工作规则》

第四条 110报警服务台在接到紧急报警时，应当进行先期处置，对公安机关各单位和担负处警任务的民警直接指挥，并可调用装备，对处警情况进行监督指导。公安机关各警种和各实战单位应当建立与110接处警工作相衔接的工作机制，确保及时执行命令。

第十一条 对危及公共安全、人身或者财产安全迫切需要紧急报警、求助和对正在发生的民警严重违法违纪行为的投诉，处警民警接到110报警服务台处警指令后，应当迅速前往现场开展处置工作，对其他非紧急报警、求助和投诉，处警民警应当视情况尽快处理。

第十四条 110报警服务台受理报警的范围：

（一）刑事案件；

（二）治安案（事）件；

（三）危及人身、财产或者社会治安秩序的群体性事件；

（四）自然灾害、治安灾害事故；

（五）其他需要公安机关处置的与违法犯罪有关的报警。

第二十一条 对谎报警情或者打骚扰电话者，应当根据有关法律法规予以查处。

第二十九条 110报警服务台受理求助的范围：

（一）发生溺水、坠楼、自杀等情况，需要公安机关紧急救助的；

（二）老人、儿童以及智障人员、精神疾病患者等人员走失，需要公安机关在一定范围内帮助查找的；

（三）公众遇到危难，处于孤立无援状况，需要立即救助的；

（四）涉及水、电、气、热等公共设施出现险情，威胁公共安全、人身或者财产安全和工作、学习生活秩序，需要公安机关先期紧急处置的；

（五）需要公安机关处置的其他紧急求助事项。

10. 鹰城沙场秋点兵

3 名"犯罪嫌疑人"在河南省平顶山市（又称"鹰城"）鲁山县城一农行营业部持刀抢劫巨款后，乘红色富康车沿鲁平大道自西向东逃窜。鲁山县公安局防暴大队接到指令后迅速集结人员，兵分三路设卡堵截。红色富康车驶至第一道卡点，公安防暴队员立即组织拦截排查，该车突然闯卡逃窜。第二道卡点接到通报后果断设置路障强行拦截。红色富康车在第二卡点被成功拦下，公安民警迅速包围车辆，命令司机熄火下车接受检查，车内一名"嫌疑人"突然跳车逃窜并持刀负隅顽抗，被防暴队员当场制伏。公安防暴队员从车内搜出了一只黑色提包，包里装着被抢劫的银行巨款。

这是 2004 年 9 月 29 日上午，平顶山市公安民警、武警和消防官兵全员练兵汇报表演的一个场面。

9 月 29 日这一天，平顶山市西体育场彩旗飘飘，由平顶山市 800 余名公安民警、武警和消防部队官兵参加的全市公安民警、武警和消防官兵大练兵汇报表演在这里举行。来自平顶山市公安局刑侦支队、交警支队、巡警支队、保安支队、鲁山县公安局、宝丰县公安局、汝州市公安局和武警、消防部队等的 11 支代表队分别进行了警务技能表演。

据平顶山市公安局常务副局长王向阳介绍，本次大练兵汇报表演分为体能练兵、技能练兵、科技练兵三个部分，公安民警和武警、消防官兵共进行了 12 个项目的表演，集中展示了鹰城公安大练兵的丰硕成果。

首先，上演的是擒拿与反擒拿。人民警察在执行公务时，经常会遇到一些不法分子的顽抗，因此，一招制敌对于执行公务的公安民警来说显得尤为重要。石龙区公安局和宝丰县公安局在汇报表演中，首先表演了擒拿与反擒拿的基本技能。参演的公安民警把这个项目分为5个小组进行：

公安民警巡逻时，"歹徒"乘其不备突然从身后进行袭击，公安民警猝不及防被"歹徒"摔倒。倒地的民警刚一转身，"歹徒"又向民警面部击来。民警上蹬将"歹徒"蹬倒在地，然后跃起。"歹徒"抽出匕首向民警刺来，民警用"击头踢裆"一招将"歹徒"制伏。

"歹徒"拿棍棒从正面向民警击打。公安民警准确接住棍棒，在顺势倒地的同时出脚将"歹徒"腾空踢起，然后跃身而起和"歹徒"形成对势。"歹徒"用"右摆拳"向民警头部击来，民警用"抱臂背摔"，一招将"歹徒"制伏；民警正在行走时，"歹徒"突然跃起向民警背部踢来。机智的民警顺势前滚翻躲了过去。"歹徒"又横踢，民警格挡，使用一招"掀腿压颈"将其摔倒，欲将"歹徒"制伏时，狡猾的"歹徒"又转身向民警踢来。民警格挡，一招"拧踝跪膝"将"歹徒"制伏；"歹徒"和民警面对面形成对势时，"歹徒"向民警横踢。民警接腿，将其摔倒在地。狡猾的"歹徒"向民警胸部蹬来，将民警蹬倒在地。民警滚身而起，和"歹徒"再次形成对势。"歹徒"用"左右直拳"向民警面部击来，民警用一招"过桥摔"将其摔倒在地，同时转身用肘向"歹徒"胸下猛砸，将"歹徒"制伏；"歹徒"和民警迎面走来，趁公安民警不备，用左、右摆拳向民警头部击来。民警及时准确地格挡，同时用"正蹬"将其蹬倒在地，顺势后滚而起，和"歹徒"形成对势。凶残的"歹徒"抽出菜刀向民警迎面劈来，民警及时躲闪。"歹徒"再次行凶，民警一招"扼腕夺菜刀"，将"歹徒"制伏。

在整个表演过程中，公安民警采用抓腕、切、别、拧转、控或抱膝、顶摔、锁喉、后拉、勒颈、打腿、转体等一系列娴熟的动作快速制伏了"歹徒"。

其次，汇演的是刑事案件现场勘查。郏县公安局刑事技术中队是一支装备精良、作风严谨、业务娴熟、能征善战的队伍。2004年以来，该县发生的10起命案全部告破,刑事科学技术在这些命案的成功告破中发挥了重要作用。在本次汇报表演上，他们表演了"模拟杀人案件现场勘查"，演示了利用高科技手段勘查杀人模拟现场，并最终成功破案的过程。

一名"犯罪嫌疑人"窜至某化肥厂财务室杀死看管人员，撬开保险柜，抢走现金3万余元。接到报警后，刑侦民警迅速赶到发案现场，技侦民警架设隔离带到现场进行保护，痕检技术人员巡视外围现场，对现场方位、概况进行拍照、录像，固定原始现场。外围现场勘查完毕后，痕检技术人员开始对发案的中心现场进行勘查，很快在发案现场的屋门处发现了"歹徒"作案时留下的痕迹，并用静电吸附器对现场进行处理，通过对静电吸附器上面的可疑足迹，辨别与外围现场的足迹是否吻合，还利用在警界有"警眼"之称的多波段光源，对中心现场作进一步的勘查，在保险柜上发现了"犯罪嫌疑人"遗留的指纹。中心现场勘查结束后，技术人员对静电吸附器上的足迹进行研究，并将其与在外围现场发现的可疑足迹进行比对，确定外围现场发现的可疑足迹就是"犯罪嫌疑人"所留。技术人员将鉴定结论反馈给指挥人员后，指挥人员决定立即使用警犬进行追踪。训导人员提取足迹嗅源后，使用警犬"迪克"进行追踪。"迪克"在短时间内就发现了"犯罪嫌疑人"逃跑途中遗留的一个钱包，并跟踪追击，找到了躲藏起来的"犯罪嫌疑人"。

第三个汇演的项目是搜捕犯罪嫌疑人。抓捕犯罪嫌疑人具有高度的危险性、犯罪嫌疑人的对抗性、动态因素的多变性和对情报的依赖性等特点。在实战中，采取有效的战术进行抓捕，是抓捕行动成功的基础，同时也是民警安全的保障。叶县公安局表演了对"建筑物内的搜查与抓捕"。

叶县公安局刑侦一中队接到"110"指挥中心指令：涉嫌杀人在逃的"犯罪嫌疑人"甲某企图隐藏在其亲戚乙某家中。接到指令后，一中队在较短时间内完成了对现场情况、乙某家庭情况和周围建筑物布局的情报收集，制定出具体行动方案，将抓捕民警分成抓捕小组和警械小组，按照战术方案分组进入现场。到达乙某住处所在位置后，抓捕小组"前锋警员"采用切角观察房间是否安全后，以"背绕技术"进入房间，并用手势向后面的战友反馈信息。后面的民警采用前低后高的姿态，滚动向前推进，采用"切角观察"战术动作，对每个房间进行观察搜索，最后确定了甲某藏身的卧室。抓捕小组突然将门打开进入，企图反抗的"犯罪嫌疑人"在我公安民警黑洞洞的枪口下，不得不束手就擒。

第四个汇演项目是紧急处置运钞车。银行运钞车、护卫车行驶到市区北环路某岔道口时，"歹徒"用一辆面包车从岔道上驶出，对运钞车进行撞车夹击，运钞车、护卫车被分隔。银行款箱交接员下车查看情况被"歹徒"用刀砍伤。"歹徒"对运钞车射击，运钞车前轮胎被击破。"歹徒"点燃事先准备好的炸药包阻击护卫车，金融押运人员在利用车体作掩护开枪还击的同时向"110"报警。穷凶极恶的"歹徒"利用车体为掩护与金融押运人员对射，两名"歹徒"手持铁锤、钢钎砸、撬运钞车车门未果后用炸药引爆运钞车车门，实施抢劫。押运人员抢占有利地形，与"歹徒"进行对抗，并利用战术动作交替掩护向"歹徒"接近。一名"歹徒"在搬运运钞车上的款箱时被押运人员当场击毙。另外两名与押运人员对射的"歹徒"在撤回敌车逃跑时，其中一名被我方击毙。"歹徒"看抢劫巨款无望，将受伤的银行款箱交接员作为人质驾车逃窜，押运人员集中火力射击欲逃窜的敌面包车。此时，防暴民警全副武装赶到现场，追击逃敌，并设卡堵截。犯罪团伙头目负隅顽抗被当场击毙，剩余"歹徒"被悉数拿下，被劫人质被成功解救。在表演中，参演单位运用了彩色烟幕弹等先进的设施，加上射击声、炸药包的爆炸声等，现场感极强，高潮迭起。

第五个汇演项目是"无言战友的表演"。警犬技术是一门为侦查破案和安全防范服务的综合性应用学科，是刑事侦查和安全防范科学的分支。作为我国公安机关的一种专门手段，作为破案的好帮手，警犬具有高度发达的神经系统、灵敏超凡的嗅觉和听觉以及夜间敏锐的视觉功能，嗅觉分辨能力比人高出几万倍，快捷奔跑速度是人的 3 倍，发起攻击时的"瞬间奔跑速度"甚至可达每小时 100 公里。此外，警犬还有良好的服从性、顽强的忍耐性、凶狠的咬斗本领以及对主人的无比忠诚等，在侦查、治安警卫、消防、边防保卫领域中，有特殊而广泛的用途。

平顶山市公安局警犬训练基地自 1985 年筹建以来，已训练出了"凯旋"、"博士"、"公主"、"黑箭"等一大批优秀警犬，在一系列重特大案件的侦破中发挥了不可替代的作用。在当天的汇报表演上，警犬这支特殊的队伍也向人们表演了它们的本领：某县发生一起持枪抢劫杀人案，一名"犯罪嫌疑人"持枪将一位过路行人杀死，将其所带皮包抢走并逃跑。公安民警迅速赶到现场，带着两条警犬迅速出击。持枪"犯罪嫌疑人"拒捕，枪声震耳欲聋，但两条警犬一左一右，毫不胆怯，以迅雷不及掩耳之势将"犯罪嫌疑人"死死咬住……

击、打、捅、砸、劈、扫、挑，气如猛虎下山、蛟龙出海。平顶山市公安局巡警和防暴队员表演的警棍与盾牌操、汝州市公安局代表队表演的盘查嫌疑人、高新区公安分局代表队表演的现场救护、市公安局治安支队表演的警械使用和搜身带离、舞钢市公安局代表队表演的徒手防卫技能、武警平顶山市支队代表队表演的擒敌术团体操、市公安局保安支队代表队表演的硬气功等，从不同方面展示了公安民警、武警和消防官兵以及保安人员打击犯罪的高超技能，人民的安居乐业有了保障。

【温馨提示】

"有法可依、有法必依"是良好法治局面的前提，然而良好的法治局面的形成除了要制定规范而且运行良好的法律制度，有遵守法律的公民外，还要有精英般的执法者。只有具有了优秀的执法者，制定的法律才能被更好地执行，公民的合法权益也才能在执法者执法的过程中获得更好的维护。"苦练本领树公安形象，牢记宗旨扬中华警威"，平顶山市执法系统举行此次公安民警、武警和消防官兵全员练兵汇演活动，其目的就是通过扎实有效的练兵实践，增强执法人员的政治、业务、文化素质和体魄智能与实战本领，更好地保护平顶山人民的安居乐业，谱写忠诚捍卫祖国和人民的绚丽乐章。

【法条链接】

《公安部关于全面推进全国公安民警大练兵的意见》

一、进一步提高思想认识，把大练兵作为全面推进公安工作和公安队伍建设的战略任务常抓不懈。……

二、全面落实"三个必训"制度，推动大练兵的制度化、经常化和规范化建设。……

三、认真抓好考评、竞赛和典型示范，引领、推动大练兵的深入开展。……

四、强化保障机制建设，为持续深入开展大练兵提供有力支持。……

公安部《公安机关人民警察训练条令》

第二条 公安机关人民警察训练的目的是提高公安队伍的整体素质，把公安机关人民警察培养成为政治合格、纪律严明、作风过硬、业务精通、执法如山的党和人民的忠诚卫士。

第三条 公安机关人民警察训练包括初任训练、专业训练和晋升训练。

第四条 公安机关人民警察训练坚持贯彻党对公安工作的路线、方针、政策，坚持从公安工作和公安队伍建设的实际需要出发，坚持为警务实战服务。

第五条 公安机关人民警察必须接受训练，各级公安机关必须保证每个人民警察定期接受训练。

11. 网络犯罪之防范

2000 年 7、8、9 三个月，河南省平顶山市警方在全市网吧开展了专项治理工作。这是平顶山市警方有史以来第一次对提供国际互联网上网服务的公共场所开展的专项治理，它同时也标志着平顶山市公安机关已把防范网络犯罪正式列为一项重大课题来对待。

众所周知，网络技术的诞生给世界各地的人们在交流与沟通方面提供了极大方便。但与此同时，人们也关注着这样一个令人忧心的现实：近年来，世界各地利用网络犯罪的人越来越多。就拿中国来说，我国网络犯罪案件正以每年 30% 的速度猛增，单是每年破获的黑客案就有近百起，黑客攻击的方法已超过计算机病毒种类。如此严峻的国际网络犯罪态势，更增加了我国对网络犯罪"山雨欲来风满楼"的隐忧。

国家统计局 2011 年 2 月发布的《2010 年国民经济和社会发展统计公报》显示，2010 年中国互联网上网人数为 4.57 亿人。比尔·盖茨说："信息高速公路将会通向许多不同的目的地。"言下之意警示人们，与人类发明的诸如核能等其他先进技术一样，网络技术同样是一把"双刃剑"。事实上，当人们欢呼"网络就是新生活"时，现实世界中却出现了许多以非法牟利为目的的网络不法行为，当然还有花样百出的非牟利性网络不法行为。

2000 年 4 月 26 日，不满 18 岁的平顶山市某在校高中学生王某，利用家中电脑，进行网上欺骗。他在网上发布一条信息称：自己有一支五四式手枪，且有子弹多发，欲购者请与他联系……一时间，从网页上浏览这条信息的人特别多，以致于惊动了公安部和省公安厅。市公安局计算机管理监察处民警经过数天的网上追踪和技术取证，一举将王某抓获。据了解，王某自从家里买了电脑之后，就成了一个名副其实的"网虫"，每天除了看书吃饭，就是面对电脑，浏览网站，收集信息，更新自己的网页。在网上，他特别关注有关"黑客"的内容，学到了不少东西，从而酿成一出闹剧，造成恶劣影响。

在花样百出的非牟利性网络不法行为中，最引人注目的是淫秽不堪的网络色情犯罪行为。某些境外网站制作色情淫秽网页供人浏览，危害特别大。对此，公安部门告诫用户，不要访问色情站点，尤其是要关闭好上网用户电话的国际长途，以免发生莫名其妙的巨额国际长途话费。

而谈及以非法牟利为目的的网络不法行为，则更加有专业化、隐蔽化的发展趋势。请看两个典型案例：

1. "黑客"入侵银行电脑。1998年9月22日下午4时许，中国工商银行江苏省一分行工作人员发现，当日的吸储金额与流水账单显示的数额明显不符，仔细一查竟莫名其妙地多出了72万元。经查询，电脑显示：该所在当天中午12时32分34秒至12时42分54秒的短短10分20秒的时间内，有人向预先开设的16个密码均为2626的账号内分别输入了4.5万元，总计72万元。在随后的12点50分至14点06分的76分钟内，该行的8个储蓄网点又被人用2626密码连续取走现金26万元。显然，有人非法侵入了该行的电脑系统。20天后，这起全国首例利用计算机网络技术的无线遥控装置盗取巨款案终于告破，犯罪嫌疑人郝德强、郝德刚被判处死刑。

2. 电脑"专家"盗用上网密码。1998年9月15日，天津一家外资公司的老总向公安机关报案称他所使用的一部电脑的上网费用，原来每月只有300元，但在最近半年内，电脑上网费用逐月猛涨，现已达到每月6000元之多。这位老总怀疑有人盗用了他的上网密码无偿使用。警方经过长达半年的侦查，从数十万个电话费单据中，找出了133

个曾使用过这位老总的密码的电话机主，并挖出了破解密码并传播给别人使用的犯罪嫌疑人胡某和王某。

以上种种都表明，网络犯罪这一新型的犯罪形式，已经给我们的社会生活带来了极大的危害。然而面对网络犯罪，我们的司法制度却多少显示出一丝滞后的迹象。目前我国网络犯罪具有网络化、集中在经济领域等主要特征，原有的有关网络犯罪的《刑法》规定不能满足遏制网络犯罪的需要。2009 年通过的《〈刑法〉修正案（七）》增设了非法获取计算机数据罪、非法控制计算机信息系统罪和为非法侵入、控制计算机信息系统提供程序、工具罪，对我国网络犯罪立法体系起到了重要的补充完善作用。

我国的新《刑法》虽然颁布了包括计算机犯罪在内的许多新罪名的处罚规定，但由于时代发展迅速，尤其是在信息高新技术日新月异的今天，肯定还会出现许多新的无法预测的网络犯罪行为。如何有效地运用法律手段防范这些网络犯罪的发展势头，已成为当今司法制度面临的一大课题。

总之，面对网络犯罪激增的现实，要想有效地防止网络犯罪的发生，除了完善相关法律法规外，还要加大综合治理力度。要加强有关部门的防范和监控举措，增强电话入网用户的自我保护意识；要加强对"黑客"监控的措施，防止未登记线路的非法使用；要加强对上网者的教育引导，进行必要的网上道德教育，以减少网友因炫耀技能而破译他人密码，结果导致侵权的案件发生；要提高用户的自我防范意识，防止造成巨额损失后再去报警。这样，以综合治理的手段，来有效地遏制网络犯罪的增长势头。

【温馨提示】

网络犯罪，是指行为人运用计算机技术，借助于网络对其系统或信息进行攻击、破坏或利用网络进行其他犯罪的总称。既包括行为人运用其编程、加密、解码技术或工具在网络上实施的犯罪；也包括行为人利用软件指令、网络系统或产品加密等技术及法律规定上的漏洞在网络内外交互实施的犯罪；还包括行为人借助于其居于网络服务提供者特定地位或其他方法在网络系统实施的犯罪。简言之，网络犯罪是针对和利用网络进行的犯罪，网络犯罪的本质特征是危害网络及其信息的安全与秩序。当前的各种网络犯罪行为已经给我们的社会生活带来了极大的危害，如何防范和打击网络犯罪已成为重要课题。面对网络犯罪，计算机技术的提高和司法制度的进一步完善都刻不容缓。

【法条链接】

《中华人民共和国刑法》

第二百八十五条 违反国家规定，侵入国家事务、国防建设、尖端科学技术领域的计算机信息系统的，处三年以下有期徒刑或者拘役。

第二百八十六条 违法国家规定，对计算机信息系统功能进行删除、修改、增加、干扰，造成计算机信息系统不能正常运行，后果严重的，处五年以下有期徒刑或者拘役；后果特别严重的，处五年以上有期徒刑。

违反国家规定，对计算机信息系统中存储、处理或者传输的数据和应用程序进行删除、修改、增加的操作，后果严重的，依照前款的规定处罚。

故意制作、传播计算机病毒等破坏性程序，影响计算机系统正常运行，后果严重的，依照第一款的规定处罚。

第二百八十七条 利用计算机实施金融诈骗、盗窃、贪污、挪用公款、盗窃国家秘密或者其他犯罪的，依照本法有关规定定罪处罚。

《中华人民共和国侵权行为法》

第三十六条 网络用户、网络服务提供者利用网络侵害他人民事权益的，应当承担侵权责任。

网络用户利用网络服务实施侵权行为的，被侵权人有权通知网络服务提供者采取删除、屏蔽、断开链接等必要措施，网络服务提供者接到通知后未及时采取必要措施的，对损害的扩大部分与该网络用户承担连带责任。

网络服务提供者知道网络用户利用其网络服务侵害他人民事权益的，未采取必要措施的，与该网络用户承担连带责任。

12. 不可抗力惹争议

2003年春夏之交，突如其来的"非典"给人民群众的生活带来了众多变化。据记者调查，其间，河南省平顶山市大部分律师事务所接受如何处理"非典"与合同履行之间矛盾的咨询明显增多，而问题的焦点也主要集中在"非典"是否构成不可抗力、疫情损害双方如何分担等方面。

后"非典"时期，一个常在经济合同中出现的词——"不可抗力"进入了人们的生活之中。让我们看一看以下案例：

开小饭馆的王老板这些天不断与房东联系，希望能与房主协商一下"减租"事宜，但一直没有得到肯定的答复。4月份以来受"非典"影响，王老板饭馆的生意已经到了无法维持的地步。王老板认为"非典"是不可抗力，由此产生的损失应由房东和自己一起承担。

一建筑工程队的马经理这几天也是提心吊胆。由于"非典"影响了工程进度，不能按期交工，而发包方要求按合同规定的时间完工，否则按违约处理。

张女士开了一家专卖店。4月初与广东一公司签订了购货合同，当她返回时发现，受"非典"影响，生意清淡，便马上发传真要求与对方解除购货合同，收回预订金。对方则指责她因正常的经营风险而撕毁合同，属违约行为。

2003 年 5 月 1 日，仲先生看中一套商品房，并付了 1 万元订金。他和开发商在预订书中约定，两周后付首付款，并签订预售合同。5 月中旬因从疫区出差回来，仲先生按照规定，自觉在家隔离了 14 天，未能按约前去付首付款、签合同。而开发商以仲先生没有按时履约为由，拒绝签订购房合同，订金不予返还。而仲先生认为，自己不能及时履约，是"非典"导致的"不可抗力"，开发商是想趁火打劫。仲先生已经聘请了律师，要与开发商打一场关于"不可抗力"的官司。

为了减少"非典"造成的损失，国务院及各级政府采取了一些减免税费的措施。但这些措施并不能完全涵盖或调整市场平等主体的权利义务关系。要想使"不可抗力"成为恢复市场元气的支持因素而不是阻碍力量，需要及时从法律层面上进行解释。

平顶山市法律界的一些人士认为，"非典"在医学上属严重传染性疾病，已被列入我国法定传染病防治的范围，其对广大人民群众生命健康的危害是很大的。"非典"疫情在法律上应属不可抗力。

但"非典"疫情并不是对所有合同的履行都有影响。事实上，大量的合同并没有因"非典"疫情而影响其正常履行。在不影响合同正常履行的情况下，"非典"疫情就不能视为不可抗力；只有当"非典"疫情影响到合同正常履行的情况下，才可视为不可抗力。因为"非典"的严重传染性，在防治"非典"的过程中必须切断传染源和传染途径，所以为切断传染源和传染途径而影响到合同的正常履行的，应按不可抗力处理。

但同时，平顶山市一些法律界人士认为，"非典"不属于不可抗力。首先该疫情的发生和传染性强度虽是人们所不能预见的，但通过采取防疫措施，是能避免的。因此，它不符合不可抗力的特征，而更符合《民法》中的"情势变更"。在《合同法》理论上，由于客观形势发生异常变化，致使履行合同对一方当事人没有意义或造成重大损失，而这种变化是当事人在订立合同时不能预见并且不能克服的，该当事人可以要求对方就合同的内容进行协商；协商不成的，可以要求法院或仲裁机构变更或解除合同。

平顶山市某律师事务所的赵律师认为，"非典"疫情并不必然导致所有合同无法履行，对于因"非典"而产生的履约困难也并不必然无法克服，应当根据受害程度的不同和行业的特点具体问题具体分析。

平顶山市法律专家学者还一致建议，最高人民法院应尽早出台相关的司法解释，对"非典"是否构成不可抗力提出明确的判断标准，减少有关的法律纠纷。

【温馨提示】

不可抗力是一项免责条款，在《合同法》中具体指买卖合同签订后，不是由于合同当事人的过失或疏忽，而是由于发生了合同当事人无法预见、无法预防、无法避免和无法控制的事件，导致不能履行或不能如期履行合同，可以免除履行合同的责任或者推迟履行合同。近年来的一些突发事件如"非典"、地震等都引发了对其是否属于"不可抗力"的争论，但具体问题则需要结合合同的具体情况来分析，不可一概而论。正确把握法律关于不可抗力的规定以及合同中关于不可抗力的约定，将有利于我们在遇到突发事件时及时、正确地维护自己的合法权益。

【法条链接】

《中华人民共和国民法通则》

第一百零七条 因不可抗力不能履行合同或者造成他人损害的，不承担民事责任，法律另有规定的除外。

第一百三十九条 在诉讼时效期间的最后 6 个月内，因不可抗力或者其他障碍，不能行使请求权的，诉讼时效中止，从中止时效的原因消除之日起，诉讼时效期间继续计算。

第一百五十三条　本法所指的不可抗力，是指不能预见、不能避免并不能克服的客观情况。

《中华人民共和国合同法》

第九十四条　因不可抗力致使不能实现合同目的，当事人可以解除合同。

第一百一十七条　因不可抗力不能履行合同的，根据不可抗力的影响，部分或者全部免除责任，但法律另有规定的除外。当事人迟延履行后发生不可抗力的，不能免除责任。本法所称不可抗力，是指不能预见、不能避免并不能克服的客观情况。

第一百一十八条　当事人一方因不可抗力不能履行合同的，应当及时通知对方，以减轻可能给对方造成的损失，并应当在合理期限内提供证明。

13. 私屠滥宰引祸端

1998年1月，国务院《生猪屠宰管理条例》颁布后，河南省平顶山市结合本地实际，积极行动，于同年7月1日在全市范围内全面推行生猪定点屠宰工作，成为河南省最先推行生猪定点屠宰工作的城市。截至2003年，全市共设立生猪定点屠宰厂（场）96个，定点屠宰率达到95%以上，年累计宰杀生猪45万余头，保证了全市人民吃上"放心肉"。但在一些城乡结合部和农村偏远地区，私屠滥宰和非法肉品经营现象仍然时有发生。个别不法屠宰场利欲熏心，出没偏僻农村山区收购一些病猪、死猪，采取分散式游击战术进行宰杀，并根据不法商户的需求，分割成块，装进袋子，用"面的"等隐蔽型交通工具直接送到宾馆、饭店和商场手中。

镜头一：2003 年 1 月，平顶山市畜禽屠宰管理办公室稽查大队执法人员根据群众举报，在市区劳动路与建设路交叉口截获一昌河面包车，车上装有 9 头已宰杀好的病死猪肉，总重量近 200 公斤，猪肉已发出刺鼻的臭味。

镜头二：2003 年 11 月上旬，平顶山市畜禽屠宰管理办公室稽查大队执法人员在市区西市场一私屠滥宰窝点查获一批猪肉，其中有 11 头十来公斤重的病死小猪。

镜头三：2003 年 11 月下旬，平顶山市畜禽屠宰管理办公室稽查大队执法人员在新华区焦店镇武庄村张某家查处其私宰的一头病死母猪，猪肉已呈紫红色。

据业内人士介绍，生猪和人会患有多种相同的疾病，特别是一些病害猪肉，如囊虫猪肉，在猪身上是幼虫，如果人吃了之后，在人身上就转化成绦虫，吸收人体营养，而且人得了这种疾病很不好治。还有一些含有旋毛虫的猪肉同囊虫猪肉一样，具有相同的危害。人如果吃了黄疸病猪肉，就会染上黄疸肝炎。对于病害猪肉，国家对其储藏和运输都作了严格的规定，要求必须用封闭的容器和运输车辆，不能遗漏一点血水。因为如果其他生猪接触到这些遗漏的血水，容易引起口蹄疫，甚至发生大面积的猪瘟。

平顶山市畜禽屠宰管理办公室稽查大队大队长张铁成表示，一些私屠滥宰场设施条件非常简陋，只是"一口锅、一条凳、一把刀"的原始屠宰方式，缺乏必要的检疫检验条件，并且宰杀的生猪绝大部分是病死猪，肉品质量没有一点保证。张队长建议在购买肉品时，一不要贪图便宜，要购买票证齐全、盖有检疫检验印章的定点屠宰厂（场）的肉品，以免上当受骗。二不要购买无营业执照、无摊位商户销售的肉品。

平顶山市自推行生猪定点屠宰工作 5 年多来，市委、市政府非常重视，把此项目纳入了政府的总体管理目标，并与各县（市、区）签订责任目标书，相继制定和出台了一系列的配套政策和具体措施。市委书记邓永俭，市委常委、常务副市长吕彩霞多次作出批示，要求切实做好生猪定点屠宰管理工作。主管副市长李振要求各级政府、各相关部门继续加大工作力度，把"放心肉"这项民心工程认真抓紧、抓好、抓出成效。市工商局制定下发了《关于加强市区生猪产品销售市场管理的通知》，与市商业发展服务中心联合创建了"放心肉"一条街活动。市公安局下发通知要求各级公安机关把打击私屠滥宰作为重要警务活动，从重、从快严厉查处阻挠执法和殴打、辱骂稽查人员的违法案件，同时，财政、物价、卫生、环保、畜牧等部门也都给予了大力支持，在平顶山市形成了各职能部门齐抓共管的良好局面。

平顶山市畜禽屠宰管理办公室稽查大队作为严打主力军，近年来对市区肉品经营市场点多面广的状况，不论盛夏酷暑，不论刮风下雨，白天查市场，晚上端窝点，黎明堵路口，牺牲了周末时间、节假日，甚至冒着生命危险开展工作，辛勤战斗在工作第一线，始终保持了严打的高压态势。

2001年4月18日晚9时30分，平顶山市畜禽屠宰管理办公室稽查大队执法人员根据群众举报，在公安人员的配合下，在天宏焦化公司附近将一辆蓝色加长厢式大货车拦截。经检查发现，该车装的全是猪肉，约有5吨重，有的已经发黑，有的则鲜红，显然是病死猪肉。车厢内发出浓重的恶臭，成群的苍蝇绕车乱飞，血水不停地往下流。稽查人员和公安人员当即对该车进行了扣留。4月19日，稽查人员和公安机关对有关涉案人员进行了突击审问。据涉案人员交待，这批病死猪肉是从天宏焦化公司附近一冷库运出的，将送往宾馆、饭店和肉品加工户。当日上午，公安人员与稽查人员联合行动将冷库包围。11时40分，在天宏焦化公司保安人员的配合下，执法人员将该冷库1号库打开，透过冷库中昏暗的灯光，成堆的猪肉（约10吨）展现在稽查人员面前，有的是装在铁箱中的排骨、碎肉，有的是装在鱼皮袋中的带骨猪肉。稽查人员通过对一些小排骨及猪肉块的查验断定，冷库中所存猪肉为病死猪肉。冷库中竟放有约10吨病死猪肉，这些病死猪肉究竟从何而来，又是怎样"走"进冷库大门的呢？面对公安、稽查人员的讯问，该冷库一名姓王的负责人说，冷库是通过市区一姓杨的熟人租给个人使用的，已有3个月了。自从租出去以后，冷库大门钥匙就交给了租赁者，冷库工作人员只管设备维修，一般不进入冷库。这些病死猪肉是租赁者这几个月趁晚上用三轮车断断续续偷偷运进的。当公安人员欲对租赁冷库者实施抓捕时，租赁冷库者已闻风逃窜。5月15日下午，稽查人员、公安人员、动检人员将冷库中封存的约十吨病死猪肉在市区九里山集中进行了销毁。

2001年9月20日9时，平顶山市畜禽屠宰管理办公室稽查人员在新华区李庄村一平房内发现滕某正在非法宰杀两头生猪，稽查人员当即对其进行了查处，其宰杀的两头猪经肉品检验人员鉴定，一头为母猪，一头为病死小猪。当稽查人员对滕某非法宰杀的猪肉进行没收时，遭到滕某及其老婆、儿子、亲戚的围攻、殴打。公安人员接到报警后及时赶到现场，并对阻挠、殴打稽查人员的滕某父子分别处以10天和15天的治安拘留。滕某长期从事私屠滥宰活动，稽查人员已对其多次进行打击，但他仍不思悔改。鉴于此次事件性质恶劣，稽查人员对滕某依法作出了罚款一万元的处罚。但是滕某在接到处罚决定书后，拒不执行罚款决定，稽查人员向新华区人民法院申请对滕某进行了强制执行。

2002年8月14日6时20分，平顶山市畜禽屠宰管理办公室稽查大队在湛河区程庄村查获一分割销售私屠滥宰肉品的窝点。据当事人李某交待，他所销售的肉品都是从周围县（市）农村收购的病死猪，回来后加工成肉馅或分割成块送往市区销售。稽查人员对其加工销售的病害肉品全部进行了没收，并对李某进行了处罚。

2003年6月7日7时10分，平顶山市畜禽屠宰管理办公室稽查大队在新华区武庄村查处了一加工病害生猪产品的窝点。当执法人员进入当事人刘某家时，发现院中堆放了许多猪头、猪蹄、猪下水，这些生猪产品发出令人窒息的臭味，上面苍蝇乱飞，院子里也是血水遍地。刘某院内放着三口大锅，一口大锅是煮生猪产品用的，锅内的生猪产品已发臭；另一口大锅内放着掺好的色素，用于给发臭的生猪产品上色，使之看起来颜色正一些；第三口大锅内正熬着沥青，是用于煺猪头和猪蹄上的毛的。之后，执法人员又在其家的冰柜内发现了病害生猪产品。据刘某交待，他加工的这些病害生猪产品都是从私屠滥宰户那里收购的，加工后即上市销售，稽查人员当即对其加工的病害生猪产品全部进行了没收销毁，并对刘某进行了严厉处罚。

由于打击力度的不断加强扩大，平顶山市私屠滥宰和非法经营活动得到了有效遏制。2002年在外地分割肉品冲击的不利形势下，市区共宰杀生猪13万头，较上年增长12%，屠宰量仍实现了连续两年的高速增长。目前，市区肉品市场经营秩序规范，"放心肉"上市率达98%以上。

不过，虽然现阶段查处了很多私屠滥宰的不法商贩，但是打击私屠滥宰的工作依然任重而道远。商贸、公安、工商、卫生等部门的联合打击，虽然使平顶山市私屠滥宰和非法经营活动得到了遏制，但其反复性强，稍有松懈就容易死灰复燃，所以私屠滥宰和非法经营现象仍时有发生，那么，如何才能从根本上遏制此类案件的发生呢？

据张铁成说，生猪定点屠宰管理是一项长期而复杂的任务，需要各级政府和相关部门的密切配合。要想从根本上遏制私屠滥宰和非法经营现象的发生，可能还需要一段时间。目前，产生私屠滥宰和非法经营现象的主要原因有以下几方面：一是职业习惯。一些私屠滥宰户原来就从事杀猪业，1998年平顶山市实行定点屠宰后，他们不甘心无事可做，继续从事私屠滥宰。二是利益驱动。个别私屠滥宰户收购的都是经定点厂检验不合格不能宰杀的病害猪，他们宰杀后稍作加工从中牟取暴利。三是个别宾馆、饭店，特别是个体饭店贪图便宜，见利就上，为私屠滥宰和非法经营提供了"温床"。就目前来说，最有效的治理办法首先是加大对私屠滥宰和非法经营活动的打击力度，特别是把城乡结合部和农村偏远地区作为重点打击对象。其次是继续加大对

《生猪屠宰管理条例》的宣传力度，发动群众积极参与，发现私屠滥宰和非法经营的情况，要积极向有关部门举报，使私屠滥宰和非法经营成为"过街老鼠"，人人喊打。

打击私屠滥宰和非法经营任重而道远。平顶山市畜禽屠宰管理办公室已加大对私屠滥宰和非法经营活动的打击力度，以确保人民群众食肉放心。

【温馨提示】

1998年7月1日起，平顶山市正式启动"放心肉"民心工程，对于促进平顶山市经济和畜牧业的发展，提高人民群众生活质量和保障人民群众的身体健康都具有重大意义。但由于利益的驱使，个别私屠滥宰户和非法经营户置国家法律和人民群众的身心健康于不顾，不断变换手法，逃避检查，从事私屠滥宰和非法经营活动。这不仅严重损害了人民的健康，也挑战着司法的权威。为了净化肉品市场，规范肉品市场经营秩序，保证人民吃肉放心，平顶山市各级屠宰管理执法机构不断加大对私屠滥宰和非法经营活动的打击力度，充分发挥了法律对人们生活的保障作用。

【法条链接】

《中华人民共和国刑法》

第一百四十三条 生产、销售不符合卫生标准的食品，足以造成严重食物中毒事故或者其他严重食源性疾患的，处三年以下有期徒刑或者拘役，并处或者单处销售金额百分之五十以上二倍以下罚金；对人体健康造成严重危害的，处三年以上七年以下有期徒刑，并处销售金额百分之五十以上二倍以下罚金；后果特别严重的，处七年以上有期徒刑或者无期徒刑，并处销售金额百分之五十以上二倍以下罚金或者没收财产。

第一百四十四条 在生产、销售的食品中掺入有毒、有害的非食品原料的，或者销售明知掺有有毒、有害的非食品原料的，处五年以下有期徒刑或者拘役，并处或者单处销售金额百分之五十以上二倍以下罚金；造成严重食物中毒事故或者其他严重食源性疾患的，对人体健康造成严重危害的，处五年以上十年以下有期徒刑，并处或者单处销售金额百分之五十以上二倍以下罚金；致人死亡或者对人体健康造成特别严重危害的，依照本法第一百四十一条的规定处罚。

国务院《生猪屠宰管理条例》

第二条 国家实行生猪定点屠宰、集中检疫制度。

未经定点，任何单位和个人不得从事生猪屠宰活动。但是，农村地区个人自宰自食的除外。

在边远和交通不便的农村地区，可以设置仅限于本地市场供应生猪产品的小型生猪屠宰场点，具体管理办法由省、自治区、直辖市制定。

14. 严打"四包"保安全

"四包"（抢包、掏包、掂包、割包）犯罪活动是影响社会治安的一颗"毒瘤"，其危害性不言而喻。许多当事人遭抢后虽然时隔多日，想起来仍不免心有余悸。

2002年3月2日晚9时许，在河南省平顶山市某医院工作的周女士下班后刚走出大门，就被两名骑摩托车的"飞贼"盯上。他们先是暗地里跟踪，然后趁周女士不备，连人带车将她拉倒在地，将周女士内装一部手机和500多元钱的皮包抢走。

2002年3月6日下午，家住平顶山市区曙光街中段的陶女士骑自行车行至市区体育路中段时，两名男青年佯装向其问路，然后趁其不备，掳走了她放在自行车前篓里的包。

2002 年 3 月 10 日上午，平顶山市某矿女工刘某在市区和平路西段为女儿买衣服，在和店主谈好价钱准备付款时，却发现包里的 300 元钱不知何时已被人掏走。面对突如其来的变故，母女二人抱头痛哭。

2002 年 3 月 15 日下午，新华区焦店镇农民周某乘坐 30 路公交车到市区办事，下车时才发现裤子口袋处被人用刀片划了长长的一道口子……

在平顶山市巡警支队"110"出警登记表上，有这样一组数据：仅 2002 年 3 月上旬到中旬的 20 来天时间里，出现"四包"犯罪活动的警情就多达 120 余次，占该支队全部出警次数的 37%。

不法分子频频作案，严重影响了人们的正常工作和生活秩序。这类犯罪活动流窜性大，犯罪分子选择的作案对象往往是单身女性，作案的时间和地点随着手段的不同而变化，一般抢包、掳包多发生在夜间的偏僻地段或白天行人稀少的背街小巷、菜市场等内；掏包和割包则集中发生在人员流动量大的商业区或公交车上，而且现场极少留下有价值的线索，所以民警要抓这类现行犯罪分子有一定难度。

针对这种情况，曾任武警平顶山市支队领导、有着指挥武警参与市区社会治安巡逻经验的市巡警支队政委马春喜，带领一班人迅速制定了打击"四包"犯罪活动的方案，并成立了专项斗争领导小组。他们抽调部分接警点的警力，充实到街面的巡逻值勤当中，把警力重点安排在体育路、中兴路、开源路、建设路等"四包"犯罪多发的市区商业繁华路段。

针对"四包"犯罪活动作案流动性大的特点，市巡警支队撒下三道大网：第一道是在市区繁华路段部署警力，利用徒步和机动车巡逻相结合的方法来防范、震慑犯罪嫌疑人；第二道是在市区相对偏远地带设置 110 接处警点，一有警情快速反应，以快制胜；第三道是采用便衣蹲点守候、上车跟踪等方法，加大对现行犯罪分子的打击力度。

三道大网撒开后，市巡警支队身处一线的民警们紧紧依靠群众，在巡区内寻访沿街商户，收集与"四包"有关的犯罪动态，倾听受害群众的意见和建议。为了便于群众识别巡警，民警巡逻值勤时佩戴了醒目的黄色袖标，这也使一些违法犯罪分子闻风丧胆、知难而退。

　　2002年3月23日晚7时20分，市巡警支队三大队民警巡逻至市区体育路小上海商场附近时，忽听有人呼救："抢劫了！"，民警们将犯罪嫌疑人包围，以迅雷不及掩耳之势将其制伏，歹徒所抢钱物被当场缴获。

　　2002年3月24日上午10时许，市八中北街附近有人抢劫他人财物。正在这里巡逻的巡警们不到两分钟即赶赴现场，将还未来得及逃跑的犯罪嫌疑人抓获，并由此抓获其他3名嫌疑人。

　　2002年4月8日上午，市巡警支队机动大队民警杨艳辉、乔亚林等着便衣上了一辆公交车。几名窃贼在众乘客上车时前挤后拥，制造混乱，然后趁机下手掏包，被群众发现后还没来得及逃跑就被巡警当场擒获。

　　2002年4月10日上午10时许，市巡警支队四大队3名巡警正在市区中兴路值勤，3路公交车司机程习华向巡警挥手并大声喊："车上有小偷！"3名巡警急忙跑过去，将急于脱身的两名窃贼抓获。

　　2002年4月14日晚8时15分左右，市巡警支队机动大队一中队中队长周旭带领3名巡警正在开源路湛河桥附近巡逻，忽听桥南头有人大喊："抢劫了，抓住他！"只见一名20多岁的男青年正沿湛河堤向西飞奔，4名巡警迅速追了过去。眼看就要被追上了，狗急跳墙的歹徒忽然顺河堤向下跑去并跳入湛河向对岸游去。4名巡警来不及多想也纵身跳入河中，随后又有两名群众跳了下去。歹徒见无路可逃，只得乖乖束手就擒。

　　2002年4月20日中午11时许，一名窃贼在一辆公交车上割包得手后，被群众发现追赶。窃贼逃至市区开源路中段市中原商场附近时，被值勤巡警逮了个正着。

2002 年 5 月 6 日晚，市区无业青年张某伙同他人在市区体育路中段市工人文化宫东门附近刚刚掂得一路人的皮包，还没来得及分赃就被闻讯赶来的市巡警支队三大队民警当场抓获。

打击"四包"犯罪任重而道远。作为维护平顶山市社会治安的重要力量，市巡警支队结合巡警的职能特点，继续进一步转变职能，以巡逻为主，让更多的巡警出现在市区的街面上，时刻维护市民的安全。同时，针对不同时期的治安状况，有针对性地组建了一支快速反应的应急小分队，做到打击、防范并举；发挥巡警的机动、快、猛等其他警种无法比拟的自身优势，深入挖掘了巡警的执法潜力，狠狠打击了街面、社区等违法犯罪活动。

【温馨提示】

"四包"（抢包、掏包、掂包、割包）犯罪活动具有作案人员流动性大、案件难侦破、案件发生频率高等特点。"四包"的受害人在事发多日后仍然胆战心惊；人民群众也因"四包"犯罪活动的存在而人心惶惶。"四包"犯罪活动在我国法制建设、和谐社会的建设进程中极其尴尬地存在着，是影响社会治安的一颗"毒瘤"，广大人民群众对此深恶痛绝。严厉打击"四包"犯罪活动是稳定社会秩序、构建和谐社会、保障人民幸福生活的必然要求。

【法条链接】

《中华人民共和国刑法》

第二百六十四条　盗窃公私财物，数额较大或者多次盗窃的，处三年以下有期徒刑、拘役或者管制，并处或者单处罚金；数额巨大或者有其他严重情节的，处三年以上十年以下有期徒刑，并处罚金；数额特别巨大或者有其他特别严重情节的，处十年以上有期徒刑或者无期徒刑，并处罚金或者没收财产；有下列情形之一的，处无期徒刑或者死刑，并处没收财产：

（一）盗窃金融机构，数额特别巨大的；

（二）盗窃珍贵文物，情节严重的。

第二百六十七条 抢夺公私财物，数额较大的，处三年以下有期徒刑、拘役或者管制，并处或者单处罚金；数额巨大或者有其他严重情节的，处三年以上十年以下有期徒刑，并处罚金；数额特别巨大或者有其他特别严重情节的，处十年以上有期徒刑或者无期徒刑，并处罚金或者没收财产。

携带凶器抢夺的，依照本法第二百六十三条的规定定罪处罚。

15. 督察严查"霸王车"

2003 年 9 月 24 日下午，河南省公安厅关于在全省范围内开展警用车辆及内置警灯、警报器清理整治专项行动电视电话会议结束后，河南省平顶山市公安局督察处处长王中孚、副处长于延果等分别带领督察处民警，在平顶山市公安交警支队的配合下，在市区中心广场、平声岗、湛北路等查处有违规行为的警车。

平顶山市区中兴路立交桥西侧横穿曙光街和湛北路的路是单行道。当晚 7 时 15 分，一法院系统的桑塔纳警车违规自北向南行驶。于延果等当即将其拦截，并将该车的行车证、警灯使用证和驾驶员驾驶证等相关证件扣留。晚 7 时 50 分，一辆昌河警车在此因同样的原因被查处。

晚 8 时 10 分，在市区平声岗，一辆警车闪着警灯、鸣着警笛闯红灯。王中孚立即通知协助工作的交警驾车将其拦停。经询问，该车驾驶员是临时工，车上坐着他的几个朋友，并非在执行公务。督察民警将该车当场查扣。

晚 8 时 40 分，在市中心广场，一辆挂地方牌照的奥迪轿车，闪着警灯、鸣着警笛自东向西行驶，被拦截停车。经查，该车车主系石龙区一个体小煤窑主，该车违规装置了内置警灯和警报器，督察民警当场将警灯和警报器拆除收缴，并对车主作了相关处罚。

当晚 7 时至 10 时 30 分，市公安局督察处先后查处 20 余辆违规使用警车、警灯、警报器的车辆。

此前，根据平顶山市公安局局长宋景峰、政委贾廷寅的要求，市公安局督察处组织人员已于 9 月 17 日至 19 日在市区街头对违规使用警车、警灯、警报器的"特权车"、"霸王车"进行了检查，查处了近 50 辆"特权车"、"霸王车"。

那么，警用车辆使用到底有哪些规定呢？

警车包括公安机关用于侦查、警卫、治安、交通管理的巡逻车、勘察车、护卫车、囚车以及其他执行公务的车辆；国家安全机关用于执行侦查和其他特殊职务的车辆；监狱、劳动教养管理机关用于押解罪犯、运送劳教人员的囚车或者专用车和追缉逃犯的车辆；人民法院用于押解人犯的囚车、刑场指挥车和法医勘察车；人民检察院用于侦查刑事犯罪案件的现场勘察车和押解人犯的囚车。警车及其牌照严禁冒领、转借、挪用。

公安机关、国家安全机关、监狱、劳动教养管理机关和人民法院、人民检察院应当对所属警车的使用实行严格的管理，只能用作公务使用，不得挪作他用。警车应当由警车所在单位的正式驾驶员驾驶。

警车在道路上行驶时应当遵守《道路交通管理条例》和其他道路交通管理法规。警车驾驶员应当服从交通警察的指挥和检查。

警车执行下列任务时可以使用警灯、警报器：

（一）赶赴刑事案件、治安案件、交通事故及其他突发事件现场；

（二）追捕在逃的违法犯罪分子；

（三）追缉交通肇事逃逸人员和车辆；

（四）押解人犯或者赶赴刑场；

（五）执行警卫、警戒和治安、交通巡逻等任务。

目前，警车乱用、乱停、乱借和警牌乱挂、警灯乱闪、警报器乱鸣的"六乱"现象比较突出并且严重伤害了警民关系。有的擅自将警用车辆、警车牌证转卖、转借给其他单位和个人；有的随意扩大警车号牌、公安专段号牌的发放范围，为社会上其他单位申请、办理警车牌证；有的使用喷涂有警车标志的无牌车辆，甚至私自制作"仿警牌"挂在车上使用；一些民警私自动用警车参与旅游、婚丧嫁娶、钓鱼等非警务活动，或者乱拉警报、乱闪警灯、乱停乱放，甚至无证驾车、酒后驾车。

据不完全统计，2001 年至 2003 年间，全省公安机关有 112 名民警因违反《警车管理规定》被通报批评；有 67 名民警被停止执行职务或被关禁闭；有 89 人受到党政纪处分；有 59 名司机被清退出公安机关；有 31 名基层负责人被追究领导责任，受到诫勉谈话、党政纪处分、免职等处理。这些违规现象，不仅削弱了警车执行公务的严肃性，而且干扰了人民群众的正常工作、生活和学习环境，伤害了警民关系，损害了政法机关的形象。

【温馨提示】

民警作为公权力的执行者，一言一行代表着国家。然而，有些民警的言行并未与他们所肩负的神圣使命相一致。在平顶山市乃至全国的交通管理中都会查处到警车违法运行，更有甚者私自在私家车上涂抹警车牌照，假冒警车上道，利用警车在执行职务时的特权满足自己的私欲。针对此情况，河南省公安厅在全省范围内开展警用车辆及内置警灯、警报器清理整治专项行动，要求严查违规使用警车、警灯、警报器等行为，意图在法律的框架下治理警车上道情况，维护人民的合法利益与安全的行车环境。

【法条链接】

《警车管理规定》

第四条 警车应当采用全国统一的外观制式。……

第五条 警车应当安装固定式警用标志灯具。汽车的标志灯具安装在驾驶室顶部；摩托车的标志灯具安装在后轮右侧。警用标志灯具及安装应当符合特种车辆标志灯具的国家标准。

第十五条 警车在道路上行驶应当遵守《中华人民共和国道路交通安全法》及其实施条例和其他有关法规的规定，服从交通警察的指挥和检查。

第十七条 除护卫国宾车队、追捕现行犯罪嫌疑人、赶赴突发事件现场外，驾驶警车的人民警察在使用警用标志灯具、警报器时，应当遵守下列规定：

（一）一般情况下，只使用警用标志灯具；通过车辆、人员繁杂的路段、路口或者警告其他车辆让行时，可以断续使用警报器；

（二）两辆以上警车列队行驶时，前车如使用警报器，后车不得再使用警报器；

（三）在公安机关明令禁止鸣警报器的道路或者区域内不得使用警报器。

第十九条 警车牌证遗失或者损坏的，应当及时按申办途径报告原发牌机关，申请补发。

警车转为民用机动车的，应当拆除警用标志灯具和警报器，清除车身警用外观制式，收回警车号牌，并办理相关变更、转移登记手续。

警车达到国家规定的强制报废标准的，应当按照法律、法规规定报废。

第二十条 严禁转借警车，严禁伪造、涂改、冒领、挪用警车牌证。

16. 打击盗版塑文明

加入 WTO 之后，盗版问题首当其冲地成为影响中国声誉与形象的重大问题之一。未来的中国社会将越来越开放，整个世界将成为一个大市场，世界上其他国家先进的、优秀的文化产品会更多地进入中国。近年来，许多西方发达国家政府屡屡用知识产权保护问题向我国发难。在这种情况下，中国政府已对外作出了打击盗版、保护知识产权的承诺。

自 2001 年 10 月 18 日开始，文化部进行了为期 1 个月的音像市场集中整治行动，重点打击违禁、走私和盗版等非法音像制品。

据了解，此次关闭盗版音像制品市场的举措只是"反盗版长征"的第一步。在这次整治行动中，凡发现经营煽动民族分裂、破坏民族团结，宣扬暴力、淫秽、邪教等内容的非法音像制品的，要彻底清查并一律吊销许可证。触犯《刑法》的，将移送公安机关依法处理。

文化部要求各级文化音像行政部门集中力量加强检查，检查面不低于音像经营单位总量的 70%，同时摸清打击重点，吊销一批违法经营者的许可证，同时及时通报查处情况。

为方便各地开展执法检察工作，文化部还公布了一批音像制品查缴目录。"唱销星"、"碟报站"、"集美"等品牌均是系列非法录音、录像制品，目前市面上的《珍珠港》、《少林足球》、《剑鱼行动》、《决战中的较量》等电影节目，《新楚留香》、《康熙帝国》等电视剧节目均属于走私、盗版音像制品。此外，凡含有海外电影故事节目和音乐节目的 MP3 和 MP4 制品，以及无 SID 码或烫涂 SID 码的光盘，无防伪标志或贴假冒标识的均属于违法音像制品。

据河南省平顶山市文化局负责人介绍，音像产业在许多发达国家已经成为国民经济的重点产业，在促进经济发展和贸易出口中占有举足轻重的地位，被称为"朝阳产业"。

美国 1999 年仅录像租赁业营业收入就超过百亿,唱片业年销售额也高达百亿。日本的年唱片销售额也与美国不相上下。音像业在中国是一个年轻的行业,起步于 20 世纪 70 年代末,30 多年来取得了快速的发展。振兴与繁荣民族音像业,是每一个中国音像企业和中国公民的责任,每一个消费者都应该自觉抵制盗版。这样,我国每年人均消费音像制品的消费额才能在如今仅为 0.2 美元的基础上有所增加。

如果按我国 4 亿城镇人口计算,假如人均音像产品的年消费额达到 10 元,那么每年就有 332 亿元人民币的销售额。这样大的市场,带来的不仅是可观的财政税收,而且将大幅度地带动国民经济的增长。

为全面整顿文化市场秩序,有效打击非法音像制品,文化部文化市场发展中心于日前出台了《新版音像制品防伪标识识别方法》,并规定凡举报伪造、假冒音像制品防伪标识,举报加贴使用、销售和窝藏伪造、假冒音像制品防伪标识的,均给予奖励。

新版音像制品防伪标识材质为聚酯镀铝 ET 膜。这种高科技激光防伪标识,包含多种防伪技术手段。标识中心为模拟光盘图形,由 10 道白色同心圆水波纹组成,移动时向外波动扩张,其彩虹光栅均分为 8 瓣,并按顺时针移动。标识上部为 3 个五线谱音符,随观察视角的改变呈现"绿、红、绿"到"红、绿、红"的变化。魏碑体"文化"二字在一定视角内肉眼可见,而标识底部的英文字母、罗马数字和阿拉伯数字组成的序列号段,使用降温手段可由本色变为红色,而英文字"CHINA AUDIO VIDEO"用 8 倍以上放大镜可见。揭开标识,可见音像制品包装盒上留有"正版标识"字样,与防伪标识字样阴阳相对,完全吻合。

2001 年 10 月 18 日,平顶山市文化市场管理执法人员对市区部分音像店进行了突击检察,收缴非法音像制品 52 张。我国的音像业已经进入一个怪圈。正版音像制品的成本高、价格高,造成了市场销量少。而市场销量少就相对提高了它的单位成本,价格也就更居高不下,于是非法音像制品便乘虚而入,造成了正版制品的销量减少。这种恶性循环，导致了正版音像制品几乎无法立足。

盗版之所以猖獗，除了价格优势和暴利诱惑外，还在于大众消费需求的快速增长与正版制品的供给比例。在中兴路一家音像店，不少顾客点名要买最新的美国大片，这些在本地还没有公映的影片肯定是盗版，但消费者却因其价格便宜而争相购买。在矿工路北侧，一家小店里有数以千计的盗版软件光盘。尽管该店多次被取缔，但店主仍然铤而走险。原因何在？暴利之下，必有勇夫！

2000年仅广东一地，在短短的四五个月内，就缴获非法音像制品3703.6万张，查处违法经营店6700家。盗版已成为我国音像业的"毒瘤"。

禁绝盗版任重道远。

有人说，在中国人中寻找不曾主动购买盗版产品的人比找外星人都难。购买盗版几乎成了全民参与的行为，既然如此，就应该后果自负。对目前盗版现状的愤慨和无奈可见一斑。但要真正实现文化市场的健康发展，任其自然发展毕竟不能解决问题。我们应采取些什么对策呢？

最根本的是堵住源头。对制作、贩卖盗版品者实施严厉的制裁，使其由盗版而得到的收入低于被查处所造成的损失，用较大的潜在损失来控制盗版行为。当然，这种制裁包括经济制裁和刑事制裁。同时，也要加强对合法商人的教育，使其远离盗版。但防、堵只能是暂时的，要从根源上制止盗版音像制品，关键还要靠社会软环境的改善，靠良好的产业政策来引导市场、引导消费者走向规范，同时要尽可能地降低正版音像制品的价格。面对盗版音像制品，我们一方面要加大打击力度，更重要的是应积极地净化市场环境，使正版产品更具竞争优势。

【温馨提示】

盗版被称作现代文明的污点，由于一些不法商贩追逐利润，盗版问题在市场上屡禁不止，严重损害着文化产业的发展前景。加入 WTO 之后，盗版问题首当其冲地成为影响中国声誉与形象的重大问题之一。未来的中国社会将越来越开放，整个世界将成为一个大市场，世界上其他国家先进的、优秀的文化产品会更多地进入中国。近年来，许多西方发达国家政府屡屡用知识产权保护问题向我国发难。在这种情况下，中国政府已对外作出了打击盗版、保护知识产权的承诺。尽管此次关闭盗版音像制品市场的举措只是"反盗版长征"的第一步，但也充分体现出我国政府对打击盗版的坚定决心。打击盗版，重塑现代文明！

【法条链接】

《中华人民共和国刑法》

第二百一十七条 以营利为目的，有下列侵犯著作权情形之一，违法所得数额较大或者有其他严重情节的，处三年以下有期徒刑或者拘役，并处或者单处罚金；违法所得数额巨大或者有其他特别严重情节的，处三年以上七年以下有期徒刑，并处罚金：

（一）未经著作权人许可，复制发行其文字作品、音乐、电影、电视、录像作品、计算机软件及其他作品的；

（二）出版他人享有专有出版权的图书的；

（三）未经录音录像制作者许可，复制发行其制作的录音录像的；

（四）制作、出售假冒他人署名的美术作品的。

《中华人民共和国知识产权法》

第十五条 电影作品和以类似摄制电影的方法创作的作品的著作权由制片者享有，但编剧、导演、摄影、作词、作曲等作者享有署名权，并有权按照与制片者签订的合同获得报酬。

电影作品和以类似摄制电影的方法创作的作品中的剧本、音乐等可以单独使用的作品作者有权单独行使其著作权。

　　"治国"一词，根据"治"字用法的不同，可以理解为两层含义："治"用作动词，意为治理国家政务。《礼记·大学》中的"治国在齐其家"，南朝梁刘勰的《文心雕龙·诸子》中的"野老治国于地利，驺子养政于天文"，郑观应的《盛世危言·学校》中的"有文事者必有武备，文以治国，武以捍难"以及《陕北民歌选·移民歌》中的"三山低，五岳高，毛主席治国有勋劳"等词句中的"治国"均为此意；而当"治"字用为形容词之时，则意为安定、太平的国家。《庄子·人间世》中的"治国去之，乱国就之"和《管子·明法》中的"所谓治国者，主道明也；所谓乱国者，臣术胜也"就为此意。

　　不断通过恰当有效的法律手段治理国家政务，从而实现国家的安定、太平，是世界上绝大多数的国家都在遵循的治国之道。而通过怎样的手段和方式以达到上述效果，则是目前我们构建和谐社会过程中的重要议题。从法治的角度看，我们首先应该在颁布良好有效的法律制度的基础上将其普及到人民群众之中，以使人人懂法，从而达到人人守法的效果；其次，执法机关应当通过制度创新和技能培训等方式不断提升执法素养和执法效率，以更好地服务人民；最后，为维护国家和社会的安定太平，还需要对社会中存在的诸多丑陋现象通过各种法律手段依法治理。

　　"治国"需普及法律知识。我国作为成文法国家，依法治国首先应该具备一个良好有效且覆盖面广的法律和制度基础，同时还需将这些成文性的法律制度在人民中加以普及。近年来，随着社会主义法制进程的不断加深，在基础性法律日益完善的基础上，《中国人民银行假币收缴、鉴定管理办法》《关于人民检察院保障律师在刑事诉讼中依法执业的规定》《政府价格决策听证暂行办法》等一系列具体细致的法律法规被相继制定和实施。

"治国"需提升执法素养。在依法治国、建设社会主义法治国家的过程中，一系列制度创新相继展开，比如民事公诉制度、人民监督员制度、注射死刑制度、案件诉讼参与人权利和义务告知制度、首办责任制度，等等，令我国执法机关的执法效率与质量得到了大幅提高。但与此同时，我国目前仍然存在许多制度漏洞与法律空白，比如网络犯罪的打击力度不足、"不可抗力"之概念不明晰等，给执法过程带来不少困扰，仍需完善。"有法可依、有法必依"是良好法治局面的前提，然而良好的法治局面的形成除了要有制定规范而且运行良好的法律制度、遵守法律的公民之外，还要有精英般的执法者，平顶山市执法系统为了提高执法人员的业务素质而举行公安民警、武警和消防官兵全员练兵汇演活动的经验值得借鉴。

"治国"需治理社会丑陋现象。在社会发展进程中，不安定因素也同时存在，时刻威胁着人民群众的生命健康和财产安全，为达到安定太平的治国目标，需要对这些现象加以治理。平顶山市为了规范肉品市场经营秩序，各级屠宰管理执法机构不断加大对私屠滥宰和非法经营活动的打击力度，充分发挥了法律对人们生活的保障作用；为打击"四包"违法犯罪活动，平顶山市巡警支队结合巡警的职能特点，进一步转变职能，时刻维护市民的安全；为打击违规使用警车、警灯、警报器等行为，河南省公安厅在全省范围内开展警用车辆及内置警灯、警报器清理整治专项行动，在法律的框架下治理警车上道情况，维护了人民的合法利益与安全的行车环境；打击盗版、保护知识产权是平顶山市执法机关对社会秩序、文明的维护，也是对国家形象和信誉的维护。

通过完善法律体系、普及法律知识、提升执法素养和效率以及治理社会不良现象等方式达到国家安定太平的治国过程，实际上亦为组成社会的每个个体自身"修身"、"立业"、"齐家"的过程。只有个体与社会之"修身"、"立业"、"齐家"、"治国"共同发展，相辅相成，才能促进国家和社会的和谐发展。